[国家社科基金项目]创新型领导对员工职场创新行为的跨层影响机制研究(项目编号:17BGL095)

差序式领导对员工职场非伦理行为的影响机制研究

刘晓琴◎著

·广州·

版权所有　翻印必究

图书在版编目（CIP）数据

差序式领导对员工职场非伦理行为的影响机制研究/刘晓琴著. —广州：中山大学出版社，2022.10

ISBN 978-7-306-07604-5

Ⅰ. ①差… Ⅱ. ①刘… Ⅲ. ①企业领导学—研究 Ⅳ. ①F272.91

中国版本图书馆 CIP 数据核字（2022）第 147153 号

出 版 人：王天琪
策划编辑：李　文
责任编辑：李　文
封面设计：林绵华
责任校对：姜星宇
责任技编：靳晓虹
出版发行：中山大学出版社
电　　话：编辑部 020 - 84110776，84113349，84111997，84110779，84110283
　　　　　发行部 020 - 84111998，84111981，84111160
地　　址：广州市新港西路 135 号
邮　　编：510275　　传　真：020 - 84036565
网　　址：http://www.zsup.com.cn　E-mail：zdcbs@mail.sysu.edu.cn
印 刷 者：恒美印务（广州）有限公司
规　　格：787mm×1092mm　1/16　17 印张　278 千字
版次印次：2022 年 10 月第 1 版　2022 年 10 月第 1 次印刷
定　　价：80.00 元

如发现本书因印装质量影响阅读，请与出版社发行部联系调换

前　言

　　西方谚语有云：好的伦理方为经营之道。在现代社会，政府组织的掌控力和影响力正在慢慢削弱，企业组织的发言权和约束力正逐渐增强，成为影响社会发展的重要力量。因此，企业文化、企业伦理价值观，以及企业员工的社会责任感及职场行为，不仅关乎企业的可持续发展，同时也直接或间接地影响着社会的进程。而随着国内外各种非伦理事件的相继爆发，员工职场非伦理行为已从哲学概念转变为现实问题，受到越来越多实践者和研究者的关注。与国外日益增加的研究相比，国内关于员工职场非伦理行为的研究才刚刚起步，从组织文化和职场情景尤其是带有典型中国文化特征的中国式领导着手的研究则更是少之又少。因此，以中国文化和管理实践为背景，探索中国式差序式领导与员工职场非伦理行为之间的关系和影响机制就显得尤为必要，具有较为重要的现实意义和理论价值。本研究的理论贡献和创新点主要有以下三点。

　　（1）在员工职场非伦理行为前因变量的探索中，引入本土化的中国式之差序式领导，这不仅有别于其他情景或个体因素的探索，也有别于其他基于西方领导理论而开展的有关领导方式对员工职场非伦理行为的研究。

　　（2）建构了基于"差序式领导→组织认同/心理授权→员工职场非伦理行为"的影响路径，揭示了差序式领导对职场非伦理行为的影响机制，不仅弥补了现有研究的不足，还有效地增加了员工职场非伦理行为和差序式领导的研究内容。

　　（3）将权力距离这一重要文化维度作为调节变量引入，探讨其在"差序式领导→组织认同/心理授权→员工职场非伦理行为"影响机制中对直接效应和中介效应的调节作用，进一步拓宽了本领域的研究边界。

　　本研究在对现有文献进行归纳与述评的基础上，依据差序格局理论、领导－成员交换理论、社会认同理论和期望理论等，从员工个体层面出发，考虑个体组织认同和心理认知的视角，以"差序式领导→组织认同/心理授权→员工职场非伦理行为"为思路，构建概念模型，提出研究假设。同时，借鉴和参考国内外较为成熟的相关变量测量工具，编制初始调查问卷，并通过小样本预测试、征求业内专家建议、了解样本受试者真实态度和小组讨论，对初始问卷进行调整完善，最终形成正式调查问卷。问卷形成之后，对沿海发达地区的相关企业员工进行问卷调查，共获取516份有效样本数据。在参考国内外相关研究的基础上，对数据进行了信度、效度分析以及共同方法偏差检验，并运用 AMOS、SPSS 和 Process 等软件对员工组织认同和心理授权在差序式领导和员工职场非伦理行为之间的直接效应、中介效应以及权力距离的调节效用进行了检验。

本研究实证检验结果表明，在控制性别、受教育程度、工作年限和职位、认识时间等人口统计学变量之后，差序式领导之照顾沟通对员工职场非伦理行为具有显著负向影响，宽容犯错对员工职场非伦理行为具有显著正向影响，提拔奖励影响并不显著；照顾沟通对员工组织认同具有显著正向影响，宽容犯错对员工组织认同具有显著负向影响，提拔奖励影响并不显著；组织认同对员工职场非伦理行为具有显著负向影响，且在照顾沟通/宽容犯错与员工职场非伦理行为之间起部分中介作用；照顾沟通对员工心理授权具有显著正向影响，宽容犯错对员工心理授权具有显著负向影响，提拔奖励影响并不显著；心理授权对员工职场非伦理行为的负向影响显著，且心理授权在照顾沟通/宽容犯错与员工职场非伦理行为之间起到了部分中介作用；权力距离对员工职场非伦理行为的负向影响显著，且调节照顾沟通与员工职场非伦理行为、照顾沟通与组织认同以及照顾沟通与心理授权之间的关系；权力距离还对员工组织认同、心理授权在照顾沟通与员工职场非伦理行为之间的中介效应具有调节作用。

本研究的顺利开展对于探索中国式之差序式领导对员工职场非伦理行为的内在影响机制提供了一些有益的参考。一方面，由于差序式领导和员工职场非伦理行为研究还处于起步阶段，无论是内涵的挖掘、量表的完善，还是关于圈内人/圈外人或非伦理行为与其他职场不端行为之间的区分与测量都需要后续研究以进一步深化了解；另一方面，在差序式领导与员工职场非伦理行为之间或许仍有其他影响路径存在，后续研究需要继续跟进。与此同时，本研究虽然已经通过各种方式对同源偏差问题进行了控制，但由于本研究采用的是横断面研究，由此而推演出来的研究结论仍有可斟酌之处，所以在借鉴或推广本研究结论时需谨慎对待。

目　　录

第一章　绪论 ……………………………………………………（1）
 1.1　研究背景 ……………………………………………………（1）
 1.2　研究意义 ……………………………………………………（6）
  1.2.1　理论意义 ……………………………………………（6）
  1.2.2　实践意义 ……………………………………………（7）
 1.3　研究内容 ……………………………………………………（8）
  1.3.1　研究对象 ……………………………………………（8）
  1.3.2　研究重点 ……………………………………………（8）
  1.3.3　研究难点 ……………………………………………（8）
  1.3.4　主要目标 ……………………………………………（8）
 1.4　研究方法与研究思路 ………………………………………（9）
  1.4.1　研究方法 ……………………………………………（9）
  1.4.2　研究思路与内容安排 ………………………………（9）

第二章　文献研究综述 …………………………………………（12）
 2.1　员工职场非伦理行为研究述评 ……………………………（12）
  2.1.1　员工职场非伦理行为的概念 ………………………（13）
  2.1.2　职场非伦理行为的测量 ……………………………（14）
  2.1.3　职场非伦理行为的前因变量 ………………………（16）
  2.1.4　职场非伦理行为的结果变量 ………………………（20）
  2.1.5　小结 …………………………………………………（21）
 2.2　差序式领导研究述评 ………………………………………（21）
  2.2.1　差序式领导的提出背景 ……………………………（21）

2.2.2 差序式领导的理论基础 …………………………………… (24)
   2.2.3 差序式领导的定义及表现方式 …………………………… (30)
   2.2.4 差序式领导的相关实证研究 ……………………………… (33)
   2.2.5 相似概念的比较 …………………………………………… (42)
   2.2.6 小结 ………………………………………………………… (47)
  2.3 组织认同研究述评 ………………………………………………… (49)
   2.3.1 组织认同的概念 …………………………………………… (49)
   2.3.2 组织认同的维度 …………………………………………… (50)
   2.3.3 组织认同的前因变量研究 ………………………………… (52)
   2.3.4 组织认同的结果变量研究 ………………………………… (54)
   2.3.5 小结 ………………………………………………………… (55)
  2.4 心理授权研究述评 ………………………………………………… (56)
   2.4.1 心理授权的概念 …………………………………………… (56)
   2.4.2 心理授权的维度 …………………………………………… (59)
   2.4.3 心理授权的影响因素 ……………………………………… (60)
   2.4.4 心理授权的影响结果 ……………………………………… (62)
   2.4.5 心理授权的测量 …………………………………………… (64)
   2.4.6 小结 ………………………………………………………… (65)
  2.5 权力距离研究述评 ………………………………………………… (65)
   2.5.1 权力距离的定义和内涵 …………………………………… (65)
   2.5.2 权力距离在组织中的相关研究 …………………………… (67)
  2.6 本章小结 …………………………………………………………… (70)

第三章 概念模型与研究假设 …………………………………………… (71)
  3.1 理论基础 …………………………………………………………… (71)
   3.1.1 差序格局 …………………………………………………… (71)
   3.1.2 领导-成员交换理论 ……………………………………… (71)
   3.1.3 社会认同理论 ……………………………………………… (72)
   3.1.4 激励理论之期望理论 ……………………………………… (73)

3.2 概念模型的提出 …………………………………………… (74)
3.3 研究假设 …………………………………………………… (76)
    3.3.1 差序式领导对员工职场非伦理行为的影响 ……… (76)
    3.3.2 差序式领导对员工组织认同的影响 ………………… (82)
    3.3.3 组织认同对员工职场非伦理行为的影响 …………… (84)
    3.3.4 组织认同在差序式领导与员工职场非伦理行为之间的
        中介作用 …………………………………………… (86)
    3.3.5 差序式领导对心理授权的影响 ……………………… (87)
    3.3.6 心理授权对员工职场非伦理行为的影响 …………… (88)
    3.3.7 心理授权在差序式领导与员工职场非伦理行为之间的
        中介作用 …………………………………………… (89)
    3.3.8 权力距离对员工职场非伦理行为的影响 …………… (91)
    3.3.9 权力距离在差序式领导与员工职场非伦理行为之间的
        调节作用 …………………………………………… (92)
    3.3.10 权力距离在差序式领导与组织认同和心理授权之间的
        调节作用 …………………………………………… (94)
    3.3.11 权力距离在组织认同中介效应中的调节作用 …… (95)
    3.3.12 权力距离在心理授权中介效应中的调节作用 …… (96)
3.4 研究假设汇总 ……………………………………………… (97)
3.5 本章小结 …………………………………………………… (99)

第四章 研究设计与预调查 ………………………………… (100)
4.1 变量操作性定义 …………………………………………… (100)
4.2 变量测量量表 ……………………………………………… (101)
    4.2.1 差序式领导测量量表 ………………………………… (102)
    4.2.2 员工职场非伦理行为测量量表 ……………………… (103)
    4.2.3 组织认同测量量表 …………………………………… (104)
    4.2.4 心理授权测量量表 …………………………………… (105)
    4.2.5 权力距离测量量表 …………………………………… (106)

4.2.6 控制变量的选择 …………………………………………（107）
4.3 问卷设计 …………………………………………………………（107）
　　4.3.1 问卷设计原则 …………………………………………（107）
　　4.3.2 问卷设计过程 …………………………………………（107）
　　4.3.3 社会赞许性偏差处理 …………………………………（108）
4.4 预测试 ……………………………………………………………（109）
　　4.4.1 预测试样本描述 ………………………………………（109）
　　4.4.2 预测试分析方法 ………………………………………（111）
　　4.4.3 预测试分析结果 ………………………………………（112）
4.5 初始问卷的修正与调整 …………………………………………（122）
4.6 本章小结 …………………………………………………………（123）

第五章　数据分析与结果 ………………………………………（124）

5.1 样本描述与收集方法 ……………………………………………（124）
　　5.1.1 数据收集 ………………………………………………（124）
　　5.1.2 样本描述 ………………………………………………（125）
　　5.1.3 统计分析方法 …………………………………………（128）
5.2 量表信度与效度检验 ……………………………………………（128）
　　5.2.1 信度分析 ………………………………………………（128）
　　5.2.2 效度分析 ………………………………………………（129）
5.3 共同方法偏差检验 ………………………………………………（141）
5.4 人口统计学变量对中介变量和结果变量影响的检验 ……（143）
　　5.4.1 人口统计学变量对组织认同影响的检验 ………（143）
　　5.4.2 人口统计学变量对心理授权影响的检验 ………（147）
　　5.4.3 人口统计学变量对员工职场非伦理行为影响的检验
　　　　　……………………………………………………（151）
　　5.4.4 人口统计学变量对中介变量和结果变量影响的检验
　　　　　结果与讨论 …………………………………………（155）
5.5 研究假设检验与模型验证 ………………………………………（156）

  5.5.1　各变量的描述统计分析 ……………………………（157）
  5.5.2　组织认同中介作用的检验 ……………………………（159）
  5.5.3　心理授权中介作用的检验 ……………………………（164）
  5.5.4　权力距离调节作用的检验 ……………………………（168）
  5.5.5　有调节的中介效应检验 ………………………………（178）
 5.6　本章小结 …………………………………………………（180）

第六章　研究结果讨论 …………………………………………（182）
 6.1　假设检验结果汇总 ………………………………………（182）
 6.2　研究结果解释与讨论 ……………………………………（184）
  6.2.1　差序式领导对员工职场非伦理行为影响的实证结果
     解释 …………………………………………………（185）
  6.2.2　差序式领导对组织认同影响的实证结果解释 ………（188）
  6.2.3　组织认同对员工职场非伦理行为影响的实证结果
     解释 …………………………………………………（190）
  6.2.4　组织认同中介作用的实证结果解释 …………………（191）
  6.2.5　差序式领导对心理授权影响的实证结果解释 ………（192）
  6.2.6　心理授权对员工职场非伦理行为影响的实证结果
     解释 …………………………………………………（194）
  6.2.7　心理授权中介作用的实证结果解释 …………………（194）
  6.2.8　权力距离对员工职场非伦理行为影响的实证结果
     解释 …………………………………………………（195）
  6.2.9　权力距离调节作用的实证结果解释 …………………（196）
  6.2.10　权力距离有调节的中介作用的实证结果解释 ……（197）
  6.2.11　控制变量在各研究变量上的差异 …………………（198）
 6.3　本章小结 …………………………………………………（199）

第七章　研究结论 ………………………………………………（200）
 7.1　主要结论 …………………………………………………（200）

7.2 主要创新点 ………………………………………………（204）
7.3 管理启示 …………………………………………………（205）
7.4 研究局限与展望 …………………………………………（208）

参考文献 ………………………………………………………（211）
附录1 调查问卷 ………………………………………………（253）
附录2 访谈提纲 ………………………………………………（259）

第一章 绪 论

本章首先从现实角度指明研究问题,然后再从理论层面对研究背景进行详细介绍,引出研究意图所在,接着从理论意义和现实意义两个角度对研究意义做了解释,最后说明了研究内容、研究方法、研究思路以及研究框架。

1.1 研究背景

我们儒家最考究的是人伦,伦是什么呢?我的解释就是从自己推出去的和自己发生社会关系的那一群人里所发生的一轮轮波纹的差序(费孝通,1948)。

西方谚语有云:好的伦理方为经营之道(Good ethics is good business)。在一个普遍性伦理逐渐缺失的时代里,在一个绝对之善日益匮乏的社会中,你是选择犬儒地活着,还是追求一种合乎德性的生活(周濂,2012)?随着现代社会的飞速发展,政府组织对社会和公民的掌控和约束程度正逐渐弱化,而企业组织的控制力和影响力却正慢慢变得越来越强,以至几乎到了无孔不入的地步。因此,企业伦理道德观、社会责任感以及员工职场伦理行为,对企业的可持续发展影响深远,同时也直接或间接地影响着社会的进程。而随着近年来国内外各种非伦理事件的相继爆发,员工职场非伦理行为(unethical behavior)已从哲学概念转变为现实问题,受到越来越多实践者和研究者的关注(Treviño, 1986, 2006; Kish-Gephart, 2010;谭亚莉、廖建桥、李骥, 2011;文鹏, 2012; Folmer, de Cremer, 2012; Gino, Ayal, Ariely, 2013; Moore, Gino, 2013, 2015; Treviño, Weaver, Reynolds, 2006; Weitz, Vardi, Setter, 2004; Haselhuhn, Wong, 2011; Treviño, den Nieuwenboer, Kish-Gephart, 2014; Piff et al., 2012; Singh, Twalo, 2015; Sezer, Gino, Bazerman, 2015; Knoll et al., 2016;

Halinen, Jokela, 2016；Kilduff et al., 2016；文鹏、夏玲、陈诚, 2016；Lawrence, Kacmar, 2017；Wiltermuth, Vincent, Gino, 2017；Belle, Cantarelli, 2017）。

毫无疑问，非伦理行为会给社会发展、经济制度、组织结构和人际关系带来实质性的、超乎想象的伤害。最近，ACFE（the Association of Certified Fraud Examiners）对来自全球114个国家的2410起职场非伦理事件进行评估后指出，潜在职场欺诈行为在全球范围内造成的总损失可能高达3.7万亿美元。同时，另外一些有据可查的职场非伦理事件也给个人和社会带来了巨大的伤害，譬如Enron事件、Worldcom事件以及国内的"三聚氰胺"事件、"苏丹红"事件、"地沟油"事件、"毒大米"事件、"文凭门"、百度"假药门"，等等。这一系列让人不安的事件造成的社会后果要求我们必须正视为何人们会做出职场非伦理行为这个问题。在过去30年里，不仅有许多学者从理论和经验上对员工可能跨越职场伦理边界的前提条件进行了探索（Ford, Richardson, 2013；O'Fallon, Butterfield, 2005；Tenbrunsel et at., 2010），而且在现实中越来越多引人注目的非伦理行为案例也正慢慢印证着这些探索，并由此而进一步凸显了大力开展职场非伦理行为研究的重要意义。员工职场非伦理行为是一种由员工个体在职场施行的违反法律规范或违背大众普遍认可和接受的社会伦理规范的行为（Treviño et al., 2006；Kaptein, 2008；Treviño, 2010；Kish-Gephart et al., 2010；Shu et al., 2012），它包括违法乱纪、传播谣言、消极怠工、职场欺凌、欺骗撒谎，等等。有研究认为，在工作场所中，有33%～75%的员工曾经施行过诸如盗窃、欺骗、撒谎、破坏、贪污、辱骂、故意缺勤以及消极怠工等职场非伦理行为（Bennett, Robinson, 2000；Peng et al., 2016），它在社会各类组织（包括企业、政府、学校等）中大量存在，严重影响着组织的正常运营，给组织带来巨大伤害（Treviño, 2006）。例如，Gino和Pierce（2010）指出，据估计，Enron、Worldcom、Parmalat以及其他组织因员工职场非伦理行为对美国国内生产总值造成的损失就高达370亿～420亿美元（Graham, Litan, Sukhtankar, 2002）。

雨果在《悲惨世界》一书说："释放无限光明的是人心，制造无边黑暗的也是人心，光明和黑暗交织着、厮杀着，这就是我们为之眷恋而又万般无奈的人世间。"那么，是什么驱使人们的行为非伦理？又是什么促使人们抑制行为非伦理？今天各行各业愈演愈烈的伦理丑闻进一步彰显了理解职场非伦理行为潜在机制的重要性（Kish-Gephart, Harrison, Treviño, 2010；Pulfrey, Butera, 2013；Tenbrunsel, Smith-Crowe, 2008；Treviño, Weaver, Reynolds, 2006）。因员工职场非伦理行为而造成的严重危害也引起越来越多研究者和实践者的重视，他们投入越来越多的资源对此类行为的诱因进行探讨，并提出相应的解决方案（Moore, Gino, 2013；Treviño, Weaver, Reynolds, 2006；Vardi, Weitz, 2004；Moore, Gino, 2015）。在已有员工职场非伦理行为的相关文献中，学者们进行了广泛而深入的探索，不仅开发了很多对应量表（New-strom, Ruch, 1975；Chen, Tang, 2006；Kaptein, 2008；Borchert, 2011；Luna-Arocas, Tang, 2004），而且还构建了不少相应的影响机制和作用模型，希望从"坏水桶"（bad barrels，即社会和组织角度；Mayer et al., 2009；刘文彬、井润田，2010；文鹏、夏玲、陈诚，2016）、"坏苹果"（bad apple，即个体特质差异角度；Jones, 1991；金杨华、吕福新，2008；Borkowski, Ugras, 1998；董蕊、倪士光，2017）和"坏情景"（bad cases，即伦理问题特征角度）等视角去探索和解释为何员工会于职场内部施行非伦理行为。

而随着研究的深入，学者们发现，只是从员工个体的个性特质出发去探索职场非伦理行为的原因是远远不够的（Houser et al., 2011；Mazar et al., 2008；Shu et al., 2012）。在面对各种非伦理丑闻时，人们常见的反应是"因为我们缺乏信仰和正确的价值观，所以道德标准沦丧"，并呼吁社会、企业及其他组织培育和提升积极向上的信仰和价值观，以减少或者消除此类行为（Zahra, Priem, Rasheed, 2005）。然而，尽管这种认为个人信仰和价值观在伦理决策制定和（非）伦理行为中起关键作用的判断有一定的合理成分，但在理解个人价值观如何与伦理相关联以及是否某些价值观在抑制非伦理行为方面效果更凸显，仍缺乏镶嵌于某种情景下组织层面的重要理论解释机制。美国管理学家霍根的一项调查证明，无论何时何地，无论哪行哪业，60%～75%的员工都会认为，其职场情绪压力和行为不端的直接源头在于其直接上司。因此，对于员工职场行为，上级领导风格就是最重要的情景因素，它所代表的就是组织层面具有某种倾向性同时又相对稳定的影响因素（DuBrin，Andrew，1998）。在日常工作中，从某种程度上来说，领导就是组织，组织的各种文化、制度、规章或者习惯都是由领导而来。对于员工来说，由于领导有法定职权，掌握员工绩效、奖惩以及职位等各种组织资源分配的权力，所以领导所思所想及所作所为必然成为员工考虑职场伦理决策和行为的重要依据（Lee，Allen，2002；Brown et al.，2005）。所以，研究者们正逐渐将研究焦点转移至领导层面的影响因素上，试图研究不同领导模式对员工职场非伦理行为的影响。例如，Mayer等（2009）认为，道德型领导可以通过角色榜样的塑造降低下属员工的职场非伦理行为；高日光、孙健敏（2009）则指出，破坏型领导在组织和领导认同上会起到负向作用，进而强化员工职场非伦理行为；伦理型领导（杨继平、王兴超，2015；王永跃、祝涛，2014）、变革型领导（Caillier，2015）及诚信型领导（Liu，2015）等都会对下属员工的伦理倾向与行为带来影响。而Ugwu（2011）则综合性地认为，个人价值观、组织实践和更广泛的外部环境是非伦理行为的一些影响因素，因此，可以为员工推出定期的工作轮换、研讨会和伦理培训，以使他们在日常的行为中保持高水平的伦理标准。从社会学习理论的核心观点可以推断出，由于上级领导地位和职权的影响，员工个体会更容易通过模仿其行为而做出相应的职场伦理决策和伦理行为（Ruedy et al.，2013）。

  但与国外日益增加的研究相比，国内关于员工职场非伦理行为的研究才刚刚起步（谭亚莉，2011），从组织文化和职场情景尤其是带有典型中国文化特征的中国式领导着手的研究则更是少之又少。相较而言，中国式之家长式领导已经广为人知，差序式领导则才刚兴起。那么，这两种中国式领导到底哪一种更具"中国风"、更能反映中国文化特色呢？郑伯埙（2004）认为，家长式领导背后所蕴藏的是奉行"尊尊"法则的纵向式威权式领导风格，而差序式领导则遵循"亲亲"法则，更加注重横向式关系式领导风格。但从现实来看，仅仅用"亲亲"法则来解释或指代差序式领导是不尽合理的，因为差序式领导不仅有"差"，同时也有"序"，这个"序"其实也就包含着家长式领导的威权特征（杨光飞，2009）。差序式领导一方面注重对属下员工进行自己人和外人"差"的对待，另一方面也注重正式权威等级之间"序"的威严。因为在中国文化情景下，领导只片面强调"差",可能虽温情却无执行;只单纯注重"序",则虽有执行却不长久。唯有以"差"为主,融之于"序",恩威并施,才更能赢得部属员工的信赖和支持,也才能更有效地对组织实施管理。因此,差序式领导不仅包含"亲亲"法则下横向维度的关系差异,同时包含"尊尊"法则下纵向维度的家长权威,从这个意义上来说,差序式领导是更加契合中国文化背景的领导风格。鉴于此,本研究拟从差序式领导入手,对中国文化情景下的员工职场非伦理行为进行探索。

中国是一个有着5000年历史的文明古国,以家族血缘关系为中心而形成的高权力距离的差序格局是我们的主要人伦关系特点。同时,在此基础之上,也形成了姜定宇和张菀真(2012)定义为"在人治主义的氛围下,华人领导者对不同部属会有不一致的领导方式,并且对其较偏好的部属给予较多偏私的领导风格"的差序式领导。现有差序式领导的相关研究多从肯定一面出发对其与组织、团队和圈内外员工个人效能的关系进行研究,认为其对部属积极工作结果有正向的预测效果(姜定宇、张菀真,2010;孙晓真,2014;于桂兰、付博,2015)。但纵使差序式领导的确能在高度人治氛围的组织中提升部属效能,其对部属的心理、态度和行为是否也有正面影响?不同类型员工在响应主管偏私对待的时候,个体心理感受上的差异是否会导致职场行为的差异?即使被偏私对待的员工对于主管的偏私行为能产生部分适应性,但对于有些情形,例如别人犯错受到企业规定惩罚,而自己犯错却受到宽容,这种偏私对待是否会导致部属无所顾忌、肆意妄为,进而引发不合适的职场行为?假如管理者和部属的二元关系是组织内的基本工作单元,并且组织员工经常将上级领导视作组织的代言人(Huang et al.,2015),那么,差序式偏私对待必将会对员工的心理、态度和行为产生至关重要的影响。显然,目前的研究还无法对这些问题给出令人满意的答案。因此,从兼具"亲亲"和"尊尊"法则的中国企业式领导方式——差序式领导入手,研究员工在工作场所施行的非伦理行为及其发生机制,进而探讨其相应的治理机制,就显得尤为必要。因此,本研究拟引入组织认同和心理授权双中介变量,通过系列实证研究方法,对差序式领导与员工职场非伦理行为之间的关系及潜在作用机制加以探索,以进一步深化对两者之间关系的理论认识,同时找寻更有效管理中国文化情景下员工职场伦理行为的方式方法。

1.2 研究意义

1.2.1 理论意义

本研究以差序格局理论、领导－成员交换理论、社会认同理论和期望理论为基础，结合中西不同研究理论，对员工职场非伦理行为的影响机制加以探索，视角较为独特。本研究在以上这些理论基础之上所建构的关于员工职场非伦理行为影响机制的理论模型以及随后所开展的实证研究，不仅可以为员工职场非伦理行为本土化研究提供更多样的理论探索和实证检验，同时也可以在某种程度上为中国式领导以及中国式管理积累更多的相关文献。

（1）拓展了差序式领导领域的理论和实证研究。差序式领导源于费孝通先生的差序格局，其不仅包含"亲亲"法则下的中国式关系差异，同时也包含"尊尊"法则下的中国式威权等级。现有关于差序式领导的探索多见于中国台湾学者的研究中（郑伯埙，1995；姜定宇、张菀真，2010；黄文圣，2010；吴华萍，2011），但中国大陆方面的探索也正逐年增加（王磊，2013，2015；郭小玲，2014；袁凌、李静、李健，2016；陶厚永、章娟、李玲，2016）。本研究的开展可以进一步拓展本领域的相关研究。

（2）丰富了员工职场非伦理行为前因变量的研究。在过去的研究当中，对员工职场非伦理行为前因变量的探索，更多地将关注点聚焦于员工个体特征区别或者心理波动方面，却较少关注可能影响员工心理历程的组织或者领导层面的因素。本研究从差序式领导入手，对中国情景下的员工职场非伦理行为进行探索，不仅可以发现员工职场非伦理行为新的前因变量，还能够进一步丰富本领域的相关文献，同时也能对管理方式的中国化研究做出贡献。

（3）增加了领导方式与员工职场非伦理行为的中介作用机制。上级领导风格是员工职场非伦理行为的重要影响因素之一，它有可能通过作用员工内心心理感知而影响员工职场非伦理行为。本研究引入心理授权和组织认同双中介变量，不仅可以拓宽上级领导风格影响员工职场行为的相关研究，同时还能为员工职场非伦理行为的预防与管理提供不一样的理论支撑。

（4）强调了权力距离在差序式领导与员工职场非伦理行为之间的调节作用。差序式领导与员工职场非伦理行为之间的关系可能受不同文化情景下的员工特性的影响，在这一方面，本研究引入权力距离这个调节变量，这将进一步明确本领域研究的边界条件。

1.2.2 实践意义

有证据表明，员工伦理行为受领导者行为方式的影响（Jaffe，Tsimerman，2005），中国文化情景下的上下级关系会给员工情绪带来影响（姜定宇等，2010），而且部属员工也会根据其与上级关系的亲疏远近做出相应的反应（李怡慧，2008）。差序式领导是基于中国文化情景下的中国式领导，其普遍存在于大中华区的各类组织中，并被郑伯埙（2005）认为是与家长式领导平行存在的中国式领导风格。差序式领导既包含家长式领导纵向威权维度的"序"，同时也包含家长式领导所缺乏的横向关系维度的"差"，因此被认为有可能更能反映中国文化，也更能代表中国式领导。现有有关差序式领导的研究表明，差序式领导会在中国文化背景下给所在组织或个人带来程度不一的正面影响，其可以增强部属的团队认同感、团队效能、工作满意度，等等。而在现实中，近些年来不断涌现的职场非伦理行为正给社会和组织以及个人带来越来越坏的影响，对中国文化情景下职场非伦理行为前置因素以及预防和管理措施的探索已成为组织治理的当务之急。因此，基于现实的角度，对差序式领导与员工职场非伦理行为以及其可能的潜在作用机制进行探索，可以为中国式职场非伦理行为提供一个全新的视角，也可以为组织非伦理行为治理提供一个政策依据。本研究将有助于更深入地了解领导方式对员工职场非伦理行为的作用过程和影响机理，为中国企业管理者预防和管理员工职场非伦理行为提供一个重要的方案参考；有助于国内管理者正确认识和对待员工职场非伦理行为，可以通过强化员工组织认同和心理授权感知来规避或者降低伤害性比较强的职场非伦理行为；同时，针对员工职场非伦理行为而提出的规范性管理建议也有利于重塑商业信用和道德规范，有利于改善组织与社会的关系，促进社会稳定与和谐。

1.3 研究内容

1.3.1 研究对象

本研究以中国情景下企业组织管理者的差序式领导行为和普通员工的非伦理行为为研究对象，主要对组织中差序式领导对员工职场非伦理行为的影响机制进行探讨。

1.3.2 研究重点

（1）在现有文献的基础上，明确主要概念的规范性理论支撑，界定研究的边界条件和规范性框架。

（2）构建差序式领导对员工职场非伦理行为影响机制的理论模型，并对其中的直接效应模型、中介效应模型及调节效应模型进行检验分析，从而进一步优化相关领域所采用的模型与方法。

（3）在前述研究基础上，探索员工职场非伦理行为的干预和治理措施。

1.3.3 研究难点

（1）在确定主要概念的规范性定义、理论支撑及规范性框架时，需要阅读大量国内外相关文献，工作量很大，需要花费大量的时间和精力。

（2）在对差序式领导对员工职场非伦理行为的影响过程进行梳理时，需要在两者之间找到一个合理的理论支撑和解释。

1.3.4 主要目标

（1）以相关理论和相关文献为基础，构建中国文化情景下的差序式领导对员工职场非伦理行为的作用机制概念模型。

（2）探寻差序式领导影响员工职场非伦理行为的中介变量和调节变量，并用第一手数据加以检验，从而为揭开这个组织"黑箱"做出贡献。

（3）以对前两个目标的实证数据结果为基础，为中国文化情景下的员工职场非伦理行为预防与管理提供参考建议。

1.4 研究方法与研究思路

1.4.1 研究方法

（1）文献研究与逻辑推理法。基于差序格局理论、领导－成员交换理论、社会认同理论和期望理论等，回顾已有相关文献，对概念内涵、相互关系以及相应中介和调节机制进行理论梳理和假设推导，从而更完整地构建本研究的理论模型。

（2）以问卷调查为基础的综合调研法。本研究在方法上会根据差序式领导的内外差异和员工职场非伦理行为类别的差异，以问卷调查为基础，选择性地采用深度访谈、映射技术等方式，尽可能降低被调查者的警惕性和防御心理，增强测量效度。

（3）统计分析法。本研究将以 SPSS18.0、AMOS24.0 和 Process 软件为主要分析软件，对问卷和数据进行探索性因子分析和验证性因子分析，以保证测量的信度和效度。在这基础上，再采用描述性统计、相关分析、结构方程模型拟合度和显著性检验以及多元回归分析等技术来验证本研究所提出的主要假设。

1.4.2 研究思路与内容安排

本研究基本思路（图1－1）是先进行文献综述和定性研究，在此基础上构建主要概念规范性框架，提出理论模型并设计问卷，进而通过实地调查获得第一手数据，对理论模型进行检验，最后对研究结果进行理论探讨，并分析如何有效预防和治理员工职场非伦理行为，以改善组织层、领导层和基层员工的关系，促进组织的稳定与和谐。基于此，各章节内容安排如下。

第一章"绪论"。从现实热点出发，结合理论现状，对研究背景进行详细介绍，并在此基础上阐明研究意义、研究目的、研究方法、研究思路与研究框架。

第二章"文献研究综述"。本研究首先对差序式领导的概念、与相关概念的区别以及对组织及员工的影响进行了回顾，然后对员工职场非伦理

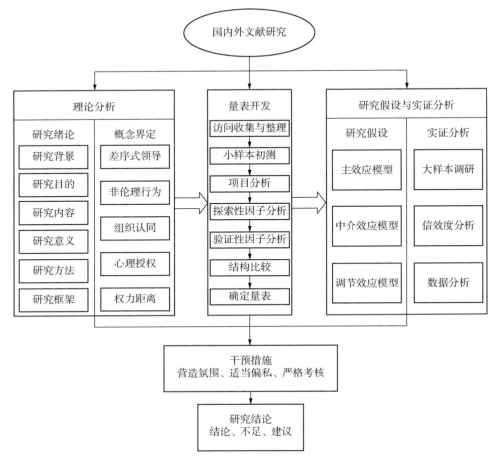

图1-1 本研究基本思路

行为的概念、类别以及相关实证研究进行了总结，接着分别对组织认同与心理授权两个中介变量从定义述评、前因变量、结果变量以及相关中介作用方面进行研究，再之后继续对权力距离的概念、影响效应和调节效应方面的研究做了归纳，最后述评了差序式领导与员工职场非伦理行为之间的关系。

第三章"概念模型与研究假设"。在第一章和第二章的基础上，结合现实背景和相关理论，对研究假设和理论概念模型框架进行构建。

第四章"研究设计与预调查"。提出概念模型与研究假设之后，进入实证研究阶段。本章采用现有文献中已有的较为成熟的测量量表对初始问卷进行预测试，然后根据预测试的分析结果对初始问卷进行适度的修改与完善，并由此而确定正式问卷。

第五章"数据分析与结果"。本部分是研究的核心部分，首先对实证研究的对象选择做了介绍，然后对样本情况和统计方法进行说明，接着按照实证研究规范对问卷信度、效度做了处理并进行共同方法偏差检验，最后对研究变量差异程度、中介效用、间接效应、直接效应和调节效应进行检验分析。

第六章"研究结果讨论"。根据前一章的数据分析结果，结合相关理论和实践，进行较深层次的解释和探讨。

第七章"研究结论"。根据数据分析结果，对本研究的研究结论、理论贡献和实践启示进行归纳总结，并指出局限性和将来的研究方向。

第二章 文献研究综述

本章首先对员工职场非伦理行为的概念、类别以及相关实证研究进行总结，接着对差序式领导的概念、与相关概念的区别以及对组织、员工的影响做述评，然后综述组织认同和心理授权两个中介变量的概念、影响结果以及相关实证研究，再继续对权力距离的概念、影响结果和相关实证研究做归纳，最后对全章内容进行小结。

2.1 员工职场非伦理行为研究述评

公司丑闻，例如账簿欺诈、行贿以及滥用机密信息等，已经在商业组织的非伦理行为研究中引起了包括心理学家、哲学家、经济学家，甚至神经科学家的兴趣，他们的研究结果富有成效且令人着迷（Gneezy，2005；Greene，Paxton，2009；Houser et al.，2011；Mazar et al.，2008；Shu et al.，2012；张永军，2015；Treviño，den Nieuwenboer，Kish-Gephart，2014；Piff et al.，2015；Singh，Twalo，2015；杨继平、王兴超，2015；Sezer，Gino，Bazerman，2015；Moore，Gino，2015；Knoll，et al.，2016；Halinen，Jokela，2016；文鹏等，2016）。员工职场非伦理行为不仅会威胁组织声誉（van Riel，Fombrun，2007）、财务业绩（Orlitzky，Schmidt，Rynes，2003），甚至会伤害到企业的长远发展（Grant，Visconti，2006）。因此，包括股东、政府和非政府组织在内的一系列利益相关者应对商业组织予以更多的注意，以更好地管理职场非伦理行为。

而对员工职场非伦理行为的管理将会产生一系列的问题。例如，非伦理行为由什么构成？哪一类行为可以被定义为非伦理行为？员工职场非伦理行为现实和潜在发生的频率究竟如何？非伦理行为发生的频率是否因组织、行业、工作职责及地域不同而有所区别？非伦理行为发生的原因和结果分别是什么？为了更好地梳理、回答和解决上述问题，首先需要对员工职场非伦理行为进行准确的定位，然后对其前因和结果进行系统的梳理，进而找到合适的治理措施。

2.1.1 员工职场非伦理行为的概念

与伦理或道德行为类似，员工职场非伦理行为的概念比较模糊且大同小异，在诸多定义中，使用较多的应该是 Rest（1986）和 Jones（1991）所界定的两个定义。Rest（1986）将员工职场非伦理行为定义为"员工个体在工作场所实行的违背大多数人认可和接受的伦理规范的行为"；与之相类似，Jones（1991）认为，员工职场非伦理行为意为"违反法律或者违背普遍伦理规范或者伤害他人的行为"。

泰勒（1975）将伦理定义为一个"对道德的性质和依据进行的质询，在这里，道德意味着判断、标准和行为准则"。而根据 Beauchamp 和 Bowie（1983）的说法，伦理是关于善恶、好坏和对错的，因此，我们的行事依据是"应该"和"不应该"。商业伦理意为一个组织、团队或个人在商业活动中的伦理。在对 38 种定义进行综述之后，Lewis（1985）认为，商业伦理是指，对合适商业伦理行为加以引导或指导的法规、标准、规则或原则等。遵守这些伦理规则的职场行为是为职场伦理行为，反之则为职场非伦理行为。Jones（1991）认为，企业组织或组织内部个体于职场上所施行的在伦理规范上不为大多数人所认可和接受的行为即为职场非伦理行为。Brass 等（1998）指出，职场非伦理行为是一种受社会关系、个体差异以及伦理问题所影响的社会现象。Ivancevich 等（2005）在研究后进一步对职场非伦理行为做了细化，认为职场非伦理行为包括勒索、骚扰、欺骗、纵火、威胁、折扣、间谍、歧视、恐吓、侵犯隐私、报复行为、性骚扰、不诚实、告密、贿赂和隐瞒等，但又不止于此。

诸多学者从多个视角出发对商业组织和组织内部员工个体的"不应该"行为进行了研究，并提出了一系列的术语，如不当行为（Vardi, Weitz, 2004）、政治行为（Kacmar, Carlson, 1997）、违规行为（Tyler, Blader, 2005）、犯罪行为（Sutherland, 1940）、违约行为（Neill, Stovall, Jinkerson, 2005）、工作越轨行为（Hollinger, Clark, 1982；刘善仕，2002）、破坏行为（Analoui, 1995）、反生产行为（Mangione, Quinn,

1975）、腐败行为（Ashforth, Anand, 2003）以及反社会行为（Giacalone, Greenberg, 1997），等等。相对于以上行为，非伦理行为首先是一种错误的行为，但这种错误又不仅限于违反正式的和明确的法律和规则，也包括那些非显性但又为社会群体所普遍接受的非正式的隐性规则，这不同于违反组织重要规范的职场越轨行为；再者，非伦理行为不一定是主观故意，它也有可能是员工个体的下意识行为，但这种行为并不符合普遍伦理规范，这有别于主观故意的犯罪行为和破坏行为；最后，非伦理行为不一定必须导致伤害，这也与导致组织或利益攸关者直接损失的腐败行为、反社会和反生产行为不太一样。从这些角度来看，也许康德的义务论观点更能说明职场非伦理行为的性质，即非伦理行为本身是错误的，而不论其结果无意抑或故意（Velasquez, 2005）。

将非伦理行为与其他相关行为区别开来的重要性在于使后续研究能够顺利进行。Bennett 和 Robinson（2000）为工作越轨精心研制和检测了相关量表；Kacmar 和 Carlson（1997）则对政治行为进行了检测。尽管这些测量很有用，但是我们不能简单地将它们用在职场非伦理行为方面，因为它们并不是一回事。正如 Treviño 和 Weaver（2003）所说，行为类别的细微差别可能会导致测量、理解和管理上重大结果的不同。

通过对国外相关文献的述评，可以发现，对于员工职场非伦理行为的研究，正慢慢走入深水区，从原来简单的概念辨析到后来分别从个体特征、社会属性和社会网络进行综合分析，这种综合的视野或更有助于我们对现实中的复杂现象进行解释。

综上所述，本研究将员工职场非伦理行为定义为：一种由员工个体在职场施行的违反法律规范或违背大众普遍认可和接受的社会伦理规范的行为（Jones, 1991；Treviño et al., 2006；Kaptein, 2008；Treviño, 2010；Kish-Gephart et al. 2010；Shu et al., 2012），它包括违法乱纪、传播谣言、消极怠工、职场欺凌、滥用资源、欺骗撒谎，等等。

2.1.2 职场非伦理行为的测量

通过整理现有文献，本研究发现，目前针对员工职场非伦理行为的测量大致分为两类。第一类是根据员工职场非伦理行为自身的特质进行测量，第二类是根据员工职场非伦理行为作用对象的差异加以测量。

2.1.2.1 针对员工职场非伦理行为自身特质的测量

在针对员工职场非伦理行为自身特质的测量方面，Newstrom 和 Ruch（1975）在对 121 名企业管理者进行调查的基础上，开发出包括"超负荷工作""剽窃他人成果"及"装病"等题项在内的一维量表，总题项为 17 题。虽然 Newstrom 和 Ruch 的这项工作为后续研究的开展做出了巨大贡献，但也存在一定的局限性。首先，他们在选择测量题项的程序方面并不科学也不透明，而这却是优秀量表最基础的部分（Schriesheim et al., 1993）。Newstrom 和 Ruch（1975）对此的解释是，他们是根据以往的研究而做出的筛选，最终 17 条题项的确定也得到了经理人的审查通过。其次，此量表所列出的非伦理行为仅仅包括广泛职场非伦理行为的某些部分。Newstrom 和 Ruch（1975）对这个问题做出了解释，强调他们只聚焦于"偏管理伦理方面的尤其是组织内部的非伦理行为"，主要指职场犯罪和反社会问题。最后，此量表在对内部稳定性或者效标效度进行校验时，所得结果并不十分理想。

一直以来，虽然诸多研究者都认为，员工职场非伦理行为不是一个简单的一维概念，而是一个多层次、多维度的概念，但没有人做出更进一步的研究，而是继续使用 Newstrom 和 Ruch 所开发的 17 题项一维量表（例如，Ferrell, Weaver, 1978; Akaah, 1992; Kantor, 2002; Izraeli, 1988）。其他一些做了变动的研究者，大都也只是根据测量实际简单地对相应题项做了增加或者删减，而不是从理论和实证方面提供证据做出相应更正（Treviño, Butterfield, McCabe, 1998; Peterson, 2002; Weaver, Treviño, 1999; Treviño, Weaver, 2001）。还有一些学者则是在自己研究的基础上，通过对测量的探索性因子分析和验证性因子分析，对 Newstrom 和 Ruch 所开发的 17 题项一维量表按比例加以缩小。后来，Luna-Aroca 和 Tang（2004）在前人文献的基础上，用文献研究和关注与职场非伦理行为相关的新闻题材等途径，对职场非伦理行为进行理论上和现实中的初步梳理，然后通过实证调查和定量分析，开发出新的员工职场非伦理行为量表，共 32 条题项，分偷窃、腐败、资源滥用、欺骗和告密 5 个维度。Luna-Aroca 和 Tang 所开发的量表在结构性和稳定性方面都比较理想，且内部一致性和效度都不错，但在预测效度方面则需要进一步观察验证，因此在后续实证研究中将其调整为 15 题项（Tang，Chen，2006）。

2.1.2.2 针对员工职场非伦理行为作用对象差异的测量

在针对员工职场非伦理行为作用对象差异的测量方面，此类测量的关注点是员工职场非伦理行为所主要针对的个体。在进行相应量表开发时，Lawrence 等（2005）先根据利益相关者理论对员工职场非伦理行为进行文献上的梳理，然后再通过实证研究对其进行验证和确认。他们认为，虽然不同个体同属一个组织，但由于个体所属群体的层次、地位和相应的责任义务存在区别，不同个体所认知、理解和担负的组织伦理责任也应有所不同，因此，不同个体所理解和认可的职场非伦理行为也是不一样的。而另外一项得到广泛关注和认可的研究是 Kaptein（2008）的量表，其借鉴 Newstrom、Ruch 以及 Lawrence 等人的研究结论，同样以利益相关者理论为推论基础，运用严格的 8 个步骤的测量量表开发程序，开发出多维度的、覆盖范围更广的测量工具。该量表所提非伦理行为指向对象包括客户、供应商、员工、金融家和社会等 5 个具体分量，总题项为 37 题。与 Lawrence 等（2005）的量表相比，Kaptein（2008）所开发的五维度量表在因素拟合度方面具有更好的效果，在内部一致性和效标效度以及预测效度方面效果也好。

在后来的研究者中，Borchert（2011）指出，当个体要在工作场所做出伦理或非伦理的决策时，必然会受到自身情绪和心理状态的影响，而这些状态却是复杂的、多维的和非线性的。所以他认为，要想准确界定和衡量员工的职场非伦理行为，必须综合考虑组织和个体因素对伦理决策的影响。因此，Borchert（2011）综合组织变量（如领导方式和组织文化）和个体变量（如组织认同和个体情绪），以 57 个团队的 181 名被调查者为研究对象，对员工职场非伦理行为量表进行开发，将员工职场非伦理行为定位为职场欺凌和消极工作。该测量各方面效果都比较良好，但在员工职场非伦理行为的界定方面过于狭窄，只能代表部分职场非伦理行为。

2.1.3 职场非伦理行为的前因变量

在员工职场非伦理行为前因变量的探索方面，有个体层面的因素，有组织或团队层面的因素，也有其他角度的因素，下面逐一分类阐述。

2.1.3.1 个体层面

个体层面的前因变量探讨，也被研究者戏称为"坏苹果"（bad apples）观点。持此立场的研究者认为，员工职场非伦理行为主要来源于其自身的个体特征以及差异。

在个体层面的国外研究中，Kohlberg（1969）认为，个体伦理决策受个体道德发展认知的影响，道德认知越高的个体，越不容易在职场实施非伦理行为；Jones（1991）和Kish-Gephart等（2010）认为，相对于内控个体，外控个体更容易在面临伦理两难时或找寻借口或推卸责任，进而施行职场非伦理行为；Hershfield等（2012）认为，相较于缺乏未来自我持续性的人来说，那些能感觉到未来自我持续性的人更可能让自己的行为与道德责任相符合，当人们专注于自我未来时，他们会更加反对非伦理行为，从而在将来自我持续和伦理判断之间建立一个因果关系；Elizabeth和Umphress（2010）的研究结果表明，员工对组织的认同可以有效制止职场非伦理行为；Giacalone和Promislo（2010）认为幸福的减少会导致员工职场非伦理行为；Bucciol、Landini和Piovesan等（2012）认为，个人对金钱和物质的理念会影响非伦理行为；Gino（2011）认为，个人的自我控制资源枯竭，更可能出现非伦理行为；Schurr等（2012）认为，一个人视野的宽广程度会影响他的非伦理行为；Moore等（2011）认为，个人道德脱离倾向与职场非伦理行为正相关；Safarzadeh、Tadayon和Jalalyan等（2012）则认为，个人情感和现有权力与职场非伦理行为明显相关，并且在实施职场非伦理行为的过程中，男性更容易情绪化，对权力欲望的追求更加迫切。以上为关于个体层面的内在心理特征和情绪状态角度的研究。而从人口统计特征角度，有研究者认为，职场非伦理行为存在性别差异，女性更为内敛也更为柔和，相对于男性，其攻击性和伤害性会弱一些，所以她们实施职场非伦理行为的概率会比男性更低（Franke，Crown，Spake，1997；Borkowski，Ugras，1998）；此外，也有研究者发现，相对于低学历的个体，高学历个体可能有更高频率的伦理教育和更高程度的伦理认知，他们施行职场非伦理行为的概率和频率也更低（Lehnert et al.，2016）。

在国内相关文献中，舒晓村（2015）认为，在工作场所，同事非伦理行为对个体非伦理行为具有显著正向影响；杨继平、王兴超（2015）认为，员工不道德行为源于员工的道德推脱，道德推脱同时也会压制员工利他行为的产生；王端旭等（2015）指出，道德明晰对员工职场非伦理行为有显著影响，道德明晰程度影响非伦理行为的可能性和频率；文鹏等（2016）认为，员工个体的责任感知会显著影响员工职场非伦理行为的实施；而夏福斌（2014）则指出，组织承诺对非伦理行为有着显著的负面影响，社会损害对非伦理行为有着显著的正面影响；文鹏、陈诚（2016）进一步认为，当个体观察到他们的上级施行职场非伦理行为时，焦点个体容易出现比较强烈的道德推脱，进而导致其模仿实施类似的行为。

在现有的研究中，从个体层面去了解员工职场非伦理行为相对较多，但这一类的研究只是从个体内因角度进行探索，却没有考虑将视野转向组织层面或者将两者结合起来进行研究。

2.1.3.2 组织或团队层面

组织或团队层面的前因变量研究，与个体层面的"坏苹果"相呼应，被称为"坏木桶"（bad barrels）。持此观点的研究者认为，不能将员工职场非伦理行为简单地归因于员工个体。职场非伦理行为有个体方面的原因，但归根结底，外在环境尤其是组织和团队的影响，才是至关重要的因素。

在组织和团队层面的相关研究中，有研究者指出，员工个体所感知的职场伦理氛围会对员工职场伦理决策、伦理态度和非伦理行为造成影响（Demirtas，Akdogan，2015）；包含关怀导向、自利导向和规则导向的组织伦理氛围会对员工职场非伦理行为（包括渎职滥权、工作懈怠、贪污腐化、公司政治和敌对破坏等）造成一定程度的影响（刘文彬、井润田，2010）；组织伦理氛围会通过规则导向和关怀导向压制员工职场非伦理行为的发生，也可以通过自利导向引导和触发员工职场非伦理行为的实施，且组织伦理氛围在上级领导和下属非伦理行为之间会起到一定的中介作用（刘晓丽，2015）。Dietz 和 Kleinlogel 等（2014）的研究认为，员工个体在职场中所遭遇的不公平对待，会影响其职场非伦理行为的发生；当员工在绩效考核遇到不公时，可能会为了平衡心理和目标达成而或隐或现地施行职场非伦理行为（Pinto，Leana，Pil，2008）；Schweitzer 和 Ordone 等

（2004）的研究也指出，那些有了职场目标，但目标在组织中受到阻碍的员工更容易施行职场非伦理行为，而且这个程度和频率与是否公平密切相关。

此外，有研究表明，道德型领导和责任型领导显著负向影响员工职场非伦理行为，其通过良好的角色榜样的塑造，削弱或者减少下属员工的职场非伦理行为（Mayer et al.，2009；王端旭等，2015；杨继平、王兴超，2015；刘晓丽，2015；文鹏等，2016）；而破坏性领导和非伦理领导则显著正向影响员工职场非伦理行为，其通过破坏员工的内在心理和情绪状态，或者降低上级认同和组织认同，或者增加员工职场非伦理（高日光、孙健敏，2009；刘晓琴，2014，2017）。在其他领导层面，夏福斌（2014）的研究发现，领导公平与非伦理亲组织行为及其各维度之间有着显著的负相关关系；马广敏（2014）则认为，管理层伦理认知在伦理准则交流效果影响非伦理行为的过程中存在中介作用，管理层伦理认知和非伦理行为之间没有显著的相关关系。

此部分研究主要着眼组织或者团队层面，从组织伦理氛围、竞争程度和领导方式等角度去解读员工职场非伦理行为，将员工职场非伦理行为的研究推向另外一个高潮，但没有综合从个体和组织或者团队角度去对员工职场非伦理行为进行研究。

2.1.3.3 其他角度

还有一些学者认为，员工进行伦理决策时的情景会对非伦理行为造成影响（Jones，1991）。Kish-Gephart 等（2010）采取元分析的方法发现，道德强度在一定程度上与非伦理行为（意愿）有负相关关系。Cojuharenco、Shteynberg 和 Gelfand 等（2012）通过现场和实验室，从自我建构的3个维度（个体、关系和集体）对不道德行为的影响进行了检测，认为更高水平相关自我概念与非伦理行为呈负相关关系，并且男性和女性的自我关系水平的差异对非伦理行为的性别差异起调节作用。Paul K. Piff（2012）通过7项实验研究发现，相对于社会底层的个体，社会地位高的个体更容易发生职场非伦理行为。而 Yip 和 Schweitzer（2015）更出人意料地宣称，信任会助长职场非伦理行为。Ugwu（2011）则综合性地认为，个人价值观、组织实践和更广泛的外部环境是非伦理行为的一些影响因素。因此，可以为员工推荐定期的工作轮换、研讨会和伦理培训，以使他们在日常的行为中保持高水平的伦理标准。

2.1.4 职场非伦理行为的结果变量

员工职场非伦理行为的发生和实施，在绝大多数情况下会给组织或者身边的其他个体带来负面的影响，这是多数研究得出的基本观点。但也有研究表明，情况未必如此。

首先，在负面影响的个体层面，员工职场非伦理行为可能会造成组织其他成员的非伦理行为的增加或者伦理行为的减少。如Treviño等（1998）认为，在组织和团队内部，非伦理行为会更容易被辨认和模仿，从而让更多的人从事非伦理行为，并且降低其他组织成员的职场或生活上的积极体验；夏福斌（2014）认为，非伦理行为对工作满意感和信任有着显著的负面影响；郑显伟（2015）则指出，员工非伦理行为显著正向影响员工被显性攻击/被隐性攻击；员工非伦理行为显著负向影响员工被显性攻击/被隐性攻击。其次，在负面影响的组织层面，员工职场非伦理行为有可能危害品牌形象、社会声誉和组织绩效。正如Grant和Visconti（2006）所言，员工的职场非伦理行为会严重影响组织的社会声誉和财务绩效，甚至是可持续性发展。

也有研究表明，员工职场非伦理行为的结果未必都是不好的。例如，Umphress等（2011）认为，在具备某些条件的前提下，员工个体可能会做出一些有利于组织或成员，或者两者兼而有之的非伦理行为（又称非伦理亲组织行为），员工施行这一行为时，并不会去考虑太多的行为道德问题。Ruedy、Moore和Gino等（2013）的研究也指出，虽然很多研究都认为员工职场非伦理行为会给组织和其他个体带来负向影响，但该研究对这一结论发出挑战，证明非伦理行为可以带来正面影响，被称为"骗子的高潮"。研究者通过6个试验发现，即使个体预测他们在从事非伦理行为之后将会有负罪感或者负面影响，但那些利用欺骗行为解决问题的人自始至终都比那些没有使用欺骗手段的人体验到更多的正面影响。欺骗行为与自我满足的感觉紧密相连，且正面影响会持续提升，即使是欺骗者知道他们自我报告的成绩不可靠，但依然如此。因此，即使有关非伦理行为的自我欺骗减少，但施行非伦理行为的"骗子"因侥幸成功而获得的经验仍然压倒人们因从事非伦理行为而导致的负面结果。这些与我们固有想法不太一致的研究结果，对本研究接下来有关非伦理行为的研究具有重要的启示作用。

在现有相关研究中，有关员工职场非伦理行为影响结果的研究相对比较薄弱。诸如非伦理行为的传递与扩散、对个体或组织的侵蚀过程与影响机制以及对商业组织未来可持续发展的影响机制等方面的研究都未曾展开，这是遗憾之处，却也是未来研究者值得探讨的方向。

2.1.5 小结

员工职场非伦理行为虽然在近十多年来得到了许多研究者的关注，并得出了不少有价值的研究成果，但依然存在诸多不足，需要继续完善（谭亚莉，2012）。笔者更关注的是，现有研究缺乏从中国文化情景入手对职场非伦理行为进行探索的相关文献；而从文化特性来说，中国员工的职场行为又很容易受到上级领导的影响，上级领导在某种程度上就是家长和组织的化身，将上级领导的领导风格作为职场非伦理行为的前置因素进行挖掘很有必要。因此，本研究试图在前人研究的基础上，对中国式之差序式领导影响员工职场非伦理行为的机制进行探索，以期找到一条有趣而又实用的研究、预防和治理之路。

2.2 差序式领导研究述评

2.2.1 差序式领导的提出背景

对领导概念和领导方式有效性的探讨一直以来都是组织行为研究领域的重要主题（Yukl，1981）。从本质上来说，领导指的是一种综合的影响过程，它可以影响组织的价值取向和任务目标，同时通过部属员工的执行来取得团队认同并维持团队运作（Yukl，2008）。但不同文化情景下的领导方式，会因其所在区域的文化背景差异而有所不同，不存在放之四海而皆准的万能领导方式（Robert，Probst，Martocchio，2000）。镶嵌于文化脉络下的领导方式与领导行为，必然会受到组织所处地区的文化所影响

(Hofstede, 2001)。

长期以来,在组织行为学中,领导理论不断推陈出新,但现有许多领导理论都是以西方背景为基础编制出来的工具去验证西方文化情景下的领导模式,其实证结果并不一定完全契合中国社会实际。譬如在领导与部属员工的关系研究上,西方领导理论首先强调的是上级与部属地位的平等,然后在这基础之上再找出彼此之间的职场关系;但在中国文化情景下,上下级之间的关系一开始就是清晰明了的,上尊下卑,注重"尊尊"法则,强调上令下从。如果在学术研究中全盘照搬西方领导理论,就不能有效了解中国组织独特的领导方式以及有别于西方的上下级关系,进而导致理论与实际相背离,学术研究与企业实践相脱节(林明村,2002)。因此,不能将西方所发展出来的研究工具与理论完全地套用在中国企业当中。而学者 Hofstede 和 Bond(1988)针对此一论点提出看法,他认为那些来自西方观点的领导研究,因西方文化理念、经营环境与东方有显著差异,许多西方观察到的行为或重视的现象以及提出的理论,从严格意义上来看,并不见得适用于中国组织,一旦将来自西方文化情景下的领导模式放在中国文化情景下进行套用,就容易出现"橘化为枳"的现象。

鉴于此,国内外学者认为,中国社会的文化价值体系具有独特的特征,其领导模式和管理方式应该是与西方有区别的(Redding,1990;Westwood,1997;杨国枢,2004;郑伯埙,1993;Barkema et al.,2015;徐淑英,2015)。Silin(1976)对一家较为大型的华人家族企业做了一年案例研究之后发现,这家家族企业的管理者领导作风较为独特,倾向于集权管理,喜欢对部属耳提面命;Redding(1990)的研究也指出,中国企业在文化价值观和经营模式上明显与西方不太一样,领导者更注重自身权威和部属的忠诚。因此,中国台湾学者郑伯埙等在综合前人研究结果的基础上,通过临床观察和实证研究,提出了中国式的领导模式,即家长式领导理论(樊景立、郑伯埙,2000;郑伯埙,1991,1993,1995)。以上研究成果均表明,中国文化具有独特的价值观体系,在此基础上构筑出来的领导理论、领导方式和领导行为以及因此而产生出来的组织效能,与西方有很大区别,不是西方领导理论能够简单地类比及解释的。

与此同时,郑伯埙(1995)认为,在中国文化情景下,企业经营管理模式比较容易受到家族主义文化的影响，中国企业管理者在企业中的身份和地位比较独特，往往是集多重身份于一身，他们是决策制定者，是企业信息中枢，是资源分配者，同时也是权威的家长。在组织资源及领导者自身时间、精力资源有限的前提下，企业领导者不可能面面俱到地兼顾所有个体。为了能够对企业进行更有效的领导和管理，领导者必须先对企业员工进行归类并做差异化管理，然后在这基础上分配组织资源。因此，郑伯埙（1995）认为，中国企业的员工归类模式是企业领导用来区分员工并作差异化处理和资源分配的重要模式，此理论已在后续研究中得到实证验证（Cheng et al., 2002；徐玮伶，2004；徐玮伶、郑伯埙，2002）。诸多实证研究发现，中国企业组织中的领导者，会将自己比较偏好的员工区分为自己人，较不偏好的员工区分为外人，并在现实工作中以不同的方式进行互动。这种对不同部属员工差别对待的方式，被称为中国式领导的另外一种形态，即差序式领导（徐玮伶，2004；徐玮伶、郑伯埙、黄敏萍，2002；郑伯埙，2005；姜定宇、张菀真，2010）。

在中国文化中，差序式领导有其丰富的文化含义，且符合中国文化中差序格局、信任格局或是关系取向等概念（郑伯埙，1995，2005）。在差序格局中，强调人以己为中心，个人是社会关系网络的主要建构者，人与人的关系具有等差的特性（费孝通，1947）。中国台湾学者陈介玄和高承恕（1991）研究认为，在以中国人为主的企业中，上级领导对待部属员工的方式并不总是一视同仁。信任格局可以对这一现象加以解释，这是一种人际的信任，只有对某些特定的个体才可能衍生出这样的信任。也有研究认为，上级领导对部属员工的信任会存在某种程度的差异，这种差异会影响乃至决定上下级之间的交流方式，以及下级员工在组织中的角色和地位（张慧芳，1995）。而杨国枢（1993）的研究则认为，在中国人际互动中，关系决定论和关系角色形式化是人际关系的典型特征，人际关系的性质决定了相处的方式和原则。最近的实证研究亦指出，在现今的中国企业组织中，差序式领导是普遍存在的领导风格，并且对于员工效能有着正向的预测效果（姜定宇、张菀真，2010）。

2.2.2 差序式领导的理论基础

2.2.2.1 差序格局

近年来，中国经济发展迅猛，获世界瞩目，并已成为世界第二大经济体。在这种的大背景下，中国企业组织的管理方式，引起了许多研究者的关注（Redding，Drew，2016；Rowley，Oh，2016；Wong，Li，2015）。中国社会是一个以"人伦关系"为基础的社会，关系取向是组织成员在社会交往中运用的首要法则，并在现实中呈现出儒家伦理特色的"差序格局"，这种"差序格局"是中国组织管理行为的基础（刘善仕、刘小浪、陈放，2015）。因此，黄光国等（2004）认为"差序格局"是中国本土概念，其有独特的人伦特征，可以较为到位地表达和体现中国社会和组织行为的内在逻辑。

"差序格局"这个概念首先源自费孝通先生的《乡土中国》（1948），在书中，费孝通先生指出："我们的格局不是一捆一捆扎清楚的柴，而是好像把一块石头丢在水面上所发生的一圈圈推出去的波纹。每个人都是他社会影响所推出去的圈子的中心。被圈子的波纹所推及的就发生联系。每个人在某一时间某一地点所动用的圈子是不一定相同的。"费孝通先生认为，中国的社会结构是传统而稳定的农业结构形态，在其中，人与人之间的互动在很大程度上依赖彼此的"血缘关系"，主要根据这种关系的亲疏来对自己在这个社会结构网络中的地位进行判断。中国文化情景下的人际间互动格局大都建立在彼此角色关系界定的前提基础之上。因此，在差序格局中，"血缘关系"是第一位的衡量标准（费孝通，1947）。

以"己"为中心是"差序格局"这种中国人伦关系模式最典型和最主要的特征。但此处之"己"，跟我们所惯常理解之"己"不太一致，它在很大程度上并不代表单独的自己。这种说法可以从两个角度去解释：首先，中国文化中的"己"概念，为"家族和血缘"所承载，从属于家族或者家庭，故儒家强调修身养性，要求存天理而灭人欲，修身即是忘"己"，以"己"为中心即以家族或者家庭为中心，个人的得失放在次要的位置，必要时甚至可以为了家族或者家庭的长远发展而牺牲自己个人的利益；其次，差序格局中的"己"在某种程度上是一种心理概念，不具备独立的性格，在"己"的外围，有着各种各样的人伦关系，如父子关系、夫妻关系和君臣关系等，故中国自古有父为子纲、夫为妻纲和君为臣纲之说，这也意味着，中国文化中的"己"，只有在其各式人伦关系中才能彰显其存在的意义（卜长莉，2003）。由此可知，中国人眼中的"己"，既包括自己，也包括以自己和家庭为核心的各种关系群体，在其中，不同个体根据血缘亲疏而有各自不同的相对位置，此即"差序格局"。在这个差序格局中，对内即是公，是为群；对外则是私，是为己。因此，在中国文化中，人们对公私概念的界限略显模糊，某一个时刻你可能是"其他人"，另一个时刻你可能又成了"自己人"，是一种相对意义的认知和判断。

综上所述，"以己为中心"之差序格局，其最根本的内核是家庭、家族及血缘关系。以血缘关系为基础和中心，会慢慢衍生和建立起一种基于"自己人"或"熟人"的人际关系格局，这种格局具有比较典型的排他性。在中国式交往中，如果某个人越靠近这个关系的核心，就越容易为圈内人所接受，也更容易取得人们信任，从而获取更多的社会资源；反之，离"自己人"核心越远，就越不容易获取人们信任，人际关系也就会更为淡薄，要取得认可和成功必须花费更多的时间和精力。因此，差序格局在事实上存在公私不分的现象，若为"己"，公即是私，私亦是公；若为"他"，公即是公，私即是私。

2.2.2.2 社会分类

社会分类源于社会知觉理论的发展，Rosch（1978）提出的"社会知觉的分类原则"指出，人们会使用类别系统去简化外界刺激，进行社会事件与事物的判断。Brewer（1988）也指出，社会知觉有两大型态：第一，以类别为基础（category-based），假定人的记忆容量有限，信息处理依循有限理性法则且受知觉者预存目的与目标的限制，亦即知觉者的认知原型决定知觉结构的类别及其关联性，并指引信息处理方向；第二，以刺激与个人为基础（person-based），假定人类的记忆容量无限，可以充分接收所有的信息。显然前者较能够解释人类在面对外来环境的庞大信息时，由于认知容量的有限性，倾向会将社会信息进行简化与归类进行快速有效的判断运作。已有学者指出，中国社会的人际互动较西方社会更倾向于类别化的差等对待（Redding，1990；杨国枢，1993；刘善仕、刘小浪、陈放，2015）。杨宜音（2000）在进行关系分类的个案研究时发现，中国传统农业社会以血亲亲属制度作为归类基础划分"自家人"与"外人"；而中国都市社会除了血亲关系，还会依据交往关系中的个人特性的吸引进行"自己人"与"外人"的分类。因此，中国企业领导人对外要面对繁杂的企业竞争环境，对内要经营管理公司事务，会倾向透过将部属区分为"自己人"与"外人"两种最显著的类别，进而对部属展现差序的领导行为及进行有效资源分配。

2.2.2.3 差序式领导的结构：自己人与外人的差别

在中国式的为人处事中，常常会有自己人与外人的区分，这种区分往往以彼此之间的关系远近来加以判断，不同的互动对象有不同的对待标准。在中国的私营企业，尤其是家族企业里，经常会见到类似中国家庭/家族内部的角色区分（郑伯埙，2001）。正是这样的角色层次和长幼规范，形成了组织内部人际交往的准则，这种根深蒂固的人伦观念和角色定位，决定着组织内部上下级之间的人际关系与互动模式。所以，在中国文化情景下的组织中，员工个体会潜意识地使用这种原则与标准，对与上级之间的关系进行自我判断，从而在内心或隐或现地将自己归入上级的自己人或者外人，进而也在日常的工作中展现出相对应的职场态度和行为；同样，当组织领导面对自己的部属员工时，由于人数过多且不一定全部了解，因此也不可能做到对全部部属员工同等对待，他们也会根据中国式的人际互动标准，对与部属员工的关系位置进行相应的定位，然后在工作中也会存在不同程度的差别对待，这就有了"自己人"和"外人"之分。

当组织领导将部属员工区分为自己人或外人的时候，或者当部属员工知觉到自己在领导心目中的定位的时候，部属员工的职场行为表现会有差异吗？林行宜（1993）研究后认为，在内团体成员中，也会存在关系定位上的区别，有些自己人是偏外围的，有些自己人则是圈子核心的，外围自己人在行为表现上可能会呈现更多的工具性回报，且多以现实利益为衡量标准；与之相比较，身处核心的亲信在回报层面则会多了一些感情色彩，现实利益有时候反而退居其次。在工作中，内团体亲信成员会为了回报上级领导的信任和重视，会投入更多的时间和精力去完成工作，甚至会做出更多有利于上级领导的角色外行为。由此可见，当组织内的领导与部属有了自己人或者更亲密的核心关系之后，他们彼此之间的角色定位就不仅仅是职场上的上下级关系，而且存在家庭或者家族内部的亲情或感情概念（图2-1）。

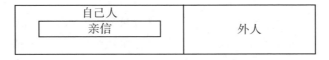

图2-1　亲信、自己人及外人的差异

资料来源：林行宜《企业高阶主管之亲信关系暨亲信角色之研究》，[博士论文]台湾大学，1993年。

然而在现实中，所有员工，无论是自己人还是外人或者内团体成员还是外团体成员，都会从领导那里感受到不同程度的信任和重视，只不过在回报方面，不同关系定位的员工会有区别而已。自己人员工会花费更多的时间和精力努力工作以顺利完成或者超额完成上级交给的任务（诸承明，1999；黄光国，1988）。由此，当个体将自己与其他人归类为不同或相同类别群体并加以区别的时候，内团体偏差就出现了。内团体偏差的出现，在组织中可能会带来评价偏颇的现象，即给予内团体成员以更有优势的评价，而对外团体成员则相反或就事论事。郑伯埙（1995）在《差序格局与华人组织行为》一文中也认为，当有了自己人和外人的区别之后，组织领导在工作态度、领导风格、工作设计、资源分配、雇佣关系、情感依附和组织结构等方面的表现都会有所区别（表2-1）。

表2-1　自己人意识与组织行为之间的可能关系

组织行为变量	自己人⟵⟶外人	组织行为变量	自己人⟵⟶外人
1. 情感依附		5. 雇佣关系	
管理哲学	Y理论⟵⟶X理论	雇用状况	终身雇用⟵⟶短期雇用
亲密感	高⟵⟶低	升迁速度	快⟵⟶慢
义务感	高⟵⟶低	升迁幅度	大⟵⟶小
吸引力	强⟵⟶弱	训练机会	多⟵⟶少
信任感	高⟵⟶低	生涯规划	有⟵⟶无

(续上表)

组织行为变量	自己人←→外人	组织行为变量	自己人←→外人
2. 领导作风		6. 资源分配	
上下关系	契合←→不契合	奖励标准	非绩效取向←→绩效取向
决策参与	多←→少	奖励水平	高←→低
双向沟通	多←→少	其他资源	多←→少
授权幅度	大←→小	7. 工作态度	
对待态度	慈爱←→严厉	工作满足感	高←→低
3. 组织结构	角色服从性	角色服从性	高←→低
层级	高←→低	组织承诺	高←→低
核心	核心←→外围	组织公民行为	高←→低
功能	重要←→不重要	流动率	低←→高
4. 工作设计			
工作结构	模糊←→清晰		
角色弹性	大←→小		
绩效控制	宽松←→严密		

资料来源：郑伯埙《差序格局与华人组织行为》，载《本土心理学研究》1995年第3期。

那么，在对自己人员工和外人员工进行分类时，差序式领导者是不是又会按照上述这种标准来加以区分呢？如果有不同标准，这标准产生的根源又在哪里？接下来，本研究将尝试从差序式领导角度的员工分类原则来进一步综述。

2.2.2.4　差序格局下的员工归类标准

研究认为，组织领导者在对员工进行归类时，通常会将文化价值和背景差异作为两个重要的区分标准，这也是社会认知角度的观点（Lord, Maher, 1991）。这种类型的区别，通常会涉及组织内部人与人之间的关系与互动，其要处理的信息异常繁杂，因此，对员工加以分类能够进一步帮助组织或者领导理顺与员工之间的关系，降低组织环境的不确定性，从而可以更高效地进行人际互动和组织管理（Cantor, Mischel, 1979）。从这角度来看，毫无疑问，差序式领导的员工归类标准必然是"差序格局"。也正是如此，郑伯埙（1995）从中国文化情景下的差序格局动态演绎的基础出发，将华人领导归类员工的标准分为关系亲疏、忠诚高低和才能大小三种。

（1）关系亲疏。如前所述，由于中国传统文化和人伦关系差序格局的影响，中国人在处理人际关系时，常常会以家庭或家族主义或者关系取向为主要标准，并且会在现实事件的处理中，按照人与人之间关系的亲疏远近，自觉或不自觉地将周围人等划分为自己人和外人，再进行差别式互动。因此，当这种人伦关系差序化的特征反映在企业组织管理上时，会呈现出"重亲主义"的特征，也就是说，组织领导会根据与部属员工之间关系远近亲疏的不同，在组织地位、工作任务、角色规范或者行为标准等方面采取不一样的衡量和取舍标准。由此推之，潜移默化于华人骨子里的关系格局必然是华人组织中上级领导区分和归类员工的重要标准之一（陈介玄、高承恕，1991）。

（2）忠诚高低。从本质上来讲，无论是在西方文化还是中国文化中，忠诚都是组织和领导者衡量和归类员工的重要标准之一，只不过在中国，这个标准的分量额外突出。中国有个成语叫"忠肝义胆"，诗亦有云"忠肝义胆不可状，要与人间留好样"，这是对忠诚所做的最合适的解读。在差序格局五伦关系之一的君臣关系中，就非常强调臣属的"忠"，是为"忠君"，在封建社会，"忠君"即爱国。这种关系演绎至现代企业组织中，上级即为"君"，部属则如"臣"，组织是为"国"，华人组织中的部属员工，一个非常重要的职责就是向上级领导展示忠诚（郑伯埙等，2003）。但在现实职场中，忠诚又可分为"公忠"和"私忠"，公忠指的是对组织忠诚，私忠指的是对主管忠诚，两者在现实中的表现有时并不太一致，因为领导者的个人利益有时候未必与组织利益相一致。所以，上级主管有时会出于现实利益考虑，要求部属优先展现私忠，而后再考虑公忠。

（3）才能大小。抛开其他干扰因素，部属员工的才能是企业可持续发展最关键的因素，也是组织领导在对员工进行归类时的重要标准之一。中国人常讲的德才兼备，也是将才能放在人才衡量标准的重要位置之上。研究指出，在华人企业中，上级领导分配职位和权限时，虽然会考虑与部属员工关系的亲疏远近，但这并不是唯一的衡量标准，员工的专业和经验等方面的才能也是组织领导选人时的重要着眼点。对于组织领导者而言，一位出色的员工，必须同时具备完成工作的动机和能力，只有两者交互作用,才能取得最出色的工作业绩(郑伯埙,1995)。因此,徐玮伶(2004)也认为,无论是公忠还是私忠,工作态度和工作能力都是上级领导所看重的,也唯有如此,才能真正挑选出符合领导和组织需要的人才。

郑伯埙(1995)认为,按照关系格局、忠诚格局和才能格局,组织领导者可以将组织员工分为8大类型(图2-2)。

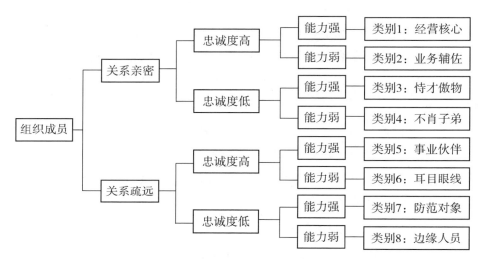

图2-2 差序式领导模式下组织成员的归类历程及类别原型

资料来源:郑伯埙《差序格局与华人组织行为》,载《本土心理学研究》1995年第3期。

2.2.3 差序式领导的定义及表现方式

2.2.3.1 差序式领导

由上述文献综述可知,中国企业受传统文化与经营目标的影响,领导者在自己心目中会形成部属关系格局、忠诚格局和才能格局。在人治色彩浓重的中国企业组织中,领导者对待部属并非一视同仁,而会依己所好给予偏私(郑伯埙,1995),从而形成中国企业领导者对于部属的差序式领导。因此,可将中国式之差序式领导定义为:"在人治主义的氛围下,中国式企业领导者对不同部属会有不一致的领导方式,并且对其较偏好的部属给予较多偏私的领导风格。"(姜定宇、张菀真,2010)亦即,在泛家族主义和高差序格局文化下的中国式企业组织中,上级领导会根据与部属之间关系的不同而加以区别对待（郑伯埙，1995），与上级领导关系更亲近的部属容易在职位分配、权力授予和决策参与等方面获得更多的机会，更容易得到领导者的信任和重视，也更容易获得职位提升和绩效奖励（林明村，2001；徐玮伶，2004；郑伯埙，1995，2005；Hu，Hassink，2016）。

通过综述前辈学者对差序式领导的研究，本研究认为差序式领导含义的延伸可从管理方式与资源分配两方面加以说明。首先，在管理方式上，领导者会从决策沟通、照顾支持、宽容犯错及亲信信任4个方面对自己人部属有较多的偏私行为。就决策沟通而言，自己人部属参与决策的可能性较高，也具有较高的上行影响力。研究表明，中国企业组织领导者在职场工作中，会在权力授予、决策参与和人际互动上给予不同员工不一样的偏私（徐玮伶，2004；徐玮伶等，2002）。就照顾支持而言，上级领导对部属员工在工作和生活上的照顾会不太一样，上级领导对自己人部属会给予更为宽容和体谅的态度，更具人性化和亲和力（徐玮伶，2004；徐玮伶等，2002）；就宽容犯错而言，上级领导会对违反纪律或规定的自己人部属给予更宽松的范围和更宽容的处理，甚至常常会帮部属文过饰非；就亲信信任而言，上级领导会给予自己人部属更多的职权，自己人部属也可能在各种正式和非正式团队中扮演核心角色，执行关键任务（徐玮伶等，2002）。其次，在资源分配上，中国企业组织的上级领导通常也会在提拔奖励、关键协助以及其他资源使用等方面，对自己人员工给予不一样的偏私对待。就提拔奖励而言，自己人部属会得到更多升职加薪和福利奖励等方面的机会，所获利益也更为实惠（徐玮伶，2004）。就关键协助而言，上级领导会更积极主动地和自己人部属沟通，为他们提供更为到位和快捷的职业生涯规划设计，并给予更为便利的教育和培训机会，职场上所遇到的问题也会倾力协助解决（林明村，2001；徐玮伶，2004）。而在其他资源的分配上，自己人部属同样会比其他类型员工有更多的机会获得资源的使用，譬如人员帮助、预算支出和设备支持等等。

2.2.3.2　差序式领导的结构维度

郑伯埙（1995）在自身临床观察研究的基础上，对差序式领导做了较为详细的阐述；而姜定宇、张菀真（2010）则在前人研究的基础上，结合实证研究结果进行了相关概念整理，并归纳出差序式领导的三种结构维度。

（1）照顾沟通。领导者对不同部属会表现出不同的管理方式，对自己人部属有较多偏私行为，可从照顾沟通与照顾支持两个方面来说明。"照顾沟通"是指领导者与部属在公事上或私底下的互动，以及双方意见想法交流程度因人而异，包含决策沟通与照顾支持的领导行为上皆有偏私作风（姜定宇、张菀真，2010）。在决策沟通上，自己人部属参与决策的概率更高，与上级领导也有更多的互动沟通机会，无论是正式还是非正式渠道，都不是外人员工可相提并论的，这一点也为后续研究所证明（徐玮伶，2004；徐玮伶等，2002）。在照顾支持上，上级领导对部属员工生活和工作方面的关心、照顾和支持程度是不一样的，会给予自己人部属更多的嘘寒问暖、鼓励支持和资源倾斜，这一方面的论断亦为后续的研究所证明（徐玮伶，2004；徐玮伶等，2002）。

（2）宽容犯错。"宽容犯错"是指上级领导对部属员工犯错区别对待的差序式领导方式，亦即上级领导在部属员工职场犯错方面给予不一样的差别待遇，这种领导行为在现实中体现为宽容犯错和亲近信任方面的偏私对待（姜定宇、张菀真，2010）。就宽容犯错而言，自己人部属犯错，上级领导会尽量用宽容的标准去衡量，甚至尽可能为其过错背书，而外人部属则相反或者仅仅就事论事；就亲近信任而言，上级领导会授予自己人部属更多的权限，并让他们从事组织内更为核心的工作和更为关键的任务。无论是宽容还是信任，自己人部属和外人部属在上级领导眼中的地位和待遇都相差甚远。

（3）提拔奖励。上级领导对不同部属员工在资源分配上的待遇也不尽相同，这可从提拔奖励与其他资源使用两方面进行说明。就提拔奖励而言，自己人部属会得到更多升职加薪和福利奖励等方面的机会，所获利益也更为实惠（徐玮伶，2004）。就关键协助而言，上级领导会更积极主动地和自己人部属沟通，为他们提供更为到位和快捷的职业生涯规划设计，并给予更为便利的教育和培训机会，对于他们在职场上所遇到的问题也会倾力协助解决（林明村，2001；徐玮伶，2004）；而在其他资源的分配上，自己人部属同样会比其他类型员工有更多的机会获得资源的使用，譬如人员帮助、预算支出和设备支持等。

Jiang、Cheng、Wang 和 Baranik（2014）对差序式领导内含做了更进一步的研究，他们以 148 名中国台湾企业员工与 81 名中国大陆企业员工为研究对象，搜集员工知觉到其主管对待内外团体的行为描述数据，并经由探索性与确认性因素分析后，指出差序式领导应涵盖三项重要成分，分别为对自己人偏私、对自己人严厉以及对外人偏恶。由于 Jiang 等并未于研究中针对上述三项成分给予进一步的概念界定，因此本研究将根据其所涵盖的行为范畴分别给予相对应的定义说明。对自己人偏私是指"领导者会给予所偏好的部属较多参与决策与提拔奖励的机会，对于其过错不会给予严厉责备，并且私下会有较多非公事上的互动"，这项成分内容与姜定宇、张菀真（2010）所发展的差序式领导测量相近。对自己人严厉是指"领导者对于所偏好的部属会有较高标准的期许与要求"。对外人偏恶是指"领导者与较不偏好的部属互动较为冷漠，会有较高的防卫与距离感，并对于其过错给予较为严厉的责难"。Jiang 等（2014）的研究呈现出更为丰富的差序式领导意涵，也凸显出自己人部属不只是单纯地独占团队资源，而是必须做出更多的贡献，以符合团队整体的公平性（郑伯埙，2005）。而对外人偏恶的成分也不只是对自己人偏私的反面意义，而更多是借助外部刺激来激励个人有更好的表现，或是促进外人部属接纳团队规范以提升对团队的认同。

2.2.4　差序式领导的相关实证研究

与其他丰富的领导理论研究相比，差序式领导实证研究显得相对缺乏和滞后。学者们主要将实证研究的重点集中在差序式领导的量表开发、差序式领导效能检验，以及有关关系格局、忠诚格局和才能格局等方面。

1. 差序式领导量表开发

在有关差序式领导的量表开发上面，徐玮伶（2004）编制了个别照顾、提拔奖励及私人沟通的量表，林明村（2001）编制了情感依附与资源分配的量表，徐玮伶、郑伯埙和黄敏萍（2002）编制了参与决策量表。姜定宇和张菀真（2010）在前人研究的基础上，以演释法进行测量题项的编写，整理出涵盖决策沟通、照顾支持、宽容犯错、亲信信任、提拔与奖励部属以及其他资源使用等 7 项行为要素共 34 个题目的差序式领导行为量表。经过再研究，删除3题语意不清与非领导者行为的测量题项，如"认为有较多义务去照顾部属"；同时考虑组织中不同级别主管均能适用的行为范畴，又删除1题较不适用于基层或低阶主管的测量题项，即"使其成为正式或长期雇用员工的机会较大"。因此最后获得30题的差序式领导测量量表（表2-2），其中决策沟通4题、照顾支持9题、宽容犯错4题、亲信信任3题、提拔部属4题、奖励部属3题以及其他资源使用3题。量表以李克特式（Likert type）六点量尺进行测量，从1至6，分别标明"非常不同意""不同意""有点不同意""有点同意""同意""非常同意"等指标。

表2-2　华人差序式领导概念与测量题项

主要概念	二级概念	题项
照顾沟通	决策沟通	1. 较会征询该名部属有关工作方面的意见 2. 接触和互动较为频繁 3. 给予较多的授权 4. 分享较多想法及做法
	照顾支持	1. 较常委派该名部属传达信息 2. 花较多时间进行个别指导 3. 给予较多照顾，且扩及家人 4. 较会采纳该名部属的意见 5. 谈论较多有关私人的事情 6. 态度较和善 7. 较常嘘寒问暖 8. 该名部属遇到困难时，会给予较多的鼓励 9. 对于急难状况较会伸出援手
宽容信任	宽容犯错	1. 较少因为工作上的失误而受到责备 2. 较不会追究该名部属所犯的错误 3. 对该名部属所犯的错，较会睁一只眼闭一只眼 4. 给予的处罚较轻微
	亲信信任	1. 给予较大机会担任组织内核心角色，不能随时被替换掉 2. 较少被派遣去做大家都不喜欢做的事情 3. 给予较大的工作弹性

（续上表）

主要概念	二级概念	题项
提拔奖励	提拔部属	1. 给予较多教育训练及磨练的机会 2. 较会协助个人发展职涯规划 3. 主动提供、保留可能升迁的机会 4. 给予较快的升迁速度
	奖励部属	1. 给予较大数额的奖赏 2. 指派较重要且容易取得绩效的工作 3. 给予较多可以获得奖励的机会
	其他资源使用	1. 安排较好的座位 2. 分配较多工作上可运用的资源 3. 给予较多福利或资源

为检验新编量表的效度，姜定宇和张菀真（2010）以探索性因素分析（exploratory factor analysis）来了解差序式领导的因素结构，并进一步以验证性因素分析（confirmatory factor analysis）加以检测。为此，姜定宇和张菀真（2010）将312笔数据随机分为两组，分别进行探索性因素分析与验证性因素分析，进一步选取各因素向度下因素负荷量较高的前5题测量题项，并同时考虑所属因素的因素负荷量大于0.50，且交叉负荷（cross-loading）大于0.30的测量题项，最后获得14个测量题项的三因素结构（表2-3）。三个维度分别命名为：照顾沟通（5题）、提拔奖励（5题）及宽容犯错（4题），整体解释变异量达67.77%。各维度的Cronbach's α 系数（内部一致性信度）分别是："照顾沟通"，0.84；"宽容犯错"，0.89；"提拔奖励"，0.94。整体差序式领导量表的信度系数为0.94，显示此量表具有良好的内部一致性。

表2-3 华人差序式领导概念与测量题项

照顾沟通	1. 较常嘘寒问暖 2. 花较多时间进行个别指导 3. 接触和互动较为频繁 4. 对于急难状况，较会伸出援手 5. 较常委派该名部属传达讯息

（续上表）

提拔奖励	1. 给予较大数额的奖赏 2. 主动提供、保留可能升迁的机会 3. 给予较多可以获得奖励的机会 4. 指派较重要且容易取得绩效的工作 5. 给予较快的升迁速度
宽容犯错	1. 给予的处罚较轻微 2. 较不会追究该名部属所犯的错误 3. 对该名部属所犯的错，较会睁一只眼闭一只眼 4. 较少因为工作上的失误而责备该部属

2. 差序式领导与部属效能

讨论至今，中国式之差序式领导在中国企业组织中的样貌已十分清晰，那么，差序式领导究竟对部属效能会有什么样的影响呢？如前所述，中国企业带有高度人治主义色彩，在这种情景下，部属在很大程度上需要依赖主管才能完成工作，在组织中也才能获得较好的发展（Chen, Jiang, Riley, 2003；Hui, Lee, Rousseau, 2004）。部属在哪些层面上需要依赖领导者？郑伯埙（1995）认为，部属依赖是指部属认为透过服从领导能获得必要的资源与支持所形成的心理依赖。此种依赖又可分为工作依赖（job dependence）与情感依赖（affective dependence）两类。前者包括完成工作、绩效酬赏等与物质资源有关的依赖；后者是指与主管互动的过程中，在乎主管评价且寻求社会支持的依赖。在高度人治主义的中国企业组织中，部属不论在工作上或情感上，对领导者的依赖程度都很高（Chen et al., 2003；Hui et al., 2004）。当部属陷于依赖的地位，领导者愈能操纵给予个人的奖惩，则部属对其上级的依赖程度愈强（黄光国，1988）。也就是说，当领导者展现差序式领导时，领导者会对其偏好的部属有较偏私的做法，对于奖惩的分配有高度的掌控权，在此情况下，部属对领导的依赖程度也会相对提高。

姜定宇和张菀真（2010）的研究指出，在控制家长式领导的影响后，差序式领导在照顾沟通、宽容犯错以及提拔奖励的差序作风，对部属的主管忠诚与工作绩效有显著的正向预测效果，即当领导者对部属在三种领导行为面上愈是采用差序式领导，部属对主管的忠诚度与工作绩效愈高。亦即在排除家长式领导的影响后，差序式领导对部属效能具有递增效度，且显示出中国式企业领导除了有家长式的领导作风外，亦有差序偏私的领导特色，且领导者会在照顾沟通、宽容犯错以及提拔奖励三维上反映出差序式领导，呼应过去研究者针对中国式领导者所做的研究观察结果。这些研究都显示出，中国企业领导者会具备两项鲜明的特殊领导风格，一方面展现出上尊下卑的家长式领导，另一方面又具有偏私作风的差序式领导（郑伯埙，1991，2005）。

姜定宇和张菀真（2010）的研究发现，当华人主管展现差序式领导，且同时反映在三维上时，部属皆倾向于展现效忠主管与良好表现，显示出部属对于能成为主管偏好的员工具有一定程度的期望。这与林明村（2001）的研究结果相符。林明村的研究表明，大部分的部属都愿意配合主管的偏好标准，以调整自己的行为表现来迎合主管。此外，郑伯埙（2005）的观察研究也发现，华人领导者在评估工作绩效、分配资源与实质奖励上都具有一定程度的掌控权，部属会倾向赢得他们的欢心，以获得个人想要的资源与奖励。从这些初步的研究结果可看出，在差序式领导下，部属仍期望获得领导者偏爱，因而更倾向于努力表现。高昂（2015）的研究也认为，差序式领导正向影响员工建言行为，组织承诺、内部人身份感知在差序式领导对员工建言行为的影响中起到完全多重中介的作用。袁凌、李静和李健（2016）基于中国16个省526名企业员工的研究结果同样表明，差序式领导对员工创新行为具有显著正向影响，工作投入在其中起部分中介作用。王磊（2013）的研究则认为，差序式领导的偏私对待可以有效提升部属员工的工作绩效，可以促进和激励部属员工展现职场利他行为，也能够在心理认同上起相应的作用；上级和下级之间的相互信任以及上级领导的信任可以在差序式领导和员工绩效之间起部分中介作用。

在差序式领导与部属负向效能关系的探讨中，林柄言（2014）的研究指出，差序式领导的宽容犯错会对职场偏差行为造成正向影响，差序式领导的照顾沟通会对LMX（leader-member exchange，领导－成员交换）及TMX（team-member exchange，团队－成员交换）造成正向影响，其次LMX和TMX负向影响职场偏差行为，因此，研究建议，主管对不同部属的差异化照顾沟通，可以增进LMX及TMX关系质量，同时避免不公平的宽容犯错造成职场偏差行为的产生。郭小玲（2014）的研究则认为，差序式领导三维度分别会显著影响员工的职场反生产行为，其中照顾沟通显著负向作用于员工的人际攻击行为和生产性偏差行为，宽容犯错显著正向作用于员工的人际攻击行为、财产偏差行为和生产偏差行为，提拔奖励则显著负向作用于财产性偏差行为和生产性偏差行为，互动公平在其中有完全和部分中介作用。

3. 差序式领导与部属态度

工作上所感受到的公平问题，向来被视为激励员工的重要考虑之一（Robbins，2001），若员工在组织中受到较多的公平对待，亦会产生较多正向的态度与行为（Colquitt et al.，2001），由此可知，部属在组织中公平与否的知觉，对组织有很大的影响。而差序式领导意味着领导者对部属不会一视同仁，这可能会有领导者不公的疑虑，根据相对剥夺理论（relative deprivation）的说法，若人们以自己得到的报酬与其他同事做比较，觉得低于自己应得时，会产生被剥夺感觉而感到不公平（Crosby，1984）。华人企业组织中存在高度的人治主义（郑伯埙，1995），强调部属需完全服从与依赖领导者（Silin，1976），而领导者也应展现出偏私性的忠诚（personalized loyalty），对忠诚的部属有较高的支持，对其他部属则支持较低，这也会使得部属愿意效忠于领导者（Redding，1990）。在组织中，领导者往往有权力制订决策，而对部属会产生直接或间接的影响，如晋升或奖赏的分配或责任分配等，当领导者有权决策时，部属也会对领导者产生公平与否的知觉（van Knippenberg，2007）。当领导者展现差序式领导时，对于部属会有所偏私，因此会影响部属对领导者的公平知觉，依照西方研究结果来说，领导者偏私行为会造成部属的公平知觉下降，而对领导效能有不良的影响。差序式领导的文化假设则指出，当部属所接受的权力距离愈高，能接受上下权力不均，领导者有较大权力影响部属，且部属会接受主管的决策与要求（Hofstede，1980，2004；Perera，Mathews，1990），在这种情况下，部属视领导者的偏私对待为合理交换（郑伯埙，2004）而知觉到较高公平。因此，当领导者展现差序式领导时，包括照顾沟通、宽容犯错及提拔奖励等领导行为上的偏私，部属都会知觉到较高程度的主管公平；反之，部属的权力距离愈低，强调领导者应对部属展现体恤（consideration）（Yukl，1999），且认为人与人之间权力应均等，领导者应平等对待部属，不予以偏私（郑伯埙，1995；Hofstede，1980，2004）。因此，当领导者展现差序式领导时，会降低部属对主管公平的知觉。

姜定宇和张菀真（2010）研究指出，在差序式领导与员工知觉主管公平的关系上，权力距离有最显著的调节效果。部属本身权力距离倾向的高低会使其对于差序式领导行为有着不同的知觉历程，权力距离感比较强的部属员工会比较认同差序式领导在上级领导和部属员工互动中的合理性。部属员工的权力距离对差序式领导与主管公平间的关系调节效果显著，表示权力距离与人治主义有着密不可分的关系。当部属认为领导者与自己之间，领导者应有较大的权力时，也期望领导者展现高度人治主义倾向的差序式领导；当领导者对其偏好的部属展现愈多偏私作风，部属也会知觉到领导者愈公平。姜定宇和张菀真（2010）的研究分析结果也显示，部属的权力距离对领导者差序式照顾沟通与主管公平间的关系调节效果并不显著。可能由于权力距离倾向大的华人部属倾向于接受领导的决策或要求，若事事征询部属的意见，则该领导者可能较不具备领导能力（Chow，Lindguist，Wu，2001）。因此，权力距离高的部属应该不期望能与领导者经常沟通或表达自己的意见，若领导者对其偏好的部属给予较多参与决策或发表意见的机会，部属可能会知觉到主管较不公平。

在其他有关差序式领导与部属态度之间关系的研究中，叶晁昌（2011）的研究认为，上级领导会通过亲信信任、呵护关怀、提携奖赏、赋权支持等不同方式偏私对待自己人部属，而对外人部属则施之于冷落隔离或者严厉苛刻之类的态度；上级与自己人部属之间的关系是私交关系，具有志同道合、上令下从以及德才兼具等特质，而与外人部属的关系则是正常职场关系，具有就事论事、客客气气以及各行其是等特质。在上级领导和部属成员关系的转换中，外人部属一般通过努力工作、积极与上级建立关系、配合上级要求以及在关键事件中有所作为等方式实现，而自己人部属在其中也起到了重要作用；自己人部属被踢出圈子成为外人部属则更多源自上级领导意图和看法的转变，当自己人部属在关系营造、忠诚展现或者才能表现上无法达到上级要求时，往往就开始关系逐渐疏离，也意味着圈内角色的转换完成。

吴华萍（2011）研究结果显示，差序式领导与知觉主管公平、主管期待部属反应之间有显著正向关联；此外，差序式领导与主管程序、互动公平的关联会受部属身份知觉调节作用影响。部属知觉为自己人时，差序式领导与主管程序公平、互动公平间关联性变弱；部属成员身份知觉和成员需求在差序式领导和部属职场行为间有调节作用。李怡慧（2007）研究结果显示，部属与主管关系的亲疏对展现自己的正向情绪与深层演出呈现显著的正向预测效果；部属忠诚的高低对展现自己的正向情绪、克制自己的负向情绪及深层演出呈现显著的正向预测效果，对表层演出则产生显著的负向预测效果；部属才能的高低对克制自己的负向情绪呈现显著的负向预测效果。在交互作用方面，关系与忠诚的交互作用项在展现自己的正向情绪及深层演出上有显著的预测效果；关系与才能的交互作用项在深层演出及表层演出上有显著的预测效果；忠诚与才能的交互作用在各情绪劳动变项上有显著的预测效果。

陈星宏（2011）研究认为，"亲亲"法则对差序式领导与部属反应具有调节效果，部属"亲亲"法则越高，差序式领导与忠诚的正向关联性就越强；权力距离对差序式领导与部属反应具有正向调节效果，部属权力距离越高，差序式领导与才能的正向关联性就越强。张梦怡（2014）研究发现，上级领导的差序式领导对部属员工的职场满意度有显著正向影响，员工个体的内部人身份感知在其中起中介作用。刘玉蓉（2016）的研究则认为，差序式领导、工作投入和心理资本显著相关，差序式领导之照顾沟通和提拔奖励可以正向影响员工工作投入，心理资本在其中起中介作用。

4. 差序式领导与团队效能

钟筱涵（2011）研究发现，差序式领导对于团队绩效与团队知识分享具直接效果，但对于团队承诺则无。在之前论述差序式领导对于团队效能的激励影响时，本研究认为，领导者对于自己人和外人部属的差序对待，展现的是对于表现良好部属的条件式奖赏。为了区分部属的表现，除了可以增进成员努力工作的动机，降低团队社会闲散的现象，也能使成员清楚了解自己在团体内的地位与位置，降低可能的竞争，提升团队效能。虽然在团队绩效与团队知识分享的影响上得到支持，但个人的团队情感承诺似乎更受到团队内成员间的比较所产生的负向影响。研究显示，即使是依个人表现而公平地酬赏，具体操作方案也可能会引起团体内竞争而影响团队承诺（Leventhal，1976），因为公平就代表着被比较的双方，有一方会遭受负面的评价。邱敏佳（2012）研究认为，上级领导差序式沟通照顾和提拔奖励会显著正向影响团队伦理氛围和团队认同感，差序式宽容犯错则对之有显著负向影响，伦理氛围在其中起部分中介作用。王磊（2013）的研究则发现，差序式领导会通过团队创新氛围影响员工创新行为，团队创新氛围越高，员工创新行为就越强，反之则相反。

5. 其他相关实证研究

在其他有关"关系"的实证研究方面，有研究对企业进行调查后发现，关系是职场员工归类的重要标准之一，家人、准家人和非家人在关系标准的区分中具有较为清晰的界限和认知，婚姻和结拜是实现关系转换的良好途径（郑伯埙、林家五，1997）。Cheng等（2002）则认为，在职场上下级关系中，主观上的关系亲密度可以有效预测职场行为；研究也发现，客观关系同样可以显著预测职场管理行为（徐玮伶、郑伯埙、黄敏萍，2002）。徐玮伶（2004）通过上下级关系的调查研究表明，上下级之间的私人关系可以有效区分自己人和外人，但客观社会连带关系则并没有这样的效果。这些研究结果表明，"关系"的确是华人企业归类员工的重要标准之一，只不过其内涵和具体表现会因上下级的关系属性而发生调整。

在有关"忠诚"的实证研究方面，研究认为，忠诚也是职场员工归类的重要标准（郑伯埙、林家五，1997），忠诚对职场行为有正向影响（徐玮伶、郑伯埙、黄敏萍，2002）。但"公忠"和"私忠"会有所区别，私忠可以显著预测上级领导在区别自己人和外人方面的职场行为（徐玮伶，2004）。由此可知，"忠诚"也是华人企业归类员工的重要标准之一。

在有关"才能"的实证研究上，郑伯埙与林家五（1997）的研究发现，才能是归类的重要判准之一；Cheng等（2002）的研究也发现，才能对管理行为有正向预测效果；徐玮伶等（2002）的研究中提及，才能对正向管理行为有显著预测效果。Hu等（2004）的研究也显示，才能对于领导者的酬赏分配有其预测力（Hu, Hsu, Cheng, 2004）。

李菀真（2008）研究也发现，在职场中，部属员工会按照忠诚、关系和才能向上级领导展现不一样的情绪劳动,按这三个维度区分的三类员工的情绪劳动向度都存在差异。此结果证实了郑伯埙(1995)所提出的华人企业员工归类标准,同时也进一步表明,无论是华人企业的上级还是部属员工,他们对不同类别员工归类的知觉和判断是一致的。这意味着在华人企业中,部属员工大概率会根据其与上级的私人关系和角色定位而做出不一样的情绪劳动和职场行为。

此外,陶厚永、章娟和李玲(2016)的研究认为,差序式领导三个维度的偏私对待行为,会通过条件式奖赏、互惠互利和替代学习等途径来加强内团体的凝聚力,以此来激励部属员工产生强心理和团队认同,从而推动部属员工做成更多群体内的利社会行为;但与此同时,差序式领导的这种偏私对待又会因过度强调上下级之间的私人关系而破坏组织内部的公平机制,进而让组织内部员工产生隔离感和剥离感,从而引发职场"冷暴力",这又会在某种程度上抑制职场的利社会行为。

2.2.5 相似概念的比较

在西方领导研究领域中,领导-成员交换理论与差序式领导同样强调上级领导会以差异化的方式对待部属员工,两者看似相似,实则非常不同,有需要详细对比说明的地方(徐玮伶等,2006)。本研究通过与其他相似概念的比较,以更清楚、更透彻地理解差序式领导概念的内涵。在西方的领导研究方面,常存在两个对立的假设,一是假设领导者对待成员是同质的(homogeneous),主管的行为表现(包含知觉、诠释以及反应)对每个成员都是相同的(周丽芳等,2006;郑伯埙等,2010),如平均领导风格(average leadership style,ALS);另一种则会认为领导者对成员是异质的,并非一视同仁(周丽芳等,2006;郑伯埙等,2010)。领导-成员交换理论与差序式领导皆属于后者,强调主管对成员的对待有别,而使二者被视为相似的领导风格,因此本研究首先将对领导-成员交换理论与差序式领进行详细比较。

此外,家长式领导同样为中国文化情景下发展出的领导模式,值得作为比较对象。两者虽皆由中国文化延伸而来,但取向略有区别,中国文化中存在关系取向与权威取向(郑伯埙,1995),因此两者不同的取向发展成不同的领导风格。接下来，将先比较西方相似概念领导－成员交换理论，再介绍同样为中国式领导风格的家长式领导。

1. 领导－成员交换理论

在西方，与差序式领导理论相似的概念是领导－成员交换理论（leader-member exchange，LMX）。早期西方学者只是单纯发现组织中主管不会对成员展现一致的领导风格，而认为在组织中并不存在"主管会对成员一视同仁的概念"，于是平均领导风格（average leadership style，ALS）被取代，垂直双元联结模式（vertical dyad linkage model，VDL）由此而生（Graen，Cashman，1975）。

最初的 VDL 只是为了要证明并没有所谓的平均领导风格，但当这种差别关系的正当性被确认后，此方面的研究开始着重于这种差别关系与所带来的影响。接着，领导产生模式（leadership making model）发现高质量关系会带来高价值，且通过双人伙伴关系的建造描绘出关系产生的过程，于是，为了要能够替代垂直双元联结模式，整合与扩充成为新的概念，LMX 由此产生（Graen，Uhl-Bien，1995）。

LMX 理论的起缘与员工归类相似，同样因主管资源有限，而员工众多，主管不可能与每位员工发展为相等的关系，故主管只将注意力放在某几位成员身上，继而建立起高质量的互动关系，而低质量关系的成员则仅限于契约的合作上。因此主管并非以一视同仁的方式来对待成员，并且主管会与不同的成员建立不同的关系，将成员区分为内、外两种群体（Grean，Cashmn，1975），当领导者与成员发展为成熟的合伙关系时，就可以产生有效能的领导，且通过此种关系带来更多的利益（Grean，Uhl-Bien，1991）。

LMX 理论确实与差序式领导有许多相似之处，如两者皆认为主管会因为成员的一些特性与双方的情感，而在心理上产生差序，并对成员有不同的归类，LMX 认为主管会将成员区分为内、外团体，差序式领导则认为领导者会将成员区分为自己人与外人；再者，不仅有差别的心理与归类出现，两种模式皆指出，主管对两种不同的群体或个人会产生差别的领导方式；最后，两者皆认为这种差异化的领导风格有助于主管领导成员且提升成员的表现。

虽然差序式领导与LMX理论都强调这种差序关系，可是理论背景却非常不同，相似之处仅止于模式的表面内容而已。差序式领导包含许多中国文化的根基。徐玮伶等（2006）认为，差序式领导与LMX理论至少存在以下三点不同：①LMX理论发展的基础是角色形成系统（role-making systems）与社会交换理论（social exchangetheory），但差序式领导则以认知心理学之分类理论（categorization theory）为基础，并融合中国文化的权威取向、关系取向以及差序格局，镶嵌于中国企业组织文化之中，而具有特殊的价值，且传统中国的人治主义有不照规矩或契约行事的作风（Redding，1990），更滋长了差序式领导的发生。②LMX的核心是交换质量，并具有对等的交换观念，这与中国强调权力距离大的社会有很大的落差，中国企业组织中主管与成员并不讲求权力的平等分配，而是一种非平等互惠，强调领导者对成员的差别心态与差别施恩（Hofestede，1980）。③LMX的归类方式与差序式领导的归类方式并不相同，LMX所提及的忠诚是指对领导者目标与个人特质的支持，与差序式领导所言极为不同，且LMX中的情感变量，绝大多数都属于工作关系中的部分，与差序式领导讲求的社会连带或义务情感皆有不同（徐玮伶等，2006）。

由以上可知，中国企业的差序式领导与西方的领导–成员交换理论，有非常实质上的差异，不应混为一谈，故欲研究中国企业主管的差别领导行为，以差序式领导作为研究理论较为适合。

2．家长式领导

家长式领导为另一个中国文化下的领导模式，郑伯埙（1995）采用个案研究的深入观察与访谈方式，探讨了台湾家族企业主与管理人员的领导作风，以为家长式领导类似父权作风，领导者拥有极大的权威，同时也有照顾与体谅部属以及道德领导的成分在内（樊景立、郑伯埙，2000）。在整合相关的家长式领导研究后（凌文辁，1991；郑伯埙，1995；郑伯埙、庄仲仁，1981；Silin，1976；Redding，1990；Westwood，1997），归类家长式领导包含三个重要面向：权威（authoritarinism）领导、仁慈（benevolence）领导及德行（moral）领导。权威领导类似于立威，是指领导者强调权威是绝对且不容许挑战的，要求部属毫不保留地服从；仁慈领导则类似于施恩，领导者对部属个人生活与幸福，进行私下、全面且长久的关怀；德行领导——学者对领导者应具有何种美德或素质并没有定论，是过往研究中较有争议性的部分，其定义是领导者必须表现出高尚的个人操守或修养，以赢得部属的敬佩与效法。综上所述，家长式领导是一种在人治的氛围下，显现出严明纪律与权威，且强调父权的领导，同时也讲究仁慈与道德并重的领导方式（周丽芳等，2006；樊景立、郑伯埙，2000）。

依据家长式领导的定义，可见其与差序式领导所强调的差别领导作风非常不同，家长式领导遵守中国所强调的人伦概念，代表权威取向的"尊尊"法则，尊其所当尊，差序式领导则遵守关系取向的"亲亲"法则，亲其所当亲（郑伯埙，2004）。不过，其中的仁慈领导同样对部属展现施恩的行为，看起来与差序式领导有些相似，实则有着很大的不同。仁慈领导强调五伦的相对关系，上位者必须以慈、爱、和、义、令来对待下位者（子、弟、妻、妇、臣），所以理想中主管与部属的社会关系应该是"仁君忠臣"，主管对部属表现出仁慈，而部属应该要对主管效忠，但角色关系中其实并不强迫主管对部属仁慈，所以部属会因主管施予仁慈关怀而感到感激、亏欠，并在适当的时间给予回报（郑伯埙，2004；樊景立、郑伯埙，2000）。差序式领导则是基于人治主义与偏私主义，强调主管的差序心理与员工归类，并引发差异的管理行为，与仁慈领导截然不同。"家长式领导"在某种意义上主要关注的是家长权威，它试图通过绝对权力在组织位置中的确立，来加强和巩固自身的"家长"地位；而差序式领导则试图通过一种较为柔和的方式去拉近与员工之间的距离，并以此来巩固自身的地位。由此可知，家长式领导强调控制，是一种硬性领导；而差序式领导关注沟通与信任，是一种软性领导。总而言之，家长式领导与差序式领导是并存于企业组织中的不同领导风格，均可代表中国的重要文化价值。近期的研究也指出，控制家长式领导后，差序式领导对员工效能的影响仍具有额外的解释力（姜定宇、张菀真，2010），可见差序式领导不可取代的重要性。本研究将着重于差序式领导的讨论，期待对差序式领导有更深一步的了解。

3. 差序式 LMX

差序式 LMX 是一个团队层次的概念（Harris，Li，Kirkman，2014），在 Liden 等（2006）的研究中，他们将差序式 LMX 定义为："在工作团队中，领导者与成员之间在交换关系质量上的变异程度。"后来，Henderson 等（2009）将差序式 LMX 的定义调整为一种历程："领导者通过从事不同类型的交换模式（交易型或社会型）和部属形成不同质量的交换关系。"严格来说，差序式 LMX 所强调的是领导者与成员间一系列动态与相互交换的结果，其中的交换式会依照工作团队中领导者与个别团队成员间的对偶关系而有所区别（Henderson et al., 2009）。亦即，不同团队的平均 LMX 程度不一样，而团队中的不同成员也有着程度不一的 LMX，他们之间 LMX 的差异愈大，变异程度越高，差序式 LMX 也就越高。

在现有有关差序式 LMX 的相关研究中，对差序式 LMX 的领导效能看法不一。有研究者认为，差序式 LMX 能促进 LMX 对团队效能的正向影响（Henderson et al., 2008；Le Blanc, González-Romá, 2012；Ma, Qu, 2010）。例如，Boies 与 Howell（2006）在加拿大军队所进行的研究发现，差序式 LMX 能为团队带来正面的影响，团队中差序式 LMX 升高，不仅能提升团队效能，还能降低团队成员彼此间的冲突。并且当团队有高的平均 LMX 与高的差序式 LMX 时，会有最高的团队效能与最低的团队冲突。也有些研究者认为，差序式 LMX 违背了一致性与平等原则，会导致团队效能受损（Liao et al., 2010；Hooper, Martin, 2008；McClane, 1991）。如最近一项跨层次研究发现，差序式 LMX（leader-member exchange, 领导－成员交换）会调节个人层次中 LMX 与 OCB（organizationd cifizenship behaviov，组织公民行为）及离职倾向的关系，团队中差序式 LMX 升高，会削弱 LMX 与 OCB 的关系，并且会提高成员的离职意图；反之，团队中差序式 LMX 降低，则会增强 LMX 与 OCB 的关系并降低成员的离职意图（Harris et al., 2014）。杨晓等（2015）则认为，差序式 LMX 在领导－成员交换关系社会比较对内部人身份认知的影响过程中具有正向调节作用，即差序式 LMX 越高，LMXSC（LMX social comparison，领导－成员交换社会比较）对员工内部人身份认知的影响作用就越大。

虽然差序式领导与差序式 LMX 有着相近的想法，也同时关注领导者与不同部属之间迥异的互动方式，但两者所蕴含的理论背景与影响机制大相径庭。例如，差序式 LMX 着重于领导者与部属建立良好的互动与交换质量，来换取部属展现高度的组织公民行为（Setton, Bennett, Liden,

1996）；而中国式之差序式领导以对自己人部属偏私的方式来提升个人与团体效能（姜定孙、张菀真，2010；钟筱涵，2011）。因此，差序式领导的概念应该更为适用于解释与理解中国文化情景下的企业组织。

2.2.6 小结

领导现象是伴随着人类社会发展而出现的，是人类进化的必然，但不同的背景、不同的文化却有不一样的领导内涵和领导方式。5000年灿烂而独特的中国文明，熏陶和养育了一代又一代的志士仁人和英雄才俊，也留下了不一样的"差序格局"和"差序式领导"。费孝通先生（1947）认为，中国人日常交往的惯常法则是血缘关系的远近亲疏，并由此而形成中国人伦格局的"同心圆"，内圈为"己"，外圈属"他"。以此为基础，郑伯埙（1995）对相关文献进行了理论梳理，并对中国文化情景下的差序格局做了实证检验，提出了"差序式领导"的概念（郑伯埙，2004）。郑伯埙（2004）认为，在中国文化情景下，企业组织领导者一般会按照三类标准对属下员工进行区分，即关系（部属员工与自己关系的亲疏）、忠诚（部属员工对自己的忠诚度高低）以及才能（部属员工的才能优劣）。在现实职场中，三个标准的估值越高，就越有可能将部属员工归类为自己人。但事实上，这种自己人和外人的划分并不总是绝对的，它们可能会根据当时当下的情景而发生调整或者转换。如果领导视为股肱的部属背叛了领导或者伤害了领导的利益，那么自己人也会随时被踢出圈内，成为外人；反之，外人也可以通过展示才能、奉献忠心或者营造关系而拉近与领导的关系，并通过现实的交往而得到领导赏识，从而转换为自己人。中国文化情景下的差序式领导正是通过这种归类标准和领导艺术，一方面适当施加压力于自己人以勉励其尽心尽职，另一方面也以此鼓励外人部属努力工作以争取成为上级领导的自己人（郑伯埙，1995，2004）。

虽然差序式领导核心之"差序格局"源自费孝通先生的《乡土中国》，但其概念的提出并得到研究和普及，必须归功于中国台湾的相关学者。从黄光国的"人情与面子"、陈明璋的"九同"、杨国枢的"三种关系"、陈介玄和高承恕的"信任格局"，到郑伯埙正式提出的"差序式领导"，中国台湾学者用各种不同的视角和真实案例，对中国文化情景下的企业组织形态和领导方式进行孜孜不倦的探讨。"差序式领导"虽然源自"差序格局",但其根子仍然在中国文化,根源于中国传统文化中的人伦规则。一直以来,中国人重视"关系",崇尚"忠义",讲究"规矩",这些原则一直到今天依然是中国企业组织管理中领导归类员工的不二标准,以致"才能"因素弱化,人才因圈内圈外而显现待遇上的偏差,这就是"差序式领导"最核心的概念,与西方的领导-成员交换理论、家长式领导以及其他领导形态不一样。"差序式领导"概念的提出以及相应研究的开展,可以为转型中的中国企业提供组织行为学角度的理论参考,对呼声日高的中国文化情景下的特殊管理模式做出回应并积累文献。

最近,管理学顶级期刊 *Academy of Management* 刊登了一篇呼吁学者将研究焦点适度转向东方,以提出更多东方式管理理论及相关构念的文章。文章认为,现有管理学研究过于偏重西方理论,但随着东方社会的强势崛起,亚洲国家尤其是中国的管理实践对世界的影响正变得越来越大,因此需要在深入理解西方管理理论的基础上,开发出更多适合东方社会的创新性理论及相关构念,唯有如此,管理学研究方能更加客观、更为完整(Barkema et al.,2015)。这一号召对中国管理学领域甚至是其他社科领域的研究者都有重要的指导和启发意义(Shepherd,Suddaby,2017)。徐淑英等(2015)也认为,将中国本土因素作为管理学理论构建的主因是未来管理学的发展趋势,必将为丰富全球管理知识体系做出贡献。毫无疑问,差序式领导研究的持续深入开展,能为这一领域贡献出更多的相关文献。

现有关于差序式领导及其影响结果的研究虽然越来越多,但对有关员工职场负向行为影响的文献却不多见。鉴于中国当下职场非伦理行为越来越多的状况,本研究拟从具有独特中国文化特色的差序式领导入手,对其如何通过影响员工心理状态而作用于其职场非伦理行为的机制加以探索,以进一步推进员工职场非伦理行为本土化研究和中国式领导的理论探索。当然,本研究也建议,未来研究应该对差序式领导在不同文化情景下的表现形态加以对比研究,同时还要考虑员工个体更多可能的心理特征,这些不足需要学者在后续研究中做更进一步的探索。

2.3 组织认同研究述评

2.3.1 组织认同的概念

组织认同的研究起源于社会认同理论,但由于相关研究者在研究此类问题时,考虑的问题各有区别,因此对组织认同的定义也就各异,且一直未有定论。

组织通过员工组织认同,可让个体与群体展现出较为理想化状态。亦即,在组织认同的过程中,通过员工自我归类与社会认同,可以提升员工士气与同侪间的合作表现、环境适应力以及对组织目标的共识,进而发挥出组织领导者的效能(Ellemers, de Gileder, Haslam, 2004)。然而,有研究者认为,员工对于组织认同的认知有如组织文化的传承,可以成为企业在诸多竞争中的相对优势(Gioia, Schultz, Corley, 2000)。组织认同可通过管理者传达认知或与组织成员合作呈现,亦可使员工了解在学习过程中组织特征系统,此系统具备核心性、持久存在性、独特性、可区辨性、关键性等特征,因此当组织成员能接受及共享其所属组织的界定与特征时,能让其对内形成"我们的组织为何"的认知,进而出现组织认同(He, Brown, 2013)。Dutton、Dukerich 和 Harquail(1994)也主张,组织认同的自我独特性与自我延续性的吸引力源自成员对于组织的认同程度。

认同是个体在感情知觉中喜欢某一人或团体,在展现行为方式或价值标准等方面仿效,且此仿效是一种自我定义的过程(Brown, 1969)。Hall、Schneider 和 Nygren(1970)提出并主张组织认同是组织目标与员工本身逐步整合历程下产生成为一个新的整体的过程。Riketta(2005)也提出,认同理论应包含的观点为相似性(similarity)、成员身份(membership)以及忠诚性(loyalty)。认同应该成为员工与组织其他成员拥有共同目标或是经验并且认同自我是组织一分子的催化剂,组织成员间彼此应相互支持并保持对共同认知的忠诚,故将组织认同视为宽泛的对组织的认同程度理念,亦即指员工个人的归属感、同一性、忠诚度等特性(Lee, 1971)。

Tajfel(1974)提出社会认同理论(social identity theory),其内涵为:个人对所属社会团体有所认识与了解后,借由组织成员把自我定义成组织与自我彼此间的关系,从而形成概念的一部分。在成员有某知觉状态且发现自己和组织或群体的情感是互相缠绕的情况下,分享彼此共同的特质与命运、组织间的成功或失败,亦可称为组织认同(Tavares, van Knippenberg, van Dick, 2016)。然而,近代学者较倾向于组织认同应为组织成员在一定范围之内的比较过程,其核心理念在于,经组织认定后,对个人连结自身组织成员和自我概念进行比较,此连结可能是认知的或情绪性的,或是两者同时并存;当个人特质和组织特质彼此间相似程度较高时,则会产生趋同且一致的结果,进而对组织忠诚并且支持该组织目标设定(Foreman, Whetten, 2002; Riketta, van Dick, 2005)。因此,员工以相同的属性来定义自身和所属的社会团体,不单要熟知自身工作内容且必须理解自己为何而工作,还须清楚明白工作的目的并出于本心地认同组织,进而主动地为组织做有所帮助的事。

综合上述各学者理论,本研究所界定的"组织认同"与徐玮伶和郑伯埙(2003)所提出的认同理论理念一致,指组织成员感知到与其所加入的组织一致化的过程及相应的行为表现,强调个体对组织的归属感和与组织的一致性。

2.3.2 组织认同的维度

在组织认同结构维度的划分方面,国内外学者做了大量的工作,也取得了丰硕的成果。在国外,学者们按照不同的分类标准,将组织认同分为一维、两维、三维和四维(杜恒波,2012)。①一维角度。Mael 和 Ashforth(1992)认为组织认同只包含认知成分,其他诸如行为、情感以及态度之类的并不存在,它们更多只是组织认同的结果。Mael 和 Ashforth(1992)根据这一划分所开发的量表只有 6 个题项,信效度都比较高,因此得到不少学者的青睐。但同样也有人提出疑问,认为里面某些题项并不能显示员工的组织认同。②二维角度。Karasaw(1991)提出,组织认同包含两个维度,即组织身份认同与组织他人认同。Karasaw 后来还以日本某所学校的学生为样本对相关量表进行了开发。③三维角度。Patchen(1970)认为,组织认同维度包括相似性、成员身份和忠诚。Buchanan(1974)所提出的组织认同理论也认为组织认同应为三个维度,即认同、投入和忠诚。Cheney（1983）则延续 Patchen（1970）对于组织认同三个维度的观点，并在此基础上设计开发出题量更多、涵盖范围更广的组织认同问卷。④四维角度。van Dick 等（2004）以社会认同理论为基础，研究认为，组织认同应包括四个维度，分别为团队认同、职业认同、事业认同以及组织整体认同，且每一维度又可分为情感、认知、行为以及评价四个层面。这一分法覆盖范围更广，但是过于复杂，后续采用此类维度进行组织认同研究的学者不多。

在国内，王彦斌（2004）在 Mael 和 Ashforth（1992）研究的基础上，认为组织认同包括生存性组织认同（为了生存而依赖组织）、归属性组织认同（对自身成员身份的认同）和成功性组织认同（为了个人自我发展和自我实现而认同）。梁双莲（1984）则提出组织认同四维度说，认为应包括休戚感（与组织休戚相关、荣辱与共）、牵连感（视自己为组织真正的一员）、忠诚感（认同组织的价值观，不背叛组织）和疏离感（无法接受组织价值观和规章制度）。郭静静（2007）在中国文化情景下的实证研究，将组织认同分为组织认知、情感归属、积极评价和自主行为四个维度。杨杰、刘玲（2010）的质化研究也将组织认同区分为四个维度，即共享价值观、认知趋同、归属感和保持一致。支持四个维度划分的还有奚菁、惠青山（2010），他们将企业组织认同划分为工作认同、文化认同、人际认同以及发展认同。而孙建敏、姜铠丰（2009）则更是将组织认同分为九个维度，即身份感知、与组织的一致性、组织参与、归属感、成员相似性、人际关系、组织吸引力、感恩效忠以及契约关系，其中感恩效忠、人际关系是中国特有的组织认同维度，其他则与西方的分法相似。

由上可知，在多数有关组织认同的研究中，都将组织认同视为一个多维概念。不同的学者由于背景和角度的差别，在相关维度的划分和表述方面有一定的偏差，但也有相同的地方，比如绝大多数组织认同的维度划分都基本包括认知、情感和评价三部分。组织认同的认知部分是指组织成员个体对组织文化和价值观的认知、认识以及认可的过程，这个过程会嵌入一些自我概念及价值趋同判断；组织认同的情感部分是指个体在认知的基础上对作为组织成员而依附组织的情感感知和归属判断，个人的一些情感需求会在这一维度得到体现；而组织认同的评价性维度则是指成员个体对自身组织身份的认可和评价问题,例如"我为自己是某某组织的一员而感到骄傲"等等。

2.3.3 组织认同的前因变量研究

影响组织认同的前因变量有很多,根据现有文献的梳理,主要可分别从个体层面、组织层面以及环境层面加以归类。

1. 个体层面

就个体层面来看,学者们发现满意度、工作年限、成员新鲜感、感伤度、在组织中的地位等因素会影响个体的组织认同。如在国外学者的研究中,Mael 和 Ashforth(1992)认为,组织认同会受个体满意度、工作年限和个人性格的影响。但 Bamber 和 Iyer(2002)的研究却发现,工作年限与组织认同并无太大关系,需要进一步实证探讨。Boivie、Lange、McDonald 等(2011)研究认为,组织认同与个体自尊心、欲望有关,个体对自尊心的维护可以显著影响组织认同。不同价值观的个体拥有不同程度的组织认同感(Besharov,2014)。

在国内学者中,陈浩(2010)研究发现,心理授权与组织认同有显著正相关关系,员工内在动机则会在其中起调节作用,内在动机比较弱的员工不容易因心理授权而影响组织认同。李云(2011)的研究发现,员工组织认同受职场可信行为的影响,认知和情感信任在其中存在中介效应,心理安全感有调节效应。钟建安(2011)研究发现,组织政治知觉会显著负向影响员工组织认同,并通过组织认同中介作用于工作投入。杜翔(2012)的研究指出,组织认同水平在年龄、教育水平、婚姻状况以及工作年限等不同变量方面,并不存在显著差异。赵云龙等(2012)研究发现,大学生自我认同对班级认同、学校认同和自尊具有直接而显著的预测作用。员工对组织有越高度认同者越倾向表现组织公民行为,且拥有较优的组织沟通越倾向表现组织公民行为。

2. 组织层面

就组织层面来看,学者们发现沟通氛围、组织声誉、组织支持、同事关系、职场排斥、领导风格等因素会影响成员的组织认同。国外相关研究中,Ashforth 和 Mael(1992)根据实证研究发展出组织认同在组织层面的前因变量，认为组织性质、组织社会地位、组织发展环境以及外部显著性四方面原因会显著影响组织认同。Dutton（1991）则认为，组织成员会因组织社会地位和社会形象而感到自豪，收获社会认同感，这种认同感又可以在某种程度上显著提升员工的组织认同感。同样，Dukerich（2002）的研究也发现，组织在社会中的地位和影响会对成员加入有吸引力，同时也会显著影响员工的组织认同感。组织沟通、组织文化也能够在一定的职场背景下显著影响员工组织认同感（Smidts，2001；Schrodt，2002）。Elstak、Bhatt 和 van Riel 等（2015）的研究则指出，组织在职业发展、财务支持、社会协助以及其他个人角度对员工展现出来的关心照顾，可以显著提升员工的组织认同感；良好组织氛围，包括良好的上下级关系和同事关系，也能给组织认同带来显著影响。

在国内学者中，魏钧（2010）研究发现，组织声誉显著正向影响员工组织认同；李燚、魏峰（2011）认为，组织激励性薪酬、内部流动显著正向影响员工组织认同，而员工广泛培训和人员筛选则会显著负向影响员工组织认同；董进才（2012）则在其博士论文中指出，组织价值观会给员工组织认同和职场行为带来显著影响，相对于个体指向价值观，组织指向价值观更能影响员工的组织认同感。其他组织层面的研究还有，何立、凌文辁（2010）研究认为，变革型领导对员工组织认同有显著影响，交易型领导的正向影响则稍微少一些，王林雪、卓娜（2014）的研究也证明了这一点；颜爱民、高莹（2010）认为，辱虐管理显著负向影响员工组织认同，辱虐管理的感知越强，其对组织的认同感就越弱。常东炜（2015）的研究则强调，服务型领导会显著正向影响组织认同，但不同的维度却有所差别，其中授权和愿景维度是显著正向影响，而服务维度则基本没有关系。

3. 环境层面

Mael 和 Ashforth（1992）研究发现，组织之间的差异性和竞争程度会对员工的组织认同感带来显著影响。王彦斌（2004）通过理论性探索认为，组织所处地区的社会经济制度和竞争性环境会对员工个体的组织认同感带来影响，但没有做更进一步的深入调查。李永鑫（2010）以 700 名教师为样本的研究发现，竞争性环境中的内、外部竞争都会给员工组织认同带来显著正向影响，组织同一性知觉会在其中起中介作用。吴隆增

(2010)针对两家石化企业的层级回归研究则指出,职场排斥会显著负向影响员工组织认同,并可以通过组织认同完全中介员工组织公民行为;这一研究结果得到王玉珏(2014)的支持,她认为,职场排斥会给员工组织认同带来显著负向影响,进而作用于工作绩效。陈抱(2012)则强调,包括广泛培训、授权参与、战略匹配和激励薪酬在内的家族企业高绩效工作系统,会显著正向影响员工组织认同。

2.3.4 组织认同的结果变量研究

通过文献梳理发现,组织认同的结果变量包括正向职场行为、工作绩效、合作意愿和实践职场幸福感、离职率、组织承诺等几个方面。接下来将分类阐述。

(1)正向职场行为方面。Bergami 和 Bagozzi(2000)认为,组织认同会通过组织承诺显著正向影响组织公民行为,组织承诺之"热爱"及"高兴"两维度在其中起中介作用;Peters(2013)也认为组织认同与组织公民行为积极正相关。Tangirala 和 Ramanujam(2008)研究发现,组织认同感比较高的员工,会做出更多有利于组织和组织成员的职场行为。王艳子(2010)的研究结果强调,员工职场创新行为会受到组织认同的显著影响,知识收集和知识贡献在其中有完全中介效应;马璐、朱双(2015)的研究也证明了这一点。李旭培(2011)的研究表明,组织认同可以显著正向影响职场谏言行为和帮助行为;赵慧军等(2016)的研究也证明了这一观点。李宗波、陈红(2015)的研究认为,员工知识分享行为也会受组织认同的显著正向影响。沈翔鹰(2014)认为,员工组织认同显著正向影响员工职场建言行为。Riketta(2005)对 96 篇组织认同相关文献所做的元分析也证明,员工职场角色外行为会受到组织认同的显著影响。

(2)工作绩效方面。高日光(2011)用上下级配对的方式对组织认同与工作绩效之间的关系进行了检验,结果表明,组织认同显著影响员工职场角色内和角色外的绩效。季伟灵(2012)在深圳的研究发现,员工职场工作压力会因组织认同而发生改变,组织认同感比较高的员工职场压力相对比较小。王进、王珏(2012)通过针对华东地区医药企业 200 名中级管理人员的研究指出,组织认同对中层领导的管理能力有显著影响,这种影响同时会显著提升其工作绩效。但也有研究认为,团队组织认同与组织绩效之间的关系是一种曲线关系(Zhong, Gong, Shenkar, 2014)。

(3)合作意愿和实践方面。Conroy、Henle 和 Shore 等(2016)研究认为,如果员工个体在实践中对组织产生认同感,会更多地将个人情绪、前途与组织联系起来,也更能因应组织变化而调整自己的职场计划,更愿意与组织以及组织其他成员有更广泛的合作意图与实践;Polzer(2004)的研究也在某种程度上证明了这一点,他用实验研究的方式发现,较高组织认同感与较高子群体内部合作积极正相关,但与整体合作则是负相关。

(4)其他方面。Moriano(2014)的研究结果认为,组织认同可以是有效的可变组织因素调节器。Cheney(1983)认为,组织认同会显著影响员工工作动机、工作态度、工作满意度、决策参与等方面,van Knippenberg(2006)的研究也认同此种观点。Bamber 和 Iyer(2002)研究发现,员工离职意图和组织—职业冲突会受到组织认同的显著负向影响。Hong 和 Kim(2002)认为,组织认同会通过工作满意度影响组织承诺。在国内,王碧英等(2011)研究指出,上级领导的组织认同会影响部属员工的组织认同,进而影响员工的离职意愿。李燕萍、徐嘉(2014)则认为,员工职场幸福感会受组织认同的显著正向影响。唐秀丽等(2016)研究表明,组织认同显著影响员工的情绪劳动和基于组织的自尊水平。

2.3.5 小结

通过以上文献述评可以发现,组织认同相关研究正处于扩散深化阶段,国内外研究者们对组织认同的概念界定、维度区分、前置因素和后置因素以及相关的调节和中介效应都做了很多贡献,但也存在一些不足,需要后续研究继续跟进。首先,组织认同的概念需要进一步优化统一。从前述文献综述中可以发现,不同的学者有不同的区分方法,以致分别有一维、二维、三维、四维乃至九维的结构维度之说,没有比较统一的看法。因此,清晰的内涵界定和科学的维度划分,以及因此而来的有效的量表开发,就越发显得重要。其次,在有关前因变量和结果变量及其作用机制方面的研究缺乏系统性。现有研究多是对前因变量和结果变量进行单个和分割的研究,没有综合考虑不同因素的复合影响,因此而得出的结论可靠性、科学性和普适性欠佳，需要进一步系统梳理。最后，缺乏不同文化情景的比较研究。现有研究虽然也是在不同文化情景下开展的，但不同文化情景的员工，其文化信仰、价值观、权力距离等都会有所差别，只有通过比较的方式才能更好地理解组织认同的真正内涵。本研究认为，组织认同可能是员工职场非伦理行为的一个重要前置因素，差序式领导通过影响员工的组织认同而作用于其职场非伦理行为。从这一角度入手对员工职场非伦理行为的前置因素和影响机制加以探索，不仅可以补充和完善以上不足，还能为相关领域的研究积累更多的文献。

2.4 心理授权研究述评

2.4.1 心理授权的概念

1. 授权

授权不论在学术或实务中皆越来越受重视（Donovan，1994），并且相信授权给员工，能使员工及管理者受惠，进而影响管理效能与组织效能（Koberg et al.，1999）。授权的定义很多，Rudolph 和 Peluchette（1993）根据授权的定义进行分析，提出授权主要可依 Conger 和 Kanungo（1988）所提的关系构面与激励构面加以区分。

（1）在关系构面下，认为授权是将权力分享或转移给权力较少的一方。举例来说，Neilsen（1986）提出的授权为管理者借由给予部属心理及技术层面上的资源，让部属能发觉自身所拥有的能力与权力，以增加部属在行动上的自我效能；Daft（1995）所认为的授权指在工作任务中，管理者分享或转移权力给部属，使其对工作任务拥有做决定的责任和权力，从而能更自由地完成工作等；Robbins、Crino 和 Fredendall（2002）所提出的授权定义为领导者与成员之间的共同参与，即一种持续对话、倾听、反思及行动之过程，并且能够与成员共享资源，以及使其拥有自我决策的机会和权力。

（2）在激励构面下，认为授权是个体对于行为的感觉，以及心理上对工作的感觉（Koberg et al.，1999）。举例来说，如 Thomas 和 Velthouse（1990）所提出的授权是一种个体对内在任务的评估，进而决定其个体的内在动机与激励效果，强调对授权的感觉在于个体的心理状态，个体如何知觉他人的授权；Menon（1995）所认为的授权即以个人心理体验为前提，一种知觉控制的感受与认知的能力，内化的情景特质，即个体所能感受到的授权程度；Spreitzer（1995）所提出的授权是个体的个人内在激励经验，透过在工作上的角色认知与评价，激发内在动机，运用本身的能力主动且持续地完成目标或任务。

综合上述，过去研究大部分将授权视为一种管理技术，并将授权视为较高组织层级者给予较低组织层级者做决定，以及增加接近信息与资源之机会，将授权视为上级授权给部属或与部属分享权力，亦即着重管理行为如何予以员工权力（Menon，2001；Greasley et al.，2005；Fernandez，Moldogaziev，2013）。

2．心理授权

前述文献探讨中显示，Thomas 和 Velthouse（1990）为首先提出心理授权概念的学者，其在 Conger 和 Kanungo（1988）研究的基础上进一步规范和提出了心理授权的概念。在 Conger 和 Kanungo 的授权过程模式下，授权的本质为权力（power）和控制（control）的使用。虽然此模式仍延续过去学者在管理基础上的探讨，但除此之外，Conger 和 Kanungo 首先加入心理学概念，提出在授权过程中，个体的心理状态扮演着关键的角色，并将之作为基础来探讨授权的概念，提出授权主要出自两种不同的来源，将授权分为关系构面（relational construct）与激励构面（motivational construct）。其中，在授权观点中加入心理学的概念，也使得后续的研究者进而针对此观点提出心理授权的概念。

（1）在关系层面，在管理和社会影响理论中，权力主要是一种关系的概念，将权力解释为个体的依赖或是不依赖的关系。也就是说，权力指的是个人相对于他人所拥有的权力与控制，以及对权力与控制的传递与分享；也可说是相对于他人，取得他人的信任或是控制他人依赖的权力，此理论观点主要来自社会交换理论。所以，权力的增加不仅仅只看个体的绩效产出行为，也应包含其他人的行为或响应。在关系层面中，个体的权力来源主要有两个层级，分别为组织层级与个人层级。在组织层级中，权力的来源主要是个体提供对组织有价值的绩效或资源的能力，或是个体能够处理组织重要的意外事件或困难的能力；在个人层级中，权力的来源主要视个体的职位、人格特质、专业、接近专业知识或信息的机会而定。

（2）在个体心理层面，假设个体内部具有强烈的欲望，认为权力与控制是个体的内在激励因素，或是个体内在的期望信念。换言之，一方面权力是一种个体内在的激励因素，促使个体试图去影响及控制其他人，另一方面，权力在激励感当中被认为是个体对自我决策或是自我效能之信念的内在需求。当个体知觉到自己拥有权力，或是当个体相信自己能够适当地处理所面临的人、事、物时，个体会对权力产生需求，这是个体被激励与否的关键。

因此，授权不仅是将权力授予员工，也需考虑员工的内在心理因素，将授权视为具备内在激励效果的激励方式，授权应能增加员工对绩效成果的期望，或是增加员工的自我效能感（Conger，Kanungo，1988；Bandura，1977，1986）。即授权能使员工感觉到自己可以胜任并完成工作。Conger和Kanungo（1988）将授权定义为增加组织成员之间的自我效能的过程。透过认定促使无力感的情况，借由正式的组织常规和非正式的工具，以提供有效的信息来移除无力感的过程。简而言之，将授权定义为激励的过程。基于上述观点提出授权模型，透过组织的情景、管理策略以及信息类型而产生授权和行为影响。

Thomas和Velthouse（1990）延续Conger和Kanungo（1988）的理论基础，将授权视为一种内在的激励过程，认为授权激励是对内在任务的知觉和评估，可以正向影响员工的内在动机和工作绩效。因此，Thomas和Velthouse（1990）认为单一层面不足以解释个体的内在动机，除了自我效能外，另外还有其他因素会影响个体对心理授权的评估。也就是说，心理授权主要是发生于个体与工作任务本身之间的多层面认知组合。进而提出心理授权的认知模式，着重个人的认知过程，该模式由一连串像是社会学习中的刺激S（stimulus）、组织O（organism）、行为B（behavior）和结果C（consequences）所组成（Davis，Luthans，1980）。

基于前述文献综述，参照Spreitzer（1995）所提论点，将心理授权定义为："员工在执行任务的过程中，心中感受到被赋予的弹性权力，使其顺利达成所要的目的。"

2.4.2 心理授权的维度

Spreitzer（1995）针对 Thomas 和 Velthouse（1990）与 Conger 和 Kanungo（1988）的论点，认为授权是个体对任务评估后所产生的心理动机，是基于与自己工作角色相关的认知洞察力的主观体验，因此称为心理授权，以示区别。而 Conger 和 Kanungo（1988）则认为授权是一个动态的过程，借由领导者察觉造成部属无力感之原因，并运用管理技术去除无力感，在此观点下，强调个体的知觉与信念是最后的决定因素。因此，Spreitzer（1995）认为，心理授权是个体对职场任务认知和评价后产生的内在动机和激励效果，其着重点在于个体心理层面的知觉，可以在测量量表上将其分为四个维度，即工作意义、自我效能、自我决策与影响力。

（1）工作意义。依个人自身理想或标准作判断的工作目标或目的的价值（Thomas，Velthouse，1990）。工作意义维度的题项必须符合组织价值观、工作信念以及组织行为的要求（Brief，Nord，1990；Hackman，Oldham，1980）。

（2）自我效能。自我效能是一种个体相信自我或自身能力，得以以技能完成活动的信念（Gist，1987）。此外，能力类似代理信仰（angency beliefs）、个人优势（personal mastery）或是个人对于成果的期待（Bandura，1977）。此构面被称为能力而非自尊，是由于着重工作角色上之特定效能，而非整体效能（Spreitzer，1995）。

（3）自我决策。自我决策是指个体感到拥有选择权而去开始和规划行动（Deci，Connell，Ryan，1989）。自我决策反映个体对于开始和持续工作的行为及其过程的自主性，例如：决定工作的方法、速度和付出的努力（Bell，Staw，1989；Spector，1986）。

（4）影响力。影响力维度意为员工个体对组织战略、运营模式和经营结果的影响程度（Ashforth，1989），其与学习的无力感为相反的概念（Martinko，Gardner，1982）。更进一步地说，影响力与内外控的不同在于影响力是借由工作内容以影响，而内在的内外控是持续透过情境以影响的整体个人特质（Wolfe，Robertshaw，1982）。

最后，Spreitzer（1995，1997）亦指出自我决策与影响力的不同在于前者为个体对于自身工作的控制感，而后者为个体对于组织产出结果的控制感。也就是说，自我决策隐含工作投入，而影响力隐含组织投入。总括来说，工作意义、自我效能、自我决策与影响力四个构面反应出一个主动的工作角色倾向。

2.4.3 心理授权的影响因素

从文献中本研究发现，心理授权的影响因素可以从个人因素、工作因素、组织因素以及领导因素等不同角度来加以区分。

1. 个人因素

现有研究表明，个人特征变量会显著影响心理授权，这个特征包括婚姻状况、性别、工作年限、职位、年龄等因素。例如，Thomas 和 Veithouse（1990）研究发现，控制倾向会显著影响员工心理授权感知，外控型的员工更多地将自身的失败归因于外在因素，而非自己本身；内控型员工则相反。Spritzer（1995）的研究对 Thomas 和 Veithouse 的观点做了证实，他认为，自尊（self-esteem）、控制倾向（control）、报酬（reward）和信息获取机会（access to information）是员工职场心理授权感知的重要前置因素；以信息获取机会为例，信息获取机会越多，获取的信息质量越高，员工的心理授权感知也越强。Conger 等（1988）的研究也认为，心理授权的重要前因变量还包括员工的自我效能感，自我效能感、职场情绪都可能给心理授权感知带来显著影响。游浚等（2014）的研究认为，不安全感的性质差异会给心理授权带来不一样的作用路径和影响方式，源自工作本身威胁的不安全感通过心理授权对组织承诺既有正向又有负向的影响，既有直接又有间接的影响，对重要工作特征的威胁知觉的不安全感通过心理授权对组织承诺仅有负向的影响。

2. 工作因素

Koberg（1999）在对相关文献做了全面梳理后发现，诸如团队信任、工作配合度、工作效率等方面的工作因素会在某些程度上影响员工心理授权感知。Gagne（1997）和 Liden（1999）在实证研究后则认为，工作特征（包括任务多样性、任务完整性、任务明确性、任务重要性和工作反馈）会对员工授权感知产生影响，进而出现程度不一的心理授权知觉。

Liden 和 Wayne（2000）则从上级—团队关系、成员—成员关系和工作特征等角度探究了心理授权的影响因素，认为工作特征对自我效能和工作意义有显著影响作用。郑晓明、刘鑫（2014）对一家制造业企业 199 名员工进行多时点匹配问卷调查的结果表明，心理授权被互动公平显著正向影响，且在互动公平与员工幸福感之间起中介作用；颜爱民、陈丽（2016）的研究结果显示，高绩效工作系统对员工心理授权感知有显著正向影响作用。

3. 组织因素

Thomas 和 Velthouse（1990）的研究发现，心理授权感知受组织环境特点显著影响，员工往往会通过对组织环境特点的接触、认知和判断来决定是否获得心理授权。Speritzer（1995）用实证研究证明，报酬和信息机会的获取会显著影响心理授权的四个维度。Kirkman 等（2009）指出，心理授权感知为组织信念、组织文化以及权力距离所影响。Butts（2009）则认为，组织支持感会显著影响员工心理授权感知，并能通过其中介作用影响其他结果变量。王国猛（2012）认为，团队信任显著正向影响团队心理授权感知，且通过心理授权正向作用组织公民行为。刘层层（2013）的研究指出，上下级之间的关系会给心理授权带来显著影响，且通过其影响员工的职场敬业度。朱颖俊、裴宇（2014）的实证研究发现，员工心理授权感知受组织差错管理文化的影响，差错管理文化通过心理授权正向影响员工职场创新行为。孙春玲等（2014）的研究则强调，组织授权氛围会显著影响员工心理授权，心理授权在组织授权氛围和员工个人主动性之间起中介作用。

4. 领导因素

领导因素主要包括变革型、交易型、参与式、真实型等，但均是在垂直领导风格下的研究。

（1）变革型。Avolio 等（2004）认为，变革型领导显著正向影响员工心理授权感知，且通过其中介作用影响组织承诺。刘景江和邹慧敏（2013）、汤学俊（2014）以及孙瑜和王惊（2015）的研究表明，变革型领导显著正向影响员工心理授权。Özaralli（2003）和 Kark 等（2003）则进一步对变革型领导影响心理授权的作用机制做了探讨，认为变革型领导中的期望和信任元素可以提升员工的自我效能感，个性化关怀元素可以增强员工授权感知，智力激励元素则能激发员工的工作积极性和工作投入度。

（2）参与式。Huang、Shi及Zhang等（2006）通过实证研究表明，参与式领导也能显著正向影响员工职场心理授权感知，参与式领导与员工工龄会发生交互作用，从而显著影响工作效能维度。也就是说，正常情况下，工龄越长参与程度就越深，对心理授权的影响也就越大。

（3）交易型。Randolph（1995）和魏峰等（2009）的研究指出，交易型领导者或者过于注重公平对待的领导方式，会在高授权氛围中进一步激发和强化组织员工的工作热情和积极主动性，进而显著影响其心理授权感知。

（4）真实型。石冠峰、杨高峰（2015）的研究发现，真实型领导显著正向影响员工心理授权，其通过心理授权完全中介员工职场创新行为。

另外，丁琳等（2007）、李超平（2006）、吴志明（2007）、Konczak等（2000）、王辉等（2008）的研究也验证了垂直型领导对心理授权的显著影响。

2.4.4 心理授权的影响结果

心理授权的影响结果非常广泛，主要包括组织公民行为、工作绩效、组织承诺、工作满意度等方面。

1. 组织公民行为

Avolioet（2004）、Liden（2000）和Spreitzer（1995）的研究表明，那些从组织或者上级领导处感知心理授权的员工，会获得更多的自信，也能展现更多的能力，同时也会付出更多的努力，进而会做出更多的角色外的组织公民行为。栾驭（2012）研究认为，进城务工人员的心理授权会显著正向影响其组织公民行为；陈浩（2012）以544个样本为基础的研究也表明，组织公民行为为心理授权所显著正向影响；汤学俊（2014）的研究同样证明了这一点，他还认为，变革型领导通过心理授权影响员工组织公民行为。总而言之，正如Janssen（2004）研究所言，心理授权之所以能够影响员工的组织公民行为，首先是因为员工因授权而获得了相应的信心，其次是因为员工因授权而获得了参与决策的机会，第三是因为员工因授权而找到了自己的定位，最后是因为员工因授权而能展现自己的才华。

2. 工作绩效

Spritzer（1995）的研究证实了心理授权与工作绩效的关系，他认为得到心理授权的员工，会更有意愿和主动性去梳理自己的工作思路，增强工作积极性，从而也就能显著提升职场工作绩效。同时，Spritzer（1999）还发现，世界500强企业的中层干部中，得到心理授权的管理者在创新精神和影响力方面会更加出色，工作业绩也更为突出。Liden和Wayne（2000）的研究也进一步证明了心理授权和工作绩效之间的显著关系，他们发现心理授权感知可以显著影响工作绩效。杨莹和谢礼珊（2005）的研究指出，心理授权中的工作能力、影响力和工作意义等维度会显著影响员工个体的服务质量。齐晓栋（2012）采用心理授权及工作绩效量表对185名高校教师进行问卷调查的结果表明，心理授权中的工作意义和自我效能显著正向影响工作绩效。李卓（2013）同样发现了心理授权对工作绩效的显著影响作用，家长式领导通过心理授权影响工作绩效。朱颖俊、裴宇（2014）认为，心理授权显著正向影响员工创新行为，差错管理文化通过心理授权影响员工创新行为。江新会等（2016）则认为，心理授权之影响力无法对离职意向和工作倦怠造成显著影响，只是在调节视角才会有一定的消极作用。

3. 工作满意度

研究发现，心理授权之工作能力和工作意义两个维度，对员工工作满意度有显著影响，心理授权感知越强，员工意义感知越强，工作满意度越高；但工作能力越强，工作满意度却越低（Cicolini，Comparcini，Simonetti，2014）。李超平（2006）也对心理授权与员工工作满意度之间的关系进行了实证研究，结果发现，心理授权各维度均与员工工作满意度积极相关。王桢（2012）以服务行业309名样本为研究对象的研究结果指出，心理授权对工作态度有显著影响。王顺江（2012）的研究同样证明了心理授权与工作满意度之间的积极联系，认为心理授权通过员工满意度的中介作用影响员工忠诚和工作绩效。王超（2013）基于中国情景的元分析发现，员工心理授权感知对员工组织承诺和工作满意度以及其他职场正向行为均有显著正向影响。

4. 组织承诺

Bani 及其团队（2014）的研究认为，心理授权会显著影响员工的组织承诺和职业承诺，组织领导者可以尝试从员工心理授权之自我效能角度出发对员工的组织承诺加以管理和强化。Liden 和 Wayne（2000）的实证研究发现，心理授权之工作意义维度对员工的组织承诺水平有显著影响，心理授权水平越高，员工所知觉到的工作意义、自我效能、参与程度等也就越高，这将会显著提升员工的组织认同感和组织承诺水平。游浚等（2014）的研究发现，心理授权正向影响组织承诺，心理授权之影响力和工作意义维度在不安全感知和组织承诺之间起中介作用。

2.4.5 心理授权的测量

在心理授权的量表开发和采用上，最先由 Thomas 和 Velthous（1990）开发出七个维度的量表被大多数研究者所接受和认可。后续学者大都在 Thomas 和 Velthous（1990）七维量表的基础上加以改进和完善。

（1）国外量表开发。Spreitzer（1995）在 Thomas 和 Velthous（1990）七维量表的基础上，对心理授权量表做了进一步的改进，将其调整为四个维度（工作意义、自我效能感、自主性和影响力）共 12 个题项的量表，每 3 个题项就构成其中一个维度。SPreitzer（1995）认为，心理授权是四维复合体，每一个维度对心理授权感知的总体影响都很关键，不能随意更改（李财德，2011）。

（2）国内量表开发。国内这方面起步稍晚，最早是由李超平等（2006）以中国企业实践为背景，对 Spreitzer 的四维量表进行了适用性检验，验证了心理授权各维度对组织承诺、离职意图、工作倦怠等方面的影响。接着，王金良（2011）以 1272 名中小学教师为样本，开发出包括心理授权体验、心理授权技能和心理授权行为三个分问卷共 44 条题项的心理授权量表。再之后，王国猛等（2012）也对中国文化情景下团队心理授权结构维度进行了设计与开发，认为中国实践中的团队心理授权包括工作导向授权和能力导向授权两个维度。

2.4.6 小结

通过上述文献回顾可以发现，就心理授权的研究而言，国内外学者就心理授权的量表开发、前因变量和影响结果做了大量的工作，并取得了不俗的成绩，但是对于许多因素的研究仍各自表述，没有得出一致结论，同时也没有对不同文化情景下的授权情况和由此而导致的员工行为上的差别做出探索。有鉴于此，本研究欲进一步探讨差序式领导是否能够显著影响员工心理授权，心理授权与员工职场非伦理行为是否有关系，又能否进一步预防员工职场非伦理行为。

2.5 权力距离研究述评

2.5.1 权力距离的定义和内涵

不同文化、不同种族、不同信仰、不同国家乃至不同组织的成员，都会因其文化熏陶、家庭影响、教育培训以及个人阅历而产生不一样的人生观、世界观和价值观，自然思维方式也会大相径庭，此谓文化上的差异。我们要对组织的价值观念和员工职场行为以及彼此之间的关系或作用机制进行讨论，必须首先考虑文化上的倾向与差异（Burgoon，Dillard，Doran，1982；沈挺，2010；Rhee，Dedahanov，Lee，2014）。

Hofstede（1997）认为，职位权力和个人权力是权力的两大来源，其中职位权力指的是组织系统正式权力机制所赋予的权力，其具有合法性，一般通过组织层级链条从上到下依次传递；而个人权力则更多源自成员个体的个人能力和个人魅力，它更大程度上是一种非正式权力。Pfeffer（1981）也认为，权力的大小一般取决于其拥有和支配的组织资源的多寡，掌握和支配的资源越多，权力越大，反之越小。Emerson（1962）则认为，权力具有一种相对性，只有在相比较的时候，才能判断出谁的权力更大，进而才会出现"权力结构"（power structure）的说法。因此，权力是社会关系的特定产物，而非个体属性。

荷兰实验社会心理学家Mulder（1977）最早定义"权力距离"（power distance），原是指疏远员工和老板之间的感情差距。后续将之演绎为成员个体在组织中权力和地位不平等分布的具体现状,以及可以接受这种不平等的程度,这成为社会运作系统非常重要的一部分。Hofstede(1993)后来从社会心理层面对这个概念进行了扩展,认为权力距离意为"一个社会或系统可以接受权力分配不平等的程度",并于1997年区分出不同程度的权力距离的社会差异,具体如表2-4所示。

表2-4 权力距离的社会差异

低权力距离	高权力距离
人的不平等应当减到最低	人的不平等是可预期和追求的
权力不同的人应当尽量相互依靠	低权力的人应当依靠或远离高权力者
父母平等对待子女	父母教导子女要顺从
子女平等对待父母	子女对父母心怀尊敬
老师期望课堂上学生主动学习	老师期望掌握上课的主动权
老师期望传达客观的真理	老师期望单方传达个人智慧
受教育程度越高越不主张权力价值	对权力价值的认定与教育水平无关
科层组织是为便利而建立的不平等	科层组织反映已存在的不平等
偏好分权化	偏好集权化
缩小贫富差距	扩大贫富差距
部属期待被咨询	部属期待被告知动作
理想的上司是机智民主的	理想的上司是独裁者
特权和地位象征是令人不悦的	管理者期望和喜爱特权和地位

资料来源:Hofstede(1997)。

权力距离和相关的构念被发现存于现有文化的框架之中,高的权力距离创造距离感及鼓励等级制度,低的权力距离缩短了距离感且促进平等主义。高权力距离强调服从、忠诚、父权与伦理概念,低权力距离强调平等、减少不公平、契约关系(Hofstede,1993)。Gudykunst和Lee(2003)表示权力距离可出现于文化层次与个人层次上。在文化层次上,Hofstede(1993)将权力距离视为群体相信权力和地位不平等分布的情形,以及接受权力不平等分布的程度,并已正式成为社会系统中的一部分。戚树诚(2007)将其定义为:"文化权力平均分配的程度,社会成员对于组织中权力分配不均所能接受的程度。"在个人层次上，Farh、Hackett 和 Liangl（2007）将之定义为："个人在组织和结构中，能接受权力分配不平等的程度。"

Chen 和 Aryee（2007）发现，在以儒家文化为传统价值观的中国社会里，员工个体通常会根据自身的角色定位去跟上级主管进行更多的互动或者响应，对上级和权威比较敬畏的员工，会更加倾向于遵守组织规章制度，执行上级领导的命令。正常而言，如果员工愿意接受上级领导和部属员工之间比较大的权力差距，则被视为"高权力距离"，反之则称为"低权力距离"。但以往领导相关的研究又发现，高权力距离会在变革型领导与程序公平之间的关系中起弱化作用，进而出现两种不同取向的行为。一方面，部属员工会坚决服从拥有更高权力的上级领导；另一方面，部属员工可能会反抗高权力距离的领导者。因此，部属员工可能会根据同一种原因来选择追随还是反抗上级领导者（Kirkman, Shapiro, 2001）。

综合上述，参考 Chen 和 Aryee（2007）的研究，将权力距离定义为"个人在企业组织中，能接受与主管之间权力分配不平等的程度"，并依照其程度不同区分成高权力距离及低权力距离。中国文化属于高权力距离，这种高权力距离有可能在差序式领导和员工职场行为之间发生调节作用。

2.5.2 权力距离在组织中的相关研究

1. 权力距离为前因变量

Bochner 和 Hesketh（1994）研究了一家拥有来自 28 个国家员工的多元文化的银行，研究结果显示，高权力距离的部属较常与直属主管互动，对于直属主管领导风格的描述较为正向，亦较在乎主管的想法与观感。郭晓薇（2006）以 188 名企业员工及其同事为研究对象进行了实证研究，结果表明，权力距离会对程序公平和同事评价产生一定程度的影响。王垒等（2008）的研究指出，员工创造性观点受管理者权力距离的影响，管理者的权力距离越高，则员工创造性观点产生的可能性就越低，但同时可以更高效地促进员工创造性观点的实施。廖建桥、赵君和张永军（2009）在文献梳理中发现，权力距离会对领导行为产生影响，具体体现为：①权力行使方面，权力距离越大，上级领导越专制，部属成员越服从；②组织决策方面，权力距离越大，决策越集中，部属更多只是旁观者的角色；③冲突应对方面，权力距离越大，运用上级权威强制解决问题的可能性也就越大；④绩效考核方面，权力距离越大，上级领导的主导性就越强，部属员工多处于被动接受的位置。另外，沈挺（2010）的研究发现，权力距离感显著负向影响员工知觉的下级评估有效性。周建涛（2013）通过上级领导和员工配对的方式，对权力距离在组织中的表现进行了跨层综合研究，研究结果发现，员工个体权力距离会显著负向影响员工心理授权，进而会影响员工职场沉默；而上级领导权力距离也会显著负向影响团队授权氛围，并通过团队授权氛围作用于员工职场沉默。

2. 权力距离为结果变量

相对而言，以权力距离为结果变量的研究比较少，现有研究多从文化价值观的角度出发去探索，有一部分也关注环境和个人特质对权力距离的影响。方婧（2010）和周建涛（2013）认为，之所以中西方权力距离会有差异，最根本还是在于传统文化价值观的影响，权力距离高低大小之间，文化的影响无处不在。Farh及其团队（2007）的研究指出，国家层面的权力距离感知会显著影响成员个体的权力距离感知。廖建桥、赵君和张永军（2009）的研究也表明，权力距离受传统文化价值观、经济发展程度、社会制度、信息传播以及教育程度的影响，但在中国的高权力距离中，部属员工的权力距离感却在不断地降低，而与此同时，上级领导的管理理念和管理模式却依然没多大改变，所以现实中会出现因权力距离矛盾而导致的职场冲突。傅琳熙（2008）的研究则关注国外经历对权力距离的影响，她的研究用质性访谈的方法进行，以有国外生活和工作经历的人为被试，最后发现，国外经历与个体权力距离显著相关，个性特征会在其中有影响作用。另外，有学者研究发现，在组织内部，成员之间的个体差异会显著影响其权力距离感知（Lee，Pillutla，Law，2000；Bakir，et al.，2015）。此类发现比较容易理解，因为不同的个体有不同的成长环境和成长经历，这些差异也构成影响其权力距离的亚文化因素，故权力距离感知会因个体差异而有区别（Chen，Chen，Meindl，1998；Daniels，Greguras，2014）。此外，冯玉静（2012）的研究也证实，组织性质、组织规模、居住环境、职位类型和受教育程度都会对成员权力距离感知造成显著影响，但行业、年龄、工龄和岗位等因素却没什么影响。

3. 权力距离为调节变量

以权力距离为调节变量的研究相对较多，且多数发生在领导方式与员工职场态度和行为之间关系的调节作用上。Kirkman等（2009）的研究以中美跨文化数据为基础，发现权力距离在转换型领导与程序公平之间有显著调节作用。Triandis（2001）的研究指出，在职场中，领导方式根据部属的权力距离而调整，权力距离比较大的员工适合采用集中式或专制式的领导方式，而权力距离比较小的员工则适合采用民主式的领导方式。Kirkman等（2009）的研究也认为，与企业文化其他维度相比，权力距离感更容易在领导与部属员工态度、行为之间出现调节效用，家长式领导适合高权力距离，而变革型领导适合低权力距离（沈挺，2010）。沈挺（2010）的研究强调，权力距离感知在上级反馈寻求意愿和员工感知的下级评估有效性之间起积极调节作用。谢俊、储小平、汪林（2012）也认为，员工权力距离在效忠主管和寻求反馈行为之间起负向调节作用，即员工的权力距离越低，两者的正向相关关系越强。孙飞（2012）的研究认为，权力距离会显著负向调节权威领导与心理安全感之间的关系。孙健敏等（2014）的研究发现，权力距离感知会在辱虐管理和领导认同之间起显著调节作用。高秀圆（2015）认为，权力距离显著负向调节变革型领导与组织认同之间的关系。周浩（2016）认为，领导者权力距离感会显著调节领导者自我效能与采纳检验之间的关系。徐笑君（2010）的研究以中国企业实践为背景，发现权力距离会负向调节知识传播渠道和知识转移效果之间的关系。李倪（2014）认为，权力距离会显著调节员工妒忌和组织公民行为之间的关系。孙嘉卿（2016）发现，权力距离与互惠信念的交互作用显著调节领导－成员交换与情绪耗竭之间的关系。

从文献回顾可知，国内外学者对权力距离的相关研究做了大量的工作和贡献，有力地推动了本领域的研究广度和深度。从权力距离的定义可知，权力距离是文化的重要维度之一，能显著影响个体心态和行为。因此，在本研究的设计中，拟将权力距离作为一种重要的、带有中国文化特征的调节变量，以观察其在差序式领导作用员工职场非伦理行为过程之中的影响。

2.6 本章小结

本章是本研究的文献述评部分。在本章中,首先,对非伦理行为的概念、测量、分类以及影响因素进行了综述,其中影响因素主要有个体层面、组织层面、领导层面等;其次,从理论基础、概念定义、量表发展、相关实证研究以及相似概念比对等角度对差序式领导做了相应述评;再次,对组织认同和心理授权进行了综述,主要包括概念定义、维度划分、测量量表以及相关理论和实证研究等;最后,从概念、前因变量、结果变量以及调节变量等角度对文化五个维度之一的权力距离进行了综述。对以上这些变量的文献总结和逻辑梳理,为后续研究的顺利开展奠定了坚实的理论基础。

第三章 概念模型与研究假设

3.1 理论基础

3.1.1 差序格局

在中国社会中,由于受几千年传统文化尤其是儒家文化的影响过于深远,因此中国的人伦关系在很大程度上会呈现出儒家伦理特色的"差序格局",这种差序格局由费孝通先生首先提出,并逐渐成为中国式企业组织和中国式企业管理的重要理论基础。也正是如此,黄光国等(2004)才指出,作为中国本土概念的差序格局,有着独特的中国式人伦特征,能深刻而到位地将中国社会和企业组织行为的内在逻辑关系阐述清楚。本章的重点是探讨中国文化情景下员工职场非伦理行为受上级差序式领导影响的相关机制,所以本章首要的理论基础是带有中国独特人伦特征和关系结构的差序格局。有关差序格局理论的来龙去脉在本研究的第二章有详细阐述,这里不再重复赘述。

3.1.2 领导-成员交换理论

领导-成员交换理论简称为 LMX 理论,是由 Graen 和 Uhl-Bien(1995)基于西方文化情景而提出来的一种重要的垂直双元联结领导理论。领导-成员交换理论的核心观点认为,在职场中,上级领导对待部属员工的方式是有区别的,其会将不同类型组织成员按关系差别区分为不同的员工群体,即内团体成员和外团体成员。内团体成员一般会拥有比较高质量的领导-成员交换关系,而外团体成员的领导-成员交换关系则比较低。领导-成员交换理论强调,由于资源有限和时间局限,上级领导只能和一部分部属发展特殊职场关系,那些因此而受到上级青睐的员工将会得到更多的关照和信任,也就拥有了更多的资源和决策自主权,也能更有效地规划自己的职场发展,取得更为突出的成就(Graen, Uhl-Bien, 1995;

Gu，Tang，Jiang，2015）。

领导-成员交换理论是用来解释员工职场行为的一种重要理论，其交换质量高低将会显著影响员工职场角色内和角色外的行为。在职场中，高质量的领导-成员交换关系一方面可以通过上下级之间的相互需要为职场信息的充分交流创造更多的机会（Buch，2015；Pan，Sun，Chow，2012），另一方面可以通过上下级之间的相互信任发展更为高效的角色外行为，并不用过于担心可能遇到的风险问题（Qureshi，Janssen，2015）；同时，高质量关系感知的员工也能从上级领导处获取更多的认同与授权，进而产生更大的工作积极性（Wang et al.，2015）。反过来，低质量领导-成员交换关系的员工无法获得更多的交流互动和资源支持，上级领导更容易将低领导-成员交换关系的员工的不良表现归因为员工自身问题，而将优秀表现归因为外部因素。因此，低质量领导-成员交换关系的员工不仅无法在资源和权力上获取更多的上级支持，甚至有可能还会因为上级领导的归类偏见而失去更多的职场机会（Martinaityte，Sacramento，2013）。

总而言之，领导-成员交换理论视角下，员工工作绩效的好坏取决于个体自身能力水平以及感知到的上级认可和权力获取程度的高低，而职场权力正常都是上级授予的结果。但对上级领导而言，放权意味着风险，因此其放权与否以及放权程度的大小又取决于其对部属员工的信任程度，即领导-成员交换质量的高低程度。

领导-成员交换关系理论与差序式领导理论有很多相似之处，但也存在本质的区别，前者强调的是一种地位对等基础之上的水平外在利益交换；后者不仅强调交换关系中的"差"，也注重交换关系中的"序"，不仅存在外在层面的利益交换，同时也掺杂影响更为深远的内在层面的感情交流。两者之间的比较与区分，在第二章同样有较为详细的介绍，此处亦不再重复赘述。

3.1.3 社会认同理论

社会认同描述的是一个心理状态，使用者并非被单独分开的个体，而是一个集体的成员（Zhou，2011）。社会认同的观点涉及厘清自我概念、群体和群体间之现象的关系（Bergami，Bagozzi，2000；Haslam，2004）。此观点的主要假定前提是该群体成员首先要进行自我定义（self-definition）。也就是说，人们会定义他们自己独特个人化的属性和他们所归属群体的集体属性（Homburg，Wieseke，Hoyer，2009）。社会认同观点的主要内容是自我归类理论（Turner et al.，1987）及社会认同理论（Tajfel，Turner，1986）。自我归类理论认为，人类有必要简化其所处的社会世界，并将其群体予以分类（如职业、国籍、俱乐部及社会团体）。人们认为自己属于一个特定的群体或类别。根据社会认同理论，透过提高他们的社会认同，人们会追求正向自尊。此外，认同在某种意义上体现了享乐性要素，群体认同会直接涉及好感与情绪（Edwards，2005）。Tajfel（1981）将社会认同定义为个体的一些自我概念，这些自我概念来自于其所属的某一社会群体归属，以及附于该归属并与该群体其他成员所共享的情感意义与价值观。自我归类理论的固有假设思想是一个人可以拥有多个群体成员。组织经常被认为员工是重要群体成员（Haslam，2004），由此，社会认同观点已成功地被用来解释员工职场行为（Riketta，van Dick，2005）及组织现象的发展。

3.1.4　激励理论之期望理论

期望理论（expectancy theory）又叫动机过程理论（Fudge，Schlacter，1999），是由美国著名心理学家弗鲁姆（Victor H. Vroom）1964年在其《工作与激励》一书中提出来的著名激励理论。期望理论强调，个体行为取决于个体期望值和价值评估，用公式呈现即为：激励力＝期望值×效价。长期以来，期望理论都是用来解释员工动机和行为的重要理论之一。期望理论为员工个体职场行为预测提供了强大理论支撑。期望理论认为，在任何既定的时间内，个体（即选择者）都会有一套可供选择和尝试的行为组合。选择者一般会根据以下三个特征对这些行为组合进行评估：一是对行为结果价值的总体评估，二是行为对可能实现的结果的影响程度，三是结果成功的可能性预判。即个体行为激励力的大小取决于其对结果价值的评估和结果达成的可能性预判。个体一般会将这些评估组合在一起，对可能做出的每一种行为加以整体评估，而后选择执行可能给其带来最多收益的行为。Vroom（2005）认为，评估和甄选过程通常是无意识的，但也会存在有意识决策的可能。

于本研究而言，从期望理论的内容和公式可知，要在职场中运用差序式领导有效激励员工正向行为或者遏制负向行为，就必须通过各种方式让员工清楚以下道理：①所在职位和所在工作能给你提供迫切需要的东西；②要想取得你所想要的东西，必须在职场取得良好绩效；③良好绩效的获取与你的工作投入程度紧密相关；④组织多数资源由上级领导掌控和支配。

3.2 概念模型的提出

由前文可知，员工职场非伦理行为造成的严重危害引起越来越多研究者和实践者的重视，他们投入越来越多的资源对此类行为的诱因进行探讨，并提出相应的解决方案。在已有员工职场非伦理行为的相关文献中，学者们进行了广泛而深入的探索，不仅开发了很多对应量表，而且还构建了不少相应影响机制和作用模型，希望从"坏水桶""坏苹果"和"坏情景"等视角去探索和解释为何员工会于职场内部施行非伦理行为。但现有研究中，从领导风格角度展开的研究相对较少，从中国式领导着手的则更是少之又少。另外，随着中国国际政治、经济地位的日益提升和国家实力的日益强大，可以预期，不久的将来，中国国际化的企业必将越来越多，中国企业的全球影响力也必将越来越大。而与此同时，中国企业员工的职场非伦理行为也时有发生。考虑到中国文化价值观及其对国人根深蒂固的影响，员工职场行为在很大程度上是受上级领导影响的，上级领导就是组织和家长的化身，鉴于此，从带有独特中国传统文化的中国式领导入手对员工职场非伦理行为进行研究就显得非常有必要。

而相较于家长式领导，差序式领导被认为是兼具"亲亲"和"尊尊"法则的中国式企业领导风格，而有着独特的文化意涵（姜定宇，2012）。在中国文化情景下，领导者通过评估部属在能力、配合度以及关系亲近程度的差异，区分部属在心目中的不同地位（领导者的自己人或外人），给予适合部属地位与特性的工作任务与要求，以充分发挥各个部属对团队的效能（郑伯埙，1995；Hu, Hsu, Cheng, 2004；姜定宇、张菀真，2010）。但如前所述，纵使差序式领导的确能在高度人治氛围的企业组织中提升部属效能，其对部属的心理、态度和行为是否也有正面影响？同时，相对于外人员工，自己人员工在响应主管偏私对待的时候，个体感知到的心理授权上的差异是否会导致职场行为的差异？再者，即使自己人员工对于主管偏私行为能产生部分适应性，但对于有些情形，例如别人犯错受到企业规定惩罚，而自己犯错却受到宽容，这种偏私对待是否会导致自己人员工无所顾忌、肆意妄为，进而引发不合适的职场行为？或者让其他非自己人员工产生不满、猜忌以及怨恨等情绪，进而降低组织认同感或者其他心理感受，增加职场消极行为？假如管理者和部属的二元关系是组织内的基本工作单元，并且组织员工经常将上级领导视作组织的代言人（Huang et al., 2015），那么，差序式偏私对待必将会对员工组织认同和心理授权产生至关重要影响。所以，重要的在于了解差序式领导是不是组织认同和心理授权的前因变量。因此，本研究的第一个目标就是以差序格局理论、领导-成员交换理论、社会认同理论等理论为基础，检验差序式领导与员工组织认同及心理授权之间的关系。

本研究另外一个目标就是将差序式领导与心理授权感、组织认同感以及员工职场非伦理行为之间的关系阐述清楚。虽然文献综述发现了上级领导差别对待会影响员工组织认同、心理授权和职场非伦理行为，但从一个综合的理论角度出发去将它们之间的关系阐述清楚的文献却仍然缺乏。本研究将以差序格局理论、领导-成员交换理论、社会认同理论等理论作为核心理论视角，进一步对组织认同和心理授权在其中的中介作用做出预测。

除了对上述关系进行检验之外，本研究还拟加入权力距离这个因素，并将之作为调节变量，对其在主效应之间的边界条件以及间接影响进行调查。本研究将做出这样的理论推导：不同权力距离感的组织员工会对差序式领导做出不同的反应，他们倾向于通过调整自己的态度和行为去满足他们不确定性减少和自我提升增强的需求。因此，差序式领导对员工组织认同、心理授权和职场非伦理行为的影响，因员工的不同权力距离感而产生差别。图3-1是本研究的概念模型。

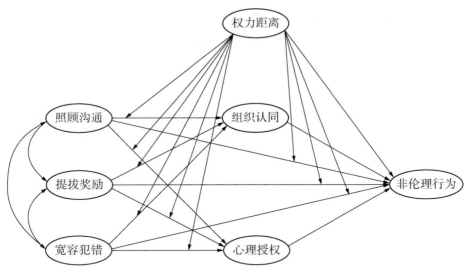

图 3-1 本研究概念模型

3.3 研究假设

3.3.1 差序式领导对员工职场非伦理行为的影响

根据社会交换理论的观点，人们在进行社会交换时，不仅会在乎物质上的交换，同时也很注重交换时的主观感受，亦即精神层面的相互交换。因此，人们在进行社会交换时，不仅要求组织给予相应的金钱和物质方面的激励，更希望能够得到组织或者领导在情感和个人尊严上的重视和公平对待。正是基于这种互惠准则，员工个体会根据自己在职场中所受到的具体对待，以相同或者相似的方式返还给待遇施予者或者转移给其他利益相关者。组织或者上级领导在职场给予组织员工积极的正向反馈或者现实报酬，那么员工将以积极的正向职场行为作为回报，这一点，无论是在中国还是西方都有许多类似的研究结论。例如，源自西方的领导-成员交换理论认为，上级领导对部属员工的正向支持，会导致部属员工的良好绩效（Settoon, Bennett, Liden, 1996; Uhl-Bien, Maslyn, 2003），这正是出于对等的回报理念，人与人之间会有意无意地采取互惠行为。同样在中国，基于社会交换理论而演化的家长式领导也认为，如果上级领导能够用仁慈的方式对待员工，则员工会产生一种感恩或者亏欠的感觉，然后就会考虑如何回报上级领导（樊景立、郑伯埙，2000）。与家长式领导类似但又有所区别，在差序式领导对部属员工的影响过程中，还要注意文化情景中的权力距离以及人治主义等文化属性的影响（姜定宇、张菀真，2010；Redding，1993），再结合差序式领导的职位、权力以及差序式对待，则部属员工所对应的行为不仅具有互惠和回报的性质，而且还因职位权力和文化情景而具有强制性的特征。

在中国的文化里，个人必须遵守社会的基本秩序，其中包含垂直与水平关系，垂直关系讲的是社会中的阶级制度，人与人互动间具有阶级次序，每个人都有被规定的角色且需要严加遵循（Redding，1993）。儒家中的"五伦"清楚地说明了部属与主管之间的主从关系，中国的父权主义也容易让家长式的权威通过泛家族化的历程进入主管与部属的关系，在这种关系中，双方角色是互补的、非平等的（杨国枢，2005），强调上尊下卑的角色关系（黄光国，1988），主管的权力不容易分享（Silin，1976）。且中国具有权威取向，在下位者对于权威敏感、崇拜权威，对权威者无条件崇拜也不加批评，并有权威依赖的特性（杨国枢，2005）。水平关系则指的是人与人之间，包括领导与部属员工之间横向交流的关系，其强调的是平等与互惠。正如张德胜（1994）所言，中国传统文化一方面注重差序格局，另一方面也强调机会的平等，"差序是现实的安排，平等是进入差序的机会"，只要身处低位的人好好努力，那么每个人都有机会往上流动，以致形成对上惟命是从，对下端正威严的"差序式人格"，这种人格特性也使得中国人"个个都是顺民，同时亦个个都是皇帝"（梁漱溟，1996）。也正是这种中国企业中所特有的高度的人治主义与特殊主义，使得主管具有更多非正式的权力与合法性，这也使得主管在部属于组织中的成功与否中扮演了很重要的角色，部属若想成功，须依赖主管的帮助（Cheng，Jiang，Riley，2015）。在差序式领导下，主管所掌握的资源会对高忠诚、关系亲、才能突出的部属员工予以较多的酬赏分配（Hu，Hsu，Cheng，2004）。对视为自己人的部属员工才给予偏私（郑柏埙，1995），这样的差异化领导方式，等于间接地创造了资源分配不平等与获取资源的困难性。

按照 Bolino 和 Tumley（2009）的看法，相对于自己人，外人部属会出现比较强烈的被剥夺感。此时，本研究比较感兴趣的是：面对领导者的差别对待，部属会不会容忍这种主观的人为的差别感？外人部属当下的选择是倾向于接受现实，还是反抗不公？

在现实中，组织资源是有限的，不可能满足所有员工的资源需求，这一点前述也已提及，而上级领导因为法定职位和权力的关系，掌握组织资源分配的主动权。因此，在中国文化情景下，可想而知，差序式领导者必然会综合考虑组织实际状况和不同员工的关系亲疏，对那些忠诚肯干、才能突出且关系密切的员工给予相应的资源倾斜和提拔奖励。也就是说，差序式领导对自己人部属有可能会综合"关系法则"和"公平法则"考虑资源分配，而对外人部属则会更多地采用就事论事的"公平法则"。从中国文化特性来分析，上级领导的这种做法是合理的，因为这样的分配方式既没有违背组织规章制度的要求，同时又照顾了自己人的真实需要。但在本研究中，笔者更关注的是，这种分配方式会给员工的态度和行为带来什么样的影响？自己人员工和外人员工是否会因感知不同而在态度和行为上有所区别？对于自己人部属而言，这符合他们对上级领导的角色期待，所以可能会倾向于认为是公平合理的；而对于外人部属而言，根据文化传统和过往的互动经验，他们心中已有相应的预期与准备，因而也不会产生太强的不公平感。同时最关键的是，于外人部属而言，由于受中国传统儒家文化的影响，更容易接受这种不公平的现象，所以他们可能考虑更多的不是组织资源分配是否公平的问题，而是如何从外人转变为自己人的问题。

在外人如何转变为自己人这个问题的考虑上，本研究认为程序公平是其中至关重要的因素，也就是说，要保证这个"黑箱"不黑，即转化过程中的机制通透性，也就是公平、公正、合理的社会流动机制（阎云翔，2006）。所以如果上级领导能够在对员工归类时，坚持秉承才能、忠诚、关系相一致的标准，那么按照这种标准，对于大多数员工来说是相对公平的，外人可以通过自己的努力转变为自己人，而自己人也有可能会脱离圈子成为外人，这完全符合国人的心理预期，其中既有法，也有理，更有情，通过这种方式能够实现动态的良性循环。此正如姜定宇和张菀真（2010）所认为的，差序式领导可以有效提升部属员工对上级主管的公平感知，亦即上级领导对部属员工的偏私对待，完全符合国人的文化观念和角色期待。同时，对于大多数中国人来说，阶段性的资源分配结果不是最重要的，关键在于有没有一个能够与上级领导进行有效沟通互动的平台（汪林、储小平，2009），因为首先要能够在互动过程中与上级领导有交流的机会，才能够将自己的忠诚与才能展现给领导，获得成为自己人的机会，进而分配公平才可能实现。所以，刘亚、龙立荣和李晔（2003）才指出，相对于西方人，中国人更加看重领导公平，而不太关注分配公平，领导公平所带来的精神支持能够在某种程度上取代物质公平，当然最后也必然会带来更丰厚的物质报酬。

费孝通先生认为，中国人的人伦格局是一种类似同心圆的差序格局。这种差序式的人伦关系是经长期生活经验总结出来的对社会稀缺资源的主要配置方式之一（孙立平，1996）。在中国传统的家庭结构中，家人之间必须有严格的上下差序之分，才能更好地分配资源和组织生产，因为如果不这样做，很有可能会导致家人与家人之间的冲突与裂痕，为了家族的团结，也为了种族的繁衍，必然会形成这种阶层式的结构，这种结构同时也扩大到以中国人为主体的企业。长期下来，这种阶层结构和分配方式慢慢就会形成一种文化观念和一种生活习惯，因此，在组织进行资源分配时，根据"亲亲"或"尊尊"法则，对亲近者或上位者以更多的关照和资源倾斜，其他人会觉得理所当然，也不会因为自己分少了而表示出愤怒的情绪（杨国枢，1981）。所以，在中国，"孔融让梨"会成为一个经典故事千古流传，"让领导先走"也在大多数人心中成为一种习惯。

那么，是什么心态导致我们长于"逆来顺受"呢？王磊（2013）认为，可以尝试从"忍"和"时"的视角去理解和解释员工的心理和行为。中国儒家伦理讲求"仁"，这个"仁"其实也可化为"忍"，忍他人所不能忍，方能成他人所不能成。儒家"克己复礼"所主张的就是人们应该要学会自我压制，在"忍"的过程中不断地通过约束自己，使自己的言行符合"礼"的要求，进而实现自我超越。因此，我们长期以来以"忍"为美德，认为"忍一时风平浪静，退一步海阔天空"，"夫唯不争，故天下莫能与之争"，"天将降大任于斯人也，必先苦其心志，劳其筋骨，饿其体肤，空乏其身，行拂乱其所为，所以动心忍性，曾益其所不能"。"忍"

成了我们的一种国民性格，也明确指明了我们在面对不利局面时所秉承的理念和心态。因此，当面对不平等的上下级关系时，为了继续保持关系和向上的可能性，处于弱势地位的部属员工常常会采取"忍让"的方式（黄莉、郑碗蓉、黄光国，2008）。这种忍让的方式是在面对不利局面时的暂时性选择，在中国人看来，这更是一种为人处世的英明策略，它可能会给我们带来更和谐的人际关系和更丰厚的利益收获。因为"忍得一时之气，免得百日之忧"，忍他人所不能忍，方能成他人所不能成，方能"时来运转"。这就是中国人对于"忍"和"时"之间逻辑关系的辩证解读。对于职场员工来讲，面对领导差别对待时，如果你选择奋起反抗，很有可能会因此而丢失工作机会，这是不确定规避和不安全感比较强的中国员工所不能接受的；而采取忍耐的方式，调整与领导相处的策略，则有可能通过自己后续的努力表现争取到领导的青睐和认可，从而获得成为领导自己人的机会。因此，差序式领导之所以能够在中国文化情景下的职场中有效，很重要的原因在于，员工认为可以通过"忍"的心理历程实现自我激励，提升个体表现，进而进一步拓展职场空间。

从本研究的角度看来，互动公平是其他公平实现的前提，程序公平在于保证过程的透明性，而分配公平在于保证资源分配结果的公平。差序式领导在对属下员工进行归类时，首先必须坚持按才能、忠诚和关系相融合的原则施行，这可以保证互动公平和过程公平，然后接下来差别对待则须坚持分配公平。由此则可保证每位部属员工只要努力，就有可能成为领导的自己人，这种差别对待符合中国文化预期，为中国人所接受。同时，本研究也认为，面对不利局面时，中国人的忍耐特性可以很好地帮助他们进行自我心理调适，这种心理调适可以促进良好心态和积极行为的形成，进而提升员工业绩。因此，如果上级领导给予自己人部属合法合理的适当照顾，应不会导致员工比较激烈的负面态度和行为，反而有可能会激励员工努力工作，争取得到上级领导更多的照顾与倾斜。

但是有没有可能会出现另外一种情况，即人们口中常说的"忍无可忍，无须再忍"呢？当触及心理底线、关系生死存亡或失去期待可能时，中国人也有可能会忍无可忍，奋起反抗，故会有"勿谓言之不预也"的说法。在差序式领导各维度的解释中，姜定宇和张菀真（2010）认为，差序式领导之宽容犯错维度是指领导者处理员工在工作上所犯的错误以及对员工职务要求方面表现出来的差序风格。这可以从两方面加以解释：一是宽容犯错，指的是当领导偏爱的部属员工在工作上出现错误或者其他纰漏时，奉行从宽处理的原则，甚至是大事化小、小事化无；二是"亲亲"信任，指的是领导者会对自己偏爱的员工格外信任，视为亲信，常常委以重任（徐玮玲，2002）。

毫无疑问，上级的宽容犯错与许多好的职场结果联系在一起，例如和谐的上下级关系、高效的团队合作以及出色的工作绩效等，这已为很多研究所证实。但并不是所有形式的宽容犯错都必然会带来好的行为和结果。研究发现，受领导偏爱的员工会在组织各项工作和事务中拥有从事更重要工作的机会，过度的、不当的、错位的宽容犯错说到底是一种领导者的消极行为（邱敏佳，2011）。领导者在现实工作中如果罔顾组织原则，过多考虑"关系法则"，对自身偏爱的犯错员工给予宽容处理，甚至只赏不罚；而对于其他员工，则按照"公平法则"公事公办，严格依照规章制度进行处理，这样必然会引起员工们的强烈不满。社会评价不对称理论也认为，负面消息会给人们带来更强烈的反应（Rozin，Royzman，2001）。学者们的实验研究结果也发现，偶发的间歇性的愤怒和不满更容易引发职场非伦理行为（Yip，Schweitzer，2016）。因此，纵使差序式领导可以有效提升员工外在工作绩效（姜定宇，张菀真，2010），但也会导致员工心理不满（邱敏佳，2012）。这种心理不满和落差容易引致抑郁、怨恨、愤怒等负面情绪，而一旦这些负面情绪积累到超越员工心理承受极限，就有可能出现"忍无可忍，无须再忍"的状况，员工会采取包括消极怠工、破坏公物或偷窃等职场负向行为来反击这种职场不公（Skarlicki，Folger，Tesluk，1999）。郭小玲（2014）的研究也证明，差序式领导之宽容犯错对生产偏差行为、财产偏差行为和人际攻击行为具有显著正向影响。Yip和Schweitzer（2015）的研究更是认为，过度信任和错位信任是职场非伦理行为发生的重要前置因素。鉴于此，本研究做出合理推导，领导过多考虑关系和圈子原则的差序式宽容犯错，一方面会助长自己人员工的不当行为，另一方面也势必会激起外人员工的反感和反抗行为。

因此，综上所述，本研究提出如下假设：

H1：差序式领导对员工非伦理行为有影响作用。

H1a：差序式照顾沟通对员工非伦理行为有负向影响。

H1b：差序式提拔奖励对员工非伦理行为有负向影响。

H1c：差序式宽容犯错对员工非伦理行为有正向影响。

3.3.2 差序式领导对员工组织认同的影响

差序式领导在组织中的作用得以发挥的关键在于，在自己人部属和外人部属之间区别对待，然后给予不一样的照顾沟通、提拔奖励、宽容犯错和资源分配上的倾斜，以此来实现组织效能的提升。因此从这个角度来说，差序式领导本身就代表了上级领导对部属员工不同的认可程度，那么部属员工尤其是外人部属员工又是如何感知上级领导不同的认同水平的呢？差序式领导又会对部属员工的组织认同产生何种影响？

有研究指出，中国文化情景下的员工组织认同，在很大程度上取决于上下级之间"自己人"的认可程度和雇员个体的互惠交换理念（Hom et al.，2009；刘彧彧、黄小科、丁国林，2011）。由于资源有限，领导者只能对部分的部属给予更多的关照，而其他的只能普通对待。这种区别对待导致员工感知内、外团体的区别，以致受到更多关照的部属被认为是圈内成员，而其他部属只能被视为圈外成员（Bolino，Turnley，2009）。在差序式格局下的上下级互动中，下级会根据自己对上级相关行为的判断，调整自己的角色行为以适应上级，并由此而形成组织认同。姜定宇和张菀真（2010）的研究指出，上级对部属的区别对待可以增强部属的程序公平感知，可以进一步增强具有中国文化特色的"自己人"的认知。与员工有某种特定关系（如血缘、地缘或学缘）的上级领导，对"自己人"予以适当偏私，这也符合中国长期以来所传承的文化价值观，差序格局亦是因此而来。所以，在职场中处于相当高位、有一定资源支配权的上级领导，对属下员工给予相对更多的关心、照顾以及职权和资源分配上的倾斜，能满足中国文化情景下的员工期待，能让员工从中感知到领导（组织）对自己的关注，从而进一步增强员工的认同感和归属感。

来自差序式领导的第一个信息提示就有关个人在组织中未来的不确定性。受关照的员工能够从他们的上级那里获得相应的帮助，并且可以利用其上级的社会网络取得显著的组织资源。而由于领导者是组织的代言人（Huang et al., 2015），得到组织领导支持和赏识的内团体成员将同时也能获得组织大量资源的分享与支持。因此，他们可能将组织视为可靠的。在这里，他们不确定性降低的激励将会得到解决，进而认同组织的倾向也就同时增加。

　　来自差序式领导的第二个信息提示与组织中的个人自尊有关。除了提供更好的资源和更到位的支持，领导也将圈内成员视作可信任的助手，赋予他们更重要的职责。这种待遇可能会导致圈内成员相信雇佣他们的组织是个不错的地方，进而提升他们的自尊水平。此外，作为组织中的重要成员，被领导偏私对待的员工在组织中也会有更好的职业发展（Tangirala, Green, Ramanujam, 2007）。因此，根据自我提升动机，他们会将组织属性融入到他们自己的自我概念里面，发展出强组织认同。此外，研究发现，领导的组织认同可能通过行为、情感和认知的影响转移到员工身上（Wieseke et al., 2009）。

　　另外，有研究认为，在中国企业实践中，雇主与雇员的责任匹配程度和彼此之间的社会交换观念，会显著影响员工的组织认同感（Hom et al., 2009）。在中国传统的差序格局中，员工个体对领导行为的认知和判断，主要来自双方互动过程中其所感受到的上级领导的态度和行为真诚度，并以此来指导自己的职场价值观，进而影响组织认同。姜定宇、张菀真（2010）的研究也指出，差序式领导可以通过提升部属员工的上级领导的公平对待感知，对中国文化中蕴含"亲亲"法则的组织价值观予以支持。王磊（2013）的研究也强调，上级领导的差序式行为不可能对员工个体的信任知觉造成损害，甚至会因为其符合中国人的价值观定位而取得部属员工的认同和支持。因此，从本研究的角度来看，上级领导的适当偏私，合乎中国人关于"亲亲"法则的文化价值观，也满足了国人对于上级领导应该对员工给予家长式关怀的期待。所以，若上级领导在职场中根据亲疏远近给予员工稍有偏差的沟通、照顾或奖励提拔，可以让部属员工更有亲切感，更能体现上级领导的"亲亲"关怀，也更能满足部属员工对职场上下级关系的期待，从而更有积极主动性地认同组织并且积极工作。

　　基于以上分析，本研究提出如下研究假设：

H2：差序式领导对员工组织认同有影响作用。

H2a：差序式照顾沟通对员工组织认同有正向影响。

H2b：差序式提拔奖励对员工组织认同有正向影响。

由上可知，上级领导在提拔奖励和照顾沟通方面给予较为亲信的员工更多偏私，可以视为一种积极领导，因为它符合中国人的认知，是一种合乎逻辑的该有的好处，但差序式宽容犯错却并非如此，其更多是一种过度的、错位的乃至放纵的私人人际信任，是一种消极领导行为（姜定宇、张菀真，2010）。在职场中，如果某些员工违反组织规范或者犯了其他错误，上级领导的处理方式是高举轻打、含糊应对以致有奖无罚，而对另外一些员工则相反，会给其他员工带来不受信任的感觉，认为上级领导过于偏爱自己人，从而引致其他员工高度不满（邱敏佳，2012）。而当这种不满积累到一定程度，会溢出体现在员工日常的工作中，降低员工的组织认同感，影响组织的正常运作。据此，本研究提出以下假设：

H2c：差序式宽容犯错对员工组织认同有负向影响。

3.3.3 组织认同对员工职场非伦理行为的影响

组织认同是员工在职场中的一种心理感受，是员工对组织-员工这种社会交换关系的心理上的体会和认知。任何形式的组织-员工关系的建立，都必然会涉及组织给予员工的报酬和员工为组织正常运作所做的努力，不可能存在单方面付出的失衡关系，这种情况在任何文化情景下都一样，从本质上来讲，组织-员工关系就是一种社会交换关系（Allen，Shanock，2015）。研究结果也发现，组织认同是良好组织-员工关系的重要结果变量，而与此同时，员工组织认同感越高，其实施职场伦理行为的可能性也就越高（Mathieu，Zajac，1990；Singhapakdi et al.，2015）。这也是十多年来组织信任和组织认同被诸多学者用来预测和讨论组织内部组织、群体和个体行为的原因所在（Das，Teng，2004；Colquitt，Scott，Lepine，2007）。

员工职场非伦理行为是一种职场负向角色外行为，对组织的认知和情感依赖是这种行为的重要动机来源。员工个体对组织认同感越低，其于工作场所施行非伦理行为受到的约束力就越弱。一项元分析研究指出，组织认同与员工职场角色外行为密切相关，如果员工认同自己是组织的一员，他（她）就会自愿遵循和维护组织的规章制度，也会自觉依照组织文化和组织价值观来指导自己的工作，所以也会很容易做出于组织有益的主动性行为；反之则相反（Riketta，2005）。van Dick 等（2004）的研究也指出，组织认同的某些维度会显著正向影响员工职场满意度，而职场满意度则早已被证明与职场负向行为显著负相关；Dukerich 等（2002）的研究也证明了这一点，组织认同程度的高低会显著影响员工职场伦理行为。

Dutton 等（1994）假设，员工组织认同程度的高低决定员工依附这个组织的认知的强弱。组织认同帮助人们理解他们的经历、组织他们的想法、做出他们的决定，以及自己的定位（Ashforth，Harrison，Corley，2008）。这也意味着，员工可以通过组织认同的激励，将自身努力与组织目标结合起来。强组织认同的个体更可能将组织目标设定为自己的目标。当为这些目标而工作时，从认知上来讲，也就是在从事自己的目标，并获得内在满意度。因此，高组织认同的员工几乎不可能感知到不利因素去支持自己的职场非伦理行为，因为他们已将其作为实现目标之必需（Rothausen et al.，2015）。

此外，组织认同包括与员工组织成员身份联系在一起的情感意义。由于自我提升动力，高组织认同的员工倾向于以组织成员身份为骄傲。这种渗透进组织情感参与的感觉能使员工容易以一种更积极的方式去评价他的工作（Boroş，Curşeu，Miclea，2011）。Loi 等（2014）进一步认为，组织认同与员工消极行为显著负相关，因为人们倾向于积极地考虑与他们自身联系在一起的事情。同样地，Rothausen 等（2015）也提出，组织认同影响个体行为，因为被认同的员工将感知他们的工作作为对自己组织成员身份的证明，并且会将对自身工作的积极评价认为是他们的组织认同。由于在感知组织认同时，员工的自我概念包含同样的属性，与组织一起行动，可以给他们的工作带来情感享受。

基于以上分析，本研究提出如下假设：

H3：组织认同对员工职场非伦理行为有负向影响。

3.3.4 组织认同在差序式领导与员工职场非伦理行为之间的中介作用

领导-员工关系也是一种重要的职场交换关系，认同感是其发生交换作用的关键要素。在现实职场中，上级领导要想有效影响员工以求上下协同一致，取得良好组织绩效，首要前提是取得员工的认可。这一点，在高权力距离和高人治主义的中国企业体现得尤为明显。基于中国文化情景的研究也表明，在中国企业，领导-员工关系是影响组织绩效最关键的一对关系，无论是领导还是员工，大都认为，相对于其他忠诚，对领导忠诚更为重要，所以，中国文化情景下的企业组织认同在某种程度上也就是领导认同（Chen, Tsui, 2002）。

非伦理行为被定义为"不为大多数群体成员所接受的非法或者不道德的行为"（Bazerman, Gino, 2012）。基于这个定义，非伦理行为的例子包括违背伦理标准、欺骗、偷窃以及各种形式的不诚信行为。虽然现有研究表明，差序式领导与员工职场非伦理行为有负向关系，但对于这种关系的解释却是多元的、不一致的（Songbo, Wei, 2013; den Hartog, de Hoogh A H B., 2009）。根据社会交换理论，得到领导偏私对待的员工将会从上级那里获得更多的信息、利益和回报，反过来，领导也会因此而赢得更多部属员工所回报的信任。领导者的公平、一致与否都可能会直接对员工的心理和行为造成影响。den Hartog 和 ae Hoogh（2009）的研究发现，上级在权利和公平方面的展现，对组织认同有正向影响，并能由此而导致部属更多的互惠行为和职场伦理行为。差序式领导者为了能让员工在组织中表现出更多的伦理行为，往往会通过提升其组织认同来促进个人价值观与组织集体愿景的一致性。根据社会认同理论，本研究认为，如前所述，源于差序式领导的组织认同，能在认知和情感上引起员工对其工作的积极评价，从而降低职场非伦理行为的可能性。换句话说，组织认同可能是解释差序式领导和员工非伦理行为之间关系的潜在机制。

在组织管理实践中，差序式领导通过对员工展现更多的关心、照顾、信任和资源倾斜，为员工提供清晰、明确的角色榜样（Henderson et al., 2009），并通过对组织伦理问题的处理，给员工传达"领导更欣赏哪类员工"的信号，从而进一步强化或弱化员工组织认同，而组织认同是员工消极行为的关键前因变量，直接影响员工职场非伦理行为（Vadera，Pratt，2013）。

基于以上分析，本研究提出如下假设：

H4：组织认同在差序式领导与员工职场非伦理行为之间起中介作用。

H4a：组织认同在差序式照顾沟通与员工职场非伦理行为之间起中介作用。

H4b：组织认同在差序式提拔奖励与员工职场非伦理行为之间起中介作用。

H4c：组织认同在差序式宽容犯错与员工职场非伦理行为之间起中介作用。

3.3.5 差序式领导对心理授权的影响

心理授权是自我意识表达的一个概念，对与别人关系状况的理解和认识是其重要渊源之一，心理授权的程度高低取决于对与他人关系尤其是与领导关系的认知程度的高低。也正因为如此，许多学者专注于领导-员工关系影响心理授权的相关研究。Kim 等（2005）研究后发现，上下级互动与交换关系显著正向影响员工的心理授权感；Wat（2005）也认为，上下级互动与交换关系对心理授权有显著提升作用；Dienesch 和 Liden（1986）经实证调查后则发现，员工心理授权的水平差异会因上下级互动关系的程度轻重而有差别，质量比较高的上下级关系下的心理授权水平更高，反之则相反。

国内学者也通过系列研究证明了上下级关系对心理授权的显著影响作用。王辉、张文慧和谢红（2009）研究发现，上下级之间的关系可以显著调节上级领导行为与员工心理授权知觉之间的关系；而潘静洲、周晓学和周文霞等（2010）则运用实证研究对上下级关系与员工心理授权感知之间的关系进行了检验，认为两者存在积极正向关系；还有部分学者研究认为，中国家长式领导-员工关系也会显著影响员工的心理授权感知（魏蕾、时勘，2010；张振刚、余传鹏、崔婷婷，2015）。

Keller 与 Dansereau（1995）认为，当上下级互动交换关系质量好时，主管会给予员工更多商议权并支持部属的自我价值,员工的控制知觉因而增加。此外,在授权赋能的过程中,领导者扮演辅助而非控制性的角色(Jaiswal, Singh, 2014),领导者会给予内团体成员更多的支持,花更多时间培训员工以确定员工具备应有的技能,领导者表现出越多指导行为,越能提升员工的自我效能。领导者与部属员工关系的研究显示,内团体成员不止被假定承担更多责任,更预期能对工作单位提供更多贡献(Liden et al., 2015)。所谓的增加工作责任,可视为增加自我决定知觉,而对工作单位提供更多的贡献则意味着增加影响力(Nahrgang, Seo, 2015)。主管与部属间的交换关系质量会影响员工心理赋能的程度,拥有高质量的主管与部属交换关系可以正面提升员工心理赋能的程度。

上下级之间互动与沟通的关系质量越高,将使员工更觉得工作有意义、自我效能感与自我决策感增加,也会觉得对组织有更多的影响力。差序式领导可以通过照顾沟通,让员工感受到组织家一般的温暖,提升员工的认同感和归属感;差序式领导可以通过提拔奖励使员工感受到为组织付出的意义,进而加强员工的积极性和工作绩效。同时,结合前述文献综述,本研究认为,差序式领导的宽容犯错维度应该对员工的心理授权感知有负向影响作用。

基于以上分析,本研究提出如下假设:

H5:差序式领导对心理授权有影响作用。

H5a:差序式照顾沟通对心理授权有正向影响。

H5b:差序式提拔奖励对心理授权有正向影响。

H5c:差序式宽容犯错对心理授权有负向影响。

3.3.6 心理授权对员工职场非伦理行为的影响

现代社会的不确定性越来越多,企业组织只有依靠一群忠诚可靠的员工才能更有效地应对快速变化的商业环境和国际竞争,而这一切,只有通过授权于员工才能实现(Islam et al., 2014)。授权,意味着信任,意味着远离控制,也意味着组织领导的领导方式在向着积极主动和战略承诺的风格转变。心理授权意为个体对任务的评估、认知所产生的内在动机与激励效果,包括能力、影响、意义和自我决定等四个方面(Sprei-tzer, 1995)。

从某种角度来看，心理授权可以被视为与工作有关的认知为基础的内在任务动机，会显著影响员工职场工作态度和工作行为。

研究者发现，心理授权能显著加强员工的自我效能，这不仅可以提高他们的工作满意度水平，也能增加他们对组织的承诺水平，进而促进职场正向行为，抑制职场负向行为（Islam et al.，2014；Kim et al.，2012）。Bandura（1986）认为，得到心理授权的员工会更有意愿也更积极主动地去执行职场行为。这个论点可以运用心理授权理论去做进一步解释，即当员工个体在职场能够感受到组织所赋予的权力时，他们会"超越"自身职责去做更多非本职工作的职场正向角色外行为，反之则相反（Spreitzer，2008）。同样，Blau（1964）的社会交换理论认为，现代员工非常喜欢心理授权的感觉，当他们感觉获得授权时，他们会展现出更高的职场满意度以及对组织更强的依赖度。在这一点上，Griffeth 等（2000）补充说，感觉到更多心理授权的员工往往会做出更多的职场主动行为和伦理行为，而那些感觉被组织忽略的员工则会自暴自弃或者试图伤害组织以唤起组织对他们的注意。根据 Islam 等（2014）的研究，综合考虑授权后所带来的收益，知觉心理授权的员工会更愿意和组织站在一起，也更愿意做出主动维护组织的行为。

由上可知，对于那些心理授权水平比较高的员工，他们更能感知到组织和上级的信任，对自己的职场能力和工作绩效也有更高的认知和期待，因而他们也会更有意愿采取积极的职场行为去维护组织的利益。员工职场非伦理行为更多是一种源自对组织或组织主要成员的负面情绪的职场行为，它的发生、传递以及扩散，与员工所知觉到的心理授权感直接相关，那些心理授权感知比较高的人，自信乐观、期望值高，对组织有高度的信任感和依赖度，不太可能从事职场非伦理行为。

基于以上分析，本研究提出如下假设：

H6：心理授权对员工职场非伦理行为有负向影响。

3.3.7　心理授权在差序式领导与员工职场非伦理行为之间的中介作用

Druskat 和 Wheeler（2001）调查自我管理团队时发现，若领导者愿意与成员建立关系,支持员工、教导员工、授予员工自主权,则能提升团队的产出与效能。领导者与部属关系质量佳时,领导者对部属信任、互动、支持与奖酬程度较高(Jensen, Luthans, 2006),也会授权给内团体成员。当权力被分配时,员工的工作所有权感将会被提高,且每一位员工会做出更多职场主动行为,进而创造更大贡献(Treviño, 2014)。另外,员工最了解何种行为方式和工作策略是绩效改进的有效方法(Guthrie, 2001),因此当员工被赋予更多自主权去执行其工作时,他们的实施职场伦理行为的积极主动性会得到提升(Miller, Monge, 1986; Choy, McCormack, Djurkovic, 2016)。Thomas 与 Tymon(1994)亦发现,对于如何进行工作任务有选择权的员工,比起那些只有少数自主权的员工,会表现出较主动的角色外行为和更好的绩效。换言之,若领导者提升对员工的信任,给予员工决策所需的信息以及执行任务时的自主权,并对员工所做的决定给予支持,随着决策权的增加,协助员工发展能力,取得更多所需的资源以决定工作流程的配置、时间分配,或其他种类的资源配置议题,使部属获得较多的自主权,也感受到较高的自我决定感,依据社会交换理论,部属会更加努力地工作或做出更多有利于组织的正向角色外行为来回报上级领导,反之则相反。国内的研究也证明了心理授权在其中的中介作用,如郑晓明、刘鑫(2016)的研究发现,心理授权在互动公平和员工幸福感即角色内行为之间有部分中介作用;颜爱民、陈丽(2016)认为,高绩效工作系统可以通过心理授权影响员工职场行为;张华等(2014)指出,心理授权是职场授权氛围和员工主动性之间的中介变量;游浚、靳强强、李忆(2014)研究也发现,员工知觉到的职场不安全感会通过心理授权负向影响职场正向情绪。

　　由以往文献可知,当部属员工知觉到上级领导的授权行为时,他们的内在动机和积极意愿会被激活,从而做出更多有利于组织或者上级领导的角色内或者角色外行为。因此,本研究认为,心理授权其实就是一个内在动机概念,指的是员工个体在知觉和体会上级领导给予的信任和交予的任务时的内在心理历程,它可以改善职场领导-员工关系,激发员工职场主动性,激励员工做出更多的角色外行为,同时也可以降低员工施行职场非伦理行为的可能性;反之则相反。在职场中,相对而言员工是弱势群体,他们需要取得组织和领导的信任与支持，才能有机会获得更好的绩效和更高的成就；但与此同时，组织环境是有很强不确定性的，组织资源又是有限的，这些限制的存在，会出现职场信息不对称，影响员工的信息获取，从而很难获得组织和上级领导的关注与认可，进而影响工作效率。差序式领导可以通过对员工施行有针对性的照顾沟通和提拔奖励，让员工感受到组织和上级领导的关心与信任，获得心理授权感知、提升信任水平，进而降低职场非伦理行为；反之则相反。

基于以上分析，本研究提出如下假设：

H7：心理授权在差序式领导与员工职场非伦理行为之间起中介作用。

H7a：心理授权在差序式照顾沟通与员工职场非伦理行为之间起中介作用；

H7b：心理授权在差序式提拔奖励与员工职场非伦理行为之间起中介作用；

H7c：心理授权在差序式宽容犯错与员工职场非伦理行为之间起中介作用。

3.3.8 权力距离对员工职场非伦理行为的影响

权力距离（power distance）是 Hofstede 文化五维度之一，意为员工个体对于组织权力分配不平等状况的接受程度（Hofstede，1980）。Clugston 等（2000）指出，个体会因个性差异而产生不同的权力距离感，因此将权力距离定义为个体对组织或者团队中权力不平等分配情况的接受程度。上级和部属之间的关系一般都是上令下从的关系（Hofstede，2001），上下级之间会由于职位和权力的不平等而产生某种程度的距离感和隔阂感，所以部属员工对上级领导常常会有"敬而远之"的感觉，很少主动向上级做出主动沟通和寻求反馈的行为（Hofstede，1980）。

在华人企业，受传统文化影响，因上级领导所掌握的职位权力和相关资源，会有更高的威权和更多的话语权，部属员工更能够接受上级领导的偏私对待（Hofestede，2004）。所以如果上级领导在组织中对某些部属施予更多的偏私行为，不会给部属员工带来不公平的感觉，因为员工认为这是应该的，也是正常的。前述文献也对此做出了说明，差序式领导的差别对待让员工感到更加亲切，也更能激励员工努力工作、积极表现，以获得上级领导的信任和认可，从而获取更多的组织资源（姜定宇、张菀真，2010；徐玮伶，2004；郑伯埙，1995）。这是中国文化中的传统价值期待，符合中国人的价值认知。而事实上，即使在西方的企业中，也认为对员工区别对待并不会导致不公平的现象，因为不同的个体对组织有不一样的付出，对所有员工一视同仁才会真正引起员工不公平的感觉（Sias, Jablin, 1995）。郑伯埙（2005）也指出，差序式领导可以让组织之间和员工之间的资源分配变得更为合理；而上级领导对那些忠诚度高、才能突出的部属员工给予更多的关照和支持，会让组织更有激情、更具凝聚力（Witt, Redding, 2013）。

根据权力距离的概念定义，本研究认为，部属员工权力距离感越高，其对职责本身的责任和义务就越没有疑义，也越能听从上级领导的安排，做好本职工作（Tian, Peterson, 2016）；同时也比较遵从权威，不会过于计较权力和责任以及义务之间的互惠和对等（de Meulenaer, de Pelsmacker, Dens, 2017）。也就是说，部属员工权力距离感越高，就越能认可上级和权威的态度、决策和行为，越能接受组织内部权力分配的不平等（Farh, Hackett, Liang, 2007）。因此，部属员工的权力距离感可能会影响员工的职场行为：员工个体的权力距离感越高，越会认同和执行组织与上级领导的政策，越可能做出合乎其价值定位的职场角色内行为，而且不会因上下级关系而影响太多（Chou, Cheng, Jen, 2005）；与之相对应，员工个体的权力距离感越低，其对上级领导的权力差别认同程度也就越小，更容易站在一个相对平等的立场去审视上级领导的态度和行为，也就是说其职场行为比较容易受上级领导的态度和行为的影响。因此，本研究认为，权力距离比较高的部属员工更容易遵从上级权威，更容易遵守组织制度，更容易恪守本分，从而也更不容易施行职场非伦理行为。

基于以上分析，本研究提出如下假设：

H8：权力距离对员工职场非伦理行为有负向影响。

3.3.9 权力距离在差序式领导与员工职场非伦理行为之间的调节作用

在敬畏权威的文化影响下，权力距离感较强的员工一般不会主动向上级反馈职场困惑、绩效求助等方面比较敏感的信息。随着社会的发展与进步，虽然上级与下级的权力距离感得到一定程度的改善，但根本上权力距离仍然没有太大的变化，不同成长环境或不同特性的部属员工对上级权威敬畏程度的差异，或许会对领导风格和部属行为之间的关系产生一定的影响。

首先，权力距离体现的是员工个体对组织中权力不平等分配的认可程度。高权力距离员工敬畏权威，认为上下级之间的等级和地位差异是应该的，并能坦然接受上级发出的各种指令；低权力距离员工则倾向于认为组织中的任何一个个体都是一样的，彼此平等，不存在上级权力高于下级的说法，更不应根据上级的理念和行为来进行下级的自我调整。其次，对于低权力距离员工而言，其常常会与两方面的不确定性联系在一起：不可预测性和不可控性（Hom et al., 2009）。低权力距离的员工会发现他们自己很难去预测在将来会发生什么，他们会在工作环境中遇到不知道该做什么以及不知道期望什么的不确定性，他们拥有强烈的动机去恢复其在组织中本该享有的社会地位。相反，拥有高权力距离的员工则会对他们的将来和组织成员身份有一定的感觉，他们认为组织已经满足了有关员工心理契约的核心责任，他们更易于在组织中发展自己的忠诚（King，2000）。第三，低权力距离导向的员工将会有高水平的自我价值感，而高水平导向的员工则相反，他们的自我价值感往往建立在与上级的各种正式或非正式的关系基础之上。低权力距离导向员工的组织认同更容易受差序式领导的影响，因为领导的差别对待会影响他们对于上下级关系的认知，一旦领导表现出偏私行为，他们就会对此行为做出反应，进而影响对组织的认同感。由于不确定性降低和自我提升需求的程度不同，差序式领导和组织认同之间关系的强度可能会因员工拥有的不同水平的权力距离而发生改变。相对于高权力距离的员工，低权力距离的员工对不确定性降低和自我提升会有更强烈的动机。对于他们来说，上级领导的差别对待给他们提示了有关他们工作的未来和组织成员身份的关键信息，这会帮助他们减轻不确定性。同时，来自上级领导的情感支持和自主权也可以帮助加强他们的自尊。

此外，由前述文献综述可知，在职场工作中，权力距离不同的个体所感知到的权力不公平分配的程度是不一样的，不同的员工会有不一样的权力距离感知。也就是说,对于权力距离感比较高的员工,其不会过于在意组织权力分配的均衡与否,权力分配不公或者上级区别对待,他们认为是理所当然的事情;但权力距离感比较低的员工则恰恰相反,他们会更在意职场事件所体现出来的公平理念,也会对组织或者上级领导表现出来的不同待遇更为敏感(Liu et al.,2013)。研究也认为,职场所发生的上级不公平对待或者言语上、行为上的冒犯,并不会给高权力距离员工带来太大的反应;但低权力距离员工则对此更为敏感,也容易做出一些反应比较激烈的言行举止(Kirkman et al.,2009)。高权力距离员工的职场言行并不会受组织或者上级领导的太多影响,亦即组织或者上级领导在组织资源分配中的政策或者行为偏颇,不会给他们带来太多的心理波动和行为影响;相对而言,低权力距离员工则会因此而受影响更多。

综上所述,本研究认为,差序式领导与员工职场非伦理行为之间的关系可能会受员工权力距离高低的影响。亦即高权力距离员工对上级领导的差序式偏私对待更能容忍,他们更倾向于认可上级职位和权力的合法性和威严性,更容易接受上级在组织资源分配方面所做的决策,因此其亦不会因此而表现出太大的情绪或者心理波动,也不太可能因此而受到过多的负面影响。反之,低权力距离员工则不一样,他们会更在意分配的公平与否,对于与上级领导之间的权力分配更为敏感,更难接受在组织上受到不公平的待遇,从而也就更容易做出较为激烈的职场反应。

基于以上分析,本研究提出如下假设:

H9:权力距离在差序式领导与员工职场非伦理行为之间起调节作用。

H9a:权力距离在差序式照顾沟通与员工职场非伦理行为之间起调节作用。

H9b:权力距离在差序式提拔奖励与员工职场非伦理行为之间起调节作用。

H9c:权力距离在差序式宽容犯错与员工职场非伦理行为之间起调节作用。

3.3.10 权力距离在差序式领导与组织认同和心理授权之间的调节作用

由前述文献综述和假设推演可知,权力距离也有可能在差序式领导与组织认同和心理授权之间存在一定程度的调节作用。差序式领导的文化假设认为，部属员工权力距离感越高，其越能接受组织内部权力不平等分配的现实，同时上级领导对部属员工的影响也更大，而且部属员工也更能接受上级领导的相关决策与要求（Hofstede，1980）。高权力距离员工更容易将差序式领导的偏私对待视为一种合理的内部交换（郑伯埙，2004），从而知觉到更高水平的组织认同和心理授权；而对于低权力距离员工来说，他们更容易强调人与人之间的权力平等，上级领导应该平等对待部属员工，不应该过于偏私对待，因此，当上级领导在职场展现差序式领导时，他们所感知到的组织认同和心理授权程度的高低应该会不同于高权力距离员工。

基于以上分析，本研究提出如下假设：

H10：权力距离在差序式领导与员工组织认同之间起调节作用。

H10a：权力距离在差序式照顾沟通与员工组织认同之间起调节作用。

H10b：权力距离在差序式提拔奖励与员工组织认同之间起调节作用。

H10c：权力距离在差序式宽容犯错与员工组织认同之间起调节作用。

H11：权力距离在差序式领导与员工心理授权之间起调节作用。

H11a：权力距离在差序式照顾沟通与员工心理授权之间起调节作用。

H11b：权力距离在差序式提拔奖励与员工心理授权之间起调节作用。

H11c：权力距离在差序式宽容犯错与员工心理授权之间起调节作用。

3.3.11 权力距离在组织认同中介效应中的调节作用

Farh、Hackett 和 Liang（2007）认为，权力距离与员工组织认同感存在正相关关系，权力距离越高，员工的组织认同感就越强；王喜彦（2013）的研究也证明了这一点。因此，依照 Farh、Hackett 和 Liang（2007）以及王喜彦（2013）的研究结果，权力距离可能在调节差序式领导与员工组织认同之间的关系时，还会直接影响组织认同。

在前面假设 H10 中，本研究认为，员工权力距离在差序式领导与员工组织认同之间存在调节作用。倘若此假设成立，那么在权力距离进入本模型后，可能会存在学者们所说的三种情况（温忠麟、张雷、侯杰泰，2006）：一是权力距离的调节效应通过员工组织认同的中介作用影响员工职场非伦理行为；二是员工组织认同在差序式领导与员工职场非伦理行为之间的中介作用被权力距离所调节；三是前面两种可能的混合。

本研究认为，当员工面对上级领导的偏私对待时，组织认同感知会受到影响，进而作用于其职场非伦理行为。从领导-成员交换理论的观点来看，高权力距离感的员工对组织、上级和工作会更为认可和信任，组织认同感也会更高，不太容易实施职场非伦理行为。因此，本研究认为，权力距离一方面会调节差序式领导与组织认同之间的关系，另一方面也会通过对组织认同这一中介的调节对员工职场非伦理行为产生影响。

基于以上分析，本研究提出如下假设：

H12：权力距离对员工组织认同在差序式领导与员工职场非伦理行为之间的中介效应具有调节作用。

H12a：权力距离对员工组织认同在照顾沟通与员工职场非伦理行为之间的中介效应具有调节作用。

H12b：权力距离对员工组织认同在提拔奖励与员工职场非伦理行为之间的中介效应具有调节作用。

H12c：权力距离对员工组织认同在宽容犯错与员工职场非伦理行为之间的中介效应具有调节作用。

3.3.12　权力距离在心理授权中介效应中的调节作用

Chen、Zhang 和 Wang（2014）的研究认为，权力距离与员工心理授权感知存在正相关关系，权力距离越高，员工的心理授权感知就越强；郑晓明、刘鑫（2016）的研究也证明了这一点。因此，依照 Chen、Zhang、Wang（2014）和郑晓明、刘鑫（2016）等人的研究结果，权力距离有可能在调节差序式领导与员工心理授权之间的关系时，还会直接影响员工心理授权感知。

依据前面假设 H12 的推导逻辑，本研究提出相应假设：

H13：权力距离对员工心理授权在差序式领导与员工职场非伦理行为之间的中介效应具有调节作用。

H13a：权力距离对员工心理授权在照顾沟通与员工职场非伦理行为之间的中介效应具有调节作用。

H13b：权力距离对员工心理授权在提拔奖励与员工职场非伦理行为之

间的中介效应具有调节作用。

H13c：权力距离对员工心理授权在宽容犯错与员工职场非伦理行为之间的中介效应具有调节作用。

3.4 研究假设汇总

通过对现有文献的理论梳理和现实观察，本研究拟将组织认同和心理授权作为中介变量，权力距离作为调节变量，探讨差序式领导对员工职场非伦理行为的影响机制。本研究具体假设汇总如表3-1所示。

表3-1 本研究假设汇总

假设	假设内容
H1	差序式领导对员工非伦理行为有影响作用
H1a	差序式照顾沟通对员工非伦理行为有负向影响作用
H1b	差序式提拔奖励对员工非伦理行为有负向影响作用
H1c	差序式宽容犯错对员工非伦理行为有正向影响作用
H2	差序式领导对员工组织认同有影响作用
H2a	差序式照顾沟通对员工组织认同有正向影响
H2b	差序式提拔奖励对员工组织认同有正向影响
H2c	差序式宽容犯错对员工组织认同有负向影响
H3	组织认同对员工职场非伦理行为有负向影响作用
H4	组织认同在差序式领导与员工职场非伦理行为之间起中介作用
H4a	组织认同在差序式照顾沟通与员工职场非伦理行为之间起中介作用
H4b	组织认同在差序式提拔奖励与员工职场非伦理行为之间起中介作用
H4c	组织认同在差序式宽容犯错与员工职场非伦理行为之间起中介作用
H5	差序式领导对心理授权有影响作用
H5a	差序式照顾沟通对心理授权有正向影响
H5b	差序式提拔奖励对心理授权有正向影响
H5c	差序式宽容犯错对心理授权有负向影响
H6	心理授权对员工职场非伦理行为有负向影响
H7	心理授权在差序式领导与员工职场非伦理行为之间起中介作用
H7a	心理授权在差序式照顾沟通与员工职场非伦理行为之间起中介作用
H7b	心理授权在差序式提拔奖励与员工职场非伦理行为之间起中介作用
H7c	心理授权在差序式宽容犯错与员工职场非伦理行为之间起中介作用

（续上表）

假设	假设内容
H8	权力距离对员工职场非伦理行为有负向影响
H9	权力距离在差序式领导与员工职场非伦理行为之间起调节作用
H9a	权力距离在差序式照顾沟通与员工职场非伦理行为之间起调节作用
H9b	权力距离在差序式提拔奖励与员工职场非伦理行为之间起调节作用
H9c	权力距离在差序式宽容犯错与员工职场非伦理行为之间起调节作用
H10	权力距离在差序式领导与员工组织认同之间起调节作用
H10a	权力距离在照顾沟通与员工组织认同之间起调节作用
H10b	权力距离在提拔奖励与员工组织认同之间起调节作用
H10c	权力距离在宽容犯错与员工组织认同之间起调节作用
H11	权力距离在差序式领导与员工心理授权之间起调节作用
H11a	权力距离在照顾沟通与员工心理授权之间起调节作用
H11b	权力距离在提拔奖励与员工心理授权之间起调节作用
H11c	权力距离在宽容犯错与员工心理授权之间起调节作用
H12	权力距离对员工组织认同在差序式领导与员工职场非伦理行为之间的中介效应具有调节作用
H12a	权力距离对员工组织认同在照顾沟通与员工职场非伦理行为之间的中介效应具有调节作用
H12b	权力距离对员工组织认同在提拔奖励与员工职场非伦理行为之间的中介效应具有调节作用
H12c	权力距离对员工组织认同在宽容犯错与员工职场非伦理行为之间的中介效应具有调节作用
H13	权力距离对员工心理授权在差序式领导与员工职场非伦理行为之间的中介效应具有调节作用
H13a	权力距离对员工心理授权在照顾沟通与员工职场非伦理行为之间的中介效应具有调节作用
H13b	权力距离对员工心理授权在提拔奖励与员工职场非伦理行为之间的中介效应具有调节作用
H13c	权力距离对员工心理授权在宽容犯错与员工职场非伦理行为之间的中介效应具有调节作用

3.5 本章小结

本章在文献回顾的基础上,基于差序格局理论、领导-成员交换理论、社会认同理论以及激励理论等,对本研究的概念模型进行了理论构建;同时,进一步结合现实状况,对差序式领导影响员工职场非伦理行为的"组织黑箱"做了相应的假设推导。主要假设包括:差序式领导对员工职场非伦理行为的直接影响,组织认同和心理授权在差序式领导与员工非伦理行为之间的中介作用,权力距离在差序式领导与员工非伦理行为之间、差序式领导与组织认同之间、差序式领导与心理授权之间以及对中介效应的调节作用。总共33个分假设有待后续实证检验。

第四章 研究设计与预调查

在本章，将以前文所建构的理论模型为基础，首先对主要变量的定义进行准确界定，并结合相关研究，参考和借鉴现有相关成熟量表，在秉承实证研究问卷设计主要原则的基础上，对问卷进行初步设计；其次对初始问卷进行小样本预测试，同时根据相关数据结果，结合相关专家学者和被试群体的意见建议，做进一步的修正和调整；最后，确定最终问卷，准备进行大样本调查。

4.1 变量操作性定义

1. 自变量

现有差序式领导研究所面临的最大难题在于：如何有效地将"差"与"序"进行准确区分并做有效整合？"差"强调"亲亲"原则的横向沟通，"序"注重"尊尊"原则的纵向等级，目前的研究暂时还无法比较完美地设计出同时包含两者的有效测量量表。而在主流领导理论研究中，普遍认为领导现象和领导方式源自部属感知，即领导方式是部属员工对上级领导方式的主观知觉。也正因为如此，姜定宇和张菀真（2010）从上级差别对待角度对差序式领导进行了定义，并结合相关文献对狭义角度的差序式领导进行了界定并开发出相应量表，从而为后续相关研究奠定了重要的基础。

本研究借鉴姜定宇和张菀真（2010）的研究，从狭义角度的上级差别对待将中国式之差序式领导（differential leadership）定义为："在人治主义的氛围下，中国式企业领导者对不同部属会有不一致的领导方式，并且对其较偏好的部属给予较多偏私的领导风格。"本定义包括三个结构维度。第一，照顾沟通。指领导者与部属在公事上或私底下的互动，以及双方意见想法交流程度会有所差异，包含决策沟通与照顾支持的领导行为皆有偏私作风。第二，奖励提拔。指领导者对部属积极性的差序式领导，领导者对于部属在酬赏、晋升及训练上均有所差异。第三，宽容犯错。指领导者对部属消极性的差序式领导，也就是领导者对于部属在工作上所犯的错误与职务上的要求有偏私作风，大事化小、小事化了，乃至亲自为部属职场错误背书。

2. 中介变量

（1）组织认同（organizational identity）。本研究参考徐玮伶和郑伯埙（2005）的研究，将组织认同定义为："组织成员感知到与其所加入的组织一致性过程及相应的行为表现，强调个体对组织的归属感和与组织的一致性。"

（2）心理授权（psychological empowerment）。本研究以 Spreitzer（1995）所提出的论点为基础，将心理授权定义为："员工在执行任务的过程中，心中感受到被赋予的、能使其顺利完成任务的弹性权力。"

3. 调节变量

本研究参考 Chen 和 Aryee（2007）的研究，将权力距离（power distance）定义为："个人在组织中，能接受与主管之间权力分配不平等的程度，并依照其程度不同区分成高权力距离及低权力距离。"

4. 因变量

参考文献综述相关研究的描述（Treviño et al.，2006；Kaptein，2008；Treviño，2010；Kish-Gephart et al.，2010；Shu et al.，2012），本研究将员工职场非伦理行为定义为："一种由员工在职场施行的违反法律规范或违背大众普遍认可和接受的社会伦理规范的行为，它包括违法乱纪、传播谣言、消极怠工、职场欺凌、欺骗撒谎等。"

4.2 变量测量量表

在前述主要假设的基础上，本研究对差序式领导、组织认同、心理授权、权力距离以及非伦理行为进行了清晰界定，并在大量搜集国内外相关变量的基础上，采用最符合本研究需要和目的的测量量表来进行问卷调查。本研究所有问卷均采用李克特五分量表的形式。

4.2.1 差序式领导测量量表

本研究采用姜定宇和张菀真（2010）利用68家中国台湾企业312份问卷所编制的照顾沟通、宽容犯错和提拔奖励三个维度差序式领导量表（differential leadership，DL），来衡量上级领导对不同部属员工的偏差对待程度。该量表共14个题项，其中照顾沟通维度5个题项，提拔奖励维度5个题项，宽容犯错维度4个题项，具体如表4-1所示。该量表在我国台湾地区正得到越来越广泛的应用，且多项研究均表明量表信度、效度良好。

表 4-1 差序式领导测量量表

子维度	编号	题项内容
照顾沟通	DL1	较常嘘寒问暖
	DL2	花较多时间进行个别指导
	DL3	接触和互动较为频繁
	DL4	对于急难状况，较会伸出援手
	DL5	较常委派该名部属传达讯息
提拔奖励	DL6	给予较大数额的奖赏
	DL7	主动提供、保留可能升迁的机会
	DL8	给予较多可以获得奖励的机会
	DL9	指派较重要且容易取得绩效的工作
	DL10	给予较快的升迁速度
宽容犯错	DL11	给予的处罚较轻微
	DL12	较不会追究该名部属所犯的错误
	DL13	对该名部属所犯的错，较会睁一只眼闭一只眼
	DL14	较少因为工作上的失误而受到责备

量表来源：姜定宇、张菀真（2010）

本研究的差序式领导重点是对被试员工直属领导的差别对待程度进行测量，因此在问卷设计时借鉴了姜定宇和张菀真（2010）的研究，将问卷量表的提示语设计为"在工作场合中，每位主管有着风格各异的领导方式，而有些主管会将部属区分为自己人和外人，下列题项描述主管可能的行为表现，请依照'你与直属主管互动时的实际经验'，从1—5中选出最适合的数字，并在相应的数字处画'√'"，并在题项最上方特别注明"相较于外人部属，你的主管在对待自己人部属时……"，希望可以通过这种比较的方式从员工角度去了解上级领导的差别对待程度。

另外，结合现有文献研究，本研究认为，虽然差序式领导现象长期存在于中国企业组织管理实践中，但其理论研究也只是兴起于近几年，所以无论是内涵界定还是量表开发都有不少需要进一步完善的地方。就量表而言，姜定宇和张菀真（2010）开发的量表没有对自己人部属和外人部属加以区分，而是要求作答者从第三者的身份对日常工作中的领导行为方式进行评价，以此来获得相应的偏私程度数据，这样做的一个好处是可以消除或者降低部属的戒备心理，从而较为客观地对上级的领导风格进行描述。虽然现有差序式领导量表仍有亟待完善之处，譬如差序融合、内外区分等，但对于一个尚处于初步发展阶段的构念，目前的量表仍不失为一个相对理性和满意的选择（王磊，2013）。

4.2.2 员工职场非伦理行为测量量表

在员工职场非伦理行为变量的采用方面，参考由 Tang、Chen（2008）在 Luna-Arocas、Tang（2004）及 Chen、Tang（2006）基础上编制的量表对非伦理行为进行测量，举例题项"为了私人目的使用办公室的办公用品"。该量表设五个维度（资源滥用、不作为、偷窃、腐败和欺骗）共15个题项。具体如表4-2所示。在问卷施测环节，为了降低被试的警惕性，提高职场非伦理行为的测量效果，参考前人相关研究，根据映射理论的原理，通过让被调查者观察同事的职场非伦理行为来间接测量被试的职场非伦理行为（张永军，2012，2015；张燕，2012）；同时通过反复翻译、测试、修正，以更加明确题目语句表达的清晰、准确程度；并在问卷题项中设置反向题，以便研究者在问卷收集后对一些质量不好的问卷加以调整或者删除。有关问卷有效性保证的措施在随后的社会赞许性偏差处理环节有更为详细的介绍。

表4-2 员工职场非伦理行为测量量表

编号	题项内容
UB1	为了私人目的使用办公用品（如纸、笔、复印机等）
UB2	在工作中使用手机打私人长途电话
UB3	上班期间上网冲浪、玩电脑游戏或进行社交活动
UB4	滥用公司费用账户或伪造会计记录
UB5	未经批准私自借用公司/部门经费
UB6	带（公司）货物或者现金回家
UB7	将公司货物赠送给私人朋友（未收取任何费用）
UB8	为了增加销售额和获得更多的奖金，向顾客漫天要价
UB9	先给顾客"折扣"，然后再想办法向他们收取更多的费用
UB10	故意不让顾客了解他们自身的利益，以获取更多的金钱
UB11	因为某个人的职位和权力而接收他人的礼物、金钱和贷款
UB12	为节省公司资金或增加自己收入，想办法辞退员工
UB13	对顾客的偷窃行为熟视无睹
UB14	对员工的偷窃行为熟视无睹
UB15	对某公司或顾客提出的投诉熟视无睹

量表来源：Tang，Chen（2008）；Luna-Arocas，Tang（2004）；Chen，Tang（2006）

4.2.3 组织认同测量量表

在组织认同测量量表的采用上，本研究综合考虑中国文化情景和中国员工可能的心态，采用暨南大学郭静静（2007）在 Mael、Ashforth（1992）和 van Dick 等（2004）研究基础之上编制的"组织认同"测量量表。该量表共四个维度，即情感归属、自主行为、组织认同和积极评价，测量题项共14题。在实际应用中，该量表信度、效度良好。举例题项如"我会自觉根据公司目标来调整自己的个人目标"。具体如表4-3所示。

表4-3 组织认同测量量表

编号	题项内容
OI1	我会自觉根据公司目标来调整自己的个人目标
OI2	自觉认可所在组织的文化
OI3	经常与同事一起为公司发展出谋划策
OI4	不自觉地向别人宣传自己的公司和产品
OI5	别人诋毁我所在公司,我会难以接受
OI6	我经常关注有关公司的各方面信息
OI7	对别人针对公司提出的异议会据理力争
OI8	自己的付出和努力能够得到公司的认同
OI9	我满意公司安排给我的工作
OI10	我很喜欢这里的工作氛围
OI11	公司在薪酬待遇方面一视同仁
OI12	我会积极地解决工作中遇到的问题
OI13	我会自觉地以公司的制度来约束自己
OI14	能够主动调整自己对公司的不满情绪

量表来源:Mael,Ashforth(1992);van Dick(2004);郭静静(2007)

4.2.4 心理授权测量量表

本研究量表使用 Spreitzer(1995)开发,陈永霞、贾良定和李超平等(2006)引入国内的量表,从工作意义、工作自主性、自我效能和影响力四个维度对心理授权进行度量,代表题项如"我所做的工作对我来说非常有意义"。每一构面各三个题项,分别为第1—3题衡量"工作意义"、第4—6题衡量"工作自主性"、第7—9题衡量"自我效能"以及第10—12题衡量"影响力",共12题。在本研究的问卷设计中,此量表由受测者针对题项内容进行答述,作答型式采用 Likert 5点尺度量表衡量(1=非常不同意,……,5=非常同意),按照"非常不同意""不同意""一般""同意""非常同意"选项,得分愈高者表示心理授权程度愈高。将心理授权量表整理如表4-4所示。

表4-4 心理授权测量量表

编号	题项内容
PE1	我所做的工作对我来说非常有意义
PE2	我的工作对我非常重要
PE3	工作上所做的事情对我个人来说非常有意义
PE4	我自己可以决定我如何着手做我自己的工作
PE5	在如何完成工作上,我有很大的独立性和自主权
PE6	在决定我如何工作上,我有很大的自主权
PE7	我掌握了工作所需要的各种技能
PE8	我相信自己有干好工作上的各项事情的能力
PE9	我对我自己完成工作的能力非常有信心
PE10	我对发生在本部门的事情影响很大
PE11	我对发生在本部门的事情起着很大的控制作用
PE12	我对发生在本部门的事情有重大的影响

量表来源:Spretizer(1995);陈永霞、贾良定、李超平等(2006)

4.2.5 权力距离测量量表

在权力距离测量量表设计方面,本研究采用 Dorfman 和 Howell(1988)开发的问卷,该量表共6题,举例题项如"上级不应该把重要的事情授权给部属去解决"以及"领导不应该和员工过多交换意见"等。将权力距离量表整理如表4-5所示。

表4-5 权力距离测量量表

编号	题项内容
PD1	领导做决策时不需要征询我的意见
PD2	领导应该拥有一些特权
PD3	领导不应该和员工过多交换意见
PD4	上司应当避免与部属有工作之外的交往
PD5	部属不应该反对上级的决定
PD6	上级不应该把重要的事情授权给部属去解决

量表来源:Dorfman,Howell(1988)

4.2.6 控制变量的选择

在文献综述过程中研究发现,员工性别、婚姻状况、教育程度、职位层级、年龄、工龄以及与主管相识时间长短可能会影响本研究中的中介变量和结果变量,所以将之作为本研究的控制变量。性别分为男性和女性;婚姻状况分为未婚和已婚;年龄按不同跨度分为6个等级;职位分为普通员工、基层管理者、中层管理者和高层管理者;工龄按不同跨度分为5个等级;与主管相识时间按一定的时间跨度分为4个等级。

4.3 问卷设计

4.3.1 问卷设计原则

在对问卷进行设计时,首先必须考虑测量的科学准确性。为了更有效地获取所需数据,更准确地验证研究假设,本研究的问卷设计严格遵循以下原则(杨国枢,2006):①在设计问卷时,以研究目的为基础,使问卷内容与研究假设和研究情景相符;②问卷用语尽量客观,避免误导答题者;③语句表达应该简明扼要,避免出现重复事实的题项;④问题选项设计应该穷尽所有;⑤问题表述应该清晰易懂、简单易记,避免专业化、理论化和抽象化;⑥问卷指导语应该对研究目的作出说明,并承诺保密。

4.3.2 问卷设计过程

按照以上设计原则,本研究问卷设计步骤如下。

(1)大量阅读文献,建立更切合本研究实际的测量题库。首先在大量查阅国内外相关文献的基础上,围绕研究目的,对本研究相关核心概念进行清晰界定;其次,在前述基础上,搜集相关变量在国内外研究领域运用较为广泛的成熟稳定的量表;最后,比较各种量表,在综合考虑信度、效度及研究实际的基础上,形成本研究问卷的初始量表。

(2)对于一些本研究将用到的英文量表,通过英汉翻译,转化为中文量表。本研究共有差序式领导、组织认同、心理授权、权力距离和非伦理行为5

个变量，其中权力距离和非伦理行为 2 个变量的测量采用境外学者开发的成熟量表。在学术研究中，由于文化、语言和习惯都可能存在很大的差别，以致同样的字眼有可能表达的意思不一样，因此，不准确的翻译往往无法再现原有量表的真实意思，这就可能违背研究的初衷。要想有效解决这个问题，跨文化领域的研究专家认为应该采用"回译法"进行翻译。本研究根据专家的建议，参照相关研究的做法，首先请人力资源管理专业的一名老师和两名博士研究生分别将本研究拟采用的量表翻译为中文，然后再请高级翻译专业的两名硕士研究生重新将中文翻译为英文，并请本专业其他老师对比两种版本的测量量表，找出差异之处并做调整。如此反复三轮，最终确定正式中文量表。

（3）与业内专家及企业管理人员做小范围交流，对问卷草案进行调整，并最终形成初始问卷。在前述步骤及参照相关研究经验的基础上，先拟定问卷草案，然后就问卷所涉及的主要模块，如开卷语、内容布局、题目表达及顺序安排等进行专门的讨论。考虑到员工对职场非伦理行为的敏感性和可能的对抗意识，本研究将员工职场非伦理行为放至问卷的后半部分，以尽可能消除或降低被试者的戒备心。在某些题项的修正环节，还专门咨询了人力资源管理专业两位学术造诣深厚的同事，并在他们建议的基础上做了相应的调整，如员工职场非伦理行为采用自陈法的问法提出问题。最后，还就某些问题的表达与企业管理人员及学历层次较低的一线员工进行沟通交流，对问卷做了进一步的修正与完善。

（4）在前面几个步骤的基础上整理出初始问卷后，先进行小样本测试，然后根据具体情况做出相应的调整和修正，最终形成正式问卷。对初始问卷进行预调查的目的是尽可能考虑以及梳理实际调查中可能遇到的各种问题，将问题整理出来后，还须找相关行业专家进行请教，以让问卷更具可靠性。

4.3.3 社会赞许性偏差处理

在学术研究中采用自陈报告式调查，易出现社会赞许性偏差（social desirability bias），即个体会根据问卷实际，倾向于选择对自己有利或者无害的选项。在现实中，个体出于对社会赞赏和群体认可的渴望，经常会为了获得他人的尊重，或者给人留下好印象，或者规避可能的批评和惩罚，在问卷填写环节，不根据自己最真实的情况作答，而是倾向于肯定自己具有社会赞许的一面，否定自己可能不被社会和他人认可的特征和行为。问卷作答者的这种选择性倾向被称为赞许性偏差。当问卷调查出现这种情况时，会对数据结果造成干扰，以致没办法获取最精确的信息，最终影响研究结果的一致性和可靠性。这种情况在中国文化背景下可能会更突出，因为在中国人的心目中，面子是非常重要的，故有"饿死事小，失节事大"的说法，对社会规则也会更加认可与服从，因此也有可能会更容易出现社会赞许性偏差（杨国枢，2004）。

本研究均以自陈量表为主，社会赞许性偏差的情况很难避免。为了尽可能降低这一可能偏差的负面影响，使调查数据能够最真实准确地反映答题者的态度与行为，本研究在问卷设计和调查过程中借鉴国内外学者的常见做法进行规避（史江涛，2007；景保峰，2012）：一是在问卷采用上，尽可能使用已被验证过相对稳定成熟的测量量表；二是在语句表达上，尽可能避免个人主观倾向的流露，尽量保持客观中立；三是在问卷设计上，可以间中设置若干反向问题，从被试者的答题状况来检测数据的真实性；四是在问卷发放环节上通过各种方式承诺保密，不会泄露个人信息，并在现实发放和回收环节，以信封密封的形式进行问卷收发，回答亦是匿名；五是为了提高职场非伦理行为的测量效果，参考前人相关研究，根据映射理论的原理，通过让被调查者观察同事的职场非伦理行为来间接测量被试的职场非伦理行为（张永军，2012，2015；张燕，2012）。

4.4 预测试

4.4.1 预测试样本描述

在预测试环节，本研究采用以下方式对问卷加以收集：一是在企业工作的朋友中发放，现场访谈、填写并回收，发放30份，回收28份；二是在微信朋友圈以"问卷星"的形式发放，最后回收116份。本环节中所有问卷一共144份。按照问卷处理原则，将一些不合适的问卷剔除，譬如空白题项过多、统一选项过多、答案排序呈明显规律或者勾选答案不符合问卷题目要求等的问卷。剔除无效问卷后，最终得到有效预测试问卷109份，有效率为75.69%。

运用SPSS软件对有效预测试问卷进行数据处理结果表明，被试中男性51人，占46.8%；女性58人，占53.2%。已婚的89人，占81.7%；未婚的20

人，占18.3%。25岁以下的16人，占14.7%；26～30岁的30人，占27.5%；31～35岁的31人，占28.4%；36～40岁的22人，占20.2%；41～45岁的7人，占6.4%；46岁以上的3人，占2.8%。学历方面，被试者本科学历最多，有63人，占57.8%；硕士研究生及以上有6人，占5.5%；其他学历的占36.7%。被试者以普通员工为主，有70人，占64.2%；基层管理者有23人，占21.1%；中层管理者有14人，占12.9%；高层管理者有2人，占1.8%。单位性质方面，被试者主要来自民营企业，占比53.3%；国有企业10人，占9.1%；三资企业19人，占17.4%；科教文卫等事业单位11人，占10.1%；政府机构及其他单位11人，占10.1%。被试者工龄1年及以下的有16人，占14.7%；1～3年（含3年）的有49人，占45%；3～5年（含5年）的有28人，占25.7%；5～10年（含10年）的有14人，占12.8%；10年以上的有2人，占1.8%。在和主管认识的时间上，1年及以下的有23人，占21.1%；1～3年（含3年）的有54人，占49.5%；3～5年（含5年）的有18人，占16.5%；5～10年（含10年）的有12人，占11%；10年以上的有2人，占1.8%。具体详见表4-6。

表4-6 预试样本个人信息统计分布（$N=109$）

变量	分类	频次	百分比/%
性别	男	51	46.8
	女	58	53.2
年龄	25岁以下	16	14.7
	26～30岁	30	27.5
	31～35岁	31	28.4
	36～40岁	22	20.2
	41～45岁	7	6.4
	46岁以上	3	2.8
婚姻	已婚	89	81.7
	未婚	20	18.3
教育程度	高中（含职高）及以下	24	22.0
	专科	16	14.7
	本科	63	57.8
	研究生	6	5.5

(续上表)

变量	分类	频次	百分比/%
职位	普通员工	70	64.2
	基层管理者	23	21.1
	中层管理者	14	12.9
	高层管理者	2	1.8
单位性质	国有企业	10	9.1
	民营企业	58	53.3
	三资企业	19	17.4
	科教文卫等事业单位	11	10.1
	政府机构及其他单位	11	10.1
工龄	1年及以下	16	14.7
	1～3年（含3年）	49	45
	3～5年（含5年）	28	25.7
	5～10年（含10年）	14	12.8
	10年以上	2	1.8
认识时间	1年及以下	23	21.1
	1～3年（含3年）	54	49.5
	3～5年（含5年）	18	16.5
	5～10年（含10年）	12	11.0
	10年以上	2	1.8

4.4.2 预测试分析方法

本研究拟采用项目分析、信度分析、共同性检验及探索性因子分析等方法来检验问卷可能存在的问题，并据此加以修正与调整，为后续开展的正式大样本调查打好基础。

1. 项目分析法

项目分析法是问卷处理的重要方法之一，其处理逻辑在于：根据问卷题项测试结果，对各题项的好坏进行评价与区分，从而将一些质量不好的题项甄别出来。鉴别力检验和区分度检验是项目分析法的主要鉴别指标。鉴别力检验是将题项总分按高到低顺序排列，对前27%高分组和后27%低分组两组被试平均得分数之间的差异进行显著性检验的方法。在实际操作中，研究者可以利用独立样本 T 检验算出每个题项的临界比（也称 CR 值），若结果显示题项达到显著水平，则认为该题项可以鉴别出不同个体之间的反应程度，鉴别力比较不错，可以保留题项；若不显著，则应该考虑删除题项（吴明隆，2003）。在区分度检验方面，对总量表与各分量表不同题项之间的相关系数进行计算，然后通过系数对其显著与否进行考察。在实际操作中，Ebel 和 Fresbie（1991）的评价标准被广泛采用，即分值大于 0.40 的比较合适，分值介于 0.30～0.39 之间的基本合格，0.20～0.29 之间则可以考虑修改后使用，小于 0.20 的则可以全部删除。

2. 信度分析法

在社科研究领域，信度分析使用最广泛的是 Cronbach's α 系数（又被称为内部一致性 α 系数）。一般而言，按照 Hinkin（1998）的研究结论，Cronbach's α 系数如果大于 0.70 即被视为可以接受，大于 0.8 则代表甚为理想。在数据统计中，信度分析法一般根据某题项删除后而导致量表 Cronbach's α 系数的改变来对相关题项做出判断。在实际操作中，如果删除某题项后，新量表的整体信度系数反而高出原量表很多，则可以视为这个题项与本量表的同质性不高，应考虑删除或者调整。

3. 共同性和因子载荷法

在社科学术研究中，共同性表示某题项可以对共同或者相同属性变异程度进行解释。一般而言，如果测量中发现共同性系数很大，说明测量到此类相同特质程度很大；共同性系数很小，则意味着测量到此类特质程度很小。

因子载荷法在社科研究领域应该也非常广，它表示的是测量题项与不同因子的相关程度。题项与因子之间的因子载荷量越大，它们之间的相关系数就越大，其同质程度也就越高，反之则相反。在研究中，如果题项的共同性大于 0.20，或者因子载荷值大于 0.45 即可保留。

4.4.3 预测试分析结果

1. 项目分析

本研究参照相关实证分析步骤，首先将 109 个样本的题项进行得分加总后加以排序，以总分前、后 27% 的标准将之分为高、低分数两组，并且

对之进行独立样本 T 检验。数据分析结果表明，本研究的所有题项都通过了相关显著水平检测，具有良好的鉴别度，能够较为到位地对被试者进行相关变量的测量。而在题项得分与总得分的相关系数上，从表 4-7 可以看到，各皮尔逊相关系数最低为 0.471，最高为 0.866，均达到显著水平，这代表本研究所有量表的所有题项均具有非常良好的鉴别功能，具有统计学意义，无须删除任何题项。

表 4-7　量表的项目分析结果汇总

变量	题项	高低组临界比（CR）	题项与总分相关	备注
差序式领导	DL1	14.381	0.576	保留
	DL2	17.030	0.674	保留
	DL3	12.676	0.609	保留
	DL4	14.854	0.645	保留
	DL5	14.257	0.630	保留
	DL6	9.293	0.471	保留
	DL7	11.810	0.579	保留
	DL8	13.297	0.628	保留
	DL9	8.230	0.480	保留
	DL10	15.722	0.658	保留
	DL11	15.962	0.678	保留
	DL12	11.559	0.541	保留
	DL13	11.191	0.602	保留
	DL14	16.363	0.668	保留
组织认同	OI1	5.032	0.719	保留
	OI2	4.588	0.771	保留
	OI3	4.677	0.710	保留
	OI4	4.094	0.708	保留
	OI5	4.432	0.695	保留
	OI6	3.940	0.731	保留
	OI7	4.862	0.733	保留
	OI8	6.991	0.721	保留
	OI9	4.513	0.748	保留
	OI10	6.741	0.722	保留

（续上表）

变量	题项	高低组临界比（CR）	题项与总分相关	备注
组织认同	OI11	5.656	0.528	保留
	OI12	4.674	0.751	保留
	OI13	4.104	0.752	保留
	OI14	5.127	0.708	保留
心理授权	PE1	6.486	0.683	保留
	PE2	6.012	0.734	保留
	PE3	5.390	0.736	保留
	PE4	6.621	0.725	保留
	PE5	5.880	0.661	保留
	PE6	6.277	0.727	保留
	PE7	3.688	0.678	保留
	PE8	4.242	0.754	保留
	PE9	4.072	0.741	保留
	PE10	5.303	0.738	保留
	PE11	6.289	0.695	保留
	PE12	6.821	0.615	保留
权力距离	PD1	2.983	0.676	保留
	PD2	4.120	0.687	保留
	PD3	3.406	0.820	保留
	PD4	4.180	0.802	保留
	PD5	5.827	0.810	保留
	PD6	4.105	0.827	保留
非伦理行为	UB1	12.315	0.647	保留
	UB2	12.207	0.651	保留
	UB3	12.799	0.644	保留
	UB4	12.864	0.825	保留
	UB5	11.623	0.806	保留
	UB6	12.579	0.866	保留
	UB7	13.727	0.841	保留
	UB8	14.410	0.848	保留
	UB9	14.055	0.700	保留

（续上表）

变量	题项	高低组临界比（CR）	题项与总分相关	备注
非伦理行为	UB10	14.275	0.819	保留
	UB11	12.745	0.781	保留
	UB12	12.407	0.806	保留
	UB13	12.495	0.728	保留
	UB14	11.357	0.734	保留
	UB15	11.746	0.746	保留

2. 信度及探索性因子分析

（1）差序式领导。

1）信度分析。差序式领导之照顾沟通、提拔奖励和宽容犯错三个维度的 Cronbach's α 系数分别为 0.795、0.802 和 0.813，全部大于 0.7，这说明差序式领导之照顾沟通、提拔奖励和宽容犯错三个维度信度较高，且删除任一题项均无法增强对应量表的 Cronbach's α 系数。故认为本量表符合测量要求，无须考虑题项删除问题。具体如表 4-8 所示。

表 4-8 差序式领导量表初始 CITC（校正项总计相关性，下同）值及内部一致性信度

变量	题项	CITC 值	题项删除后的 α 值	Cronbach's α
照顾沟通	DL1	0.562	0.783	
	DL2	0.653	0.782	
	DL3	0.551	0.794	0.795
	DL4	0.672	0.792	
	DL5	0.568	0.801	
提拔奖励	DL6	0.621	0.779	
	DL7	0.522	0.779	
	DL8	0.576	0.806	0.802
	DL9	0.562	0.784	
	DL10	0.583	0.769	
宽容犯错	DL11	0.528	0.799	
	DL12	0.613	0.795	
	DL13	0.622	0.813	0.813
	DL14	0.563	0.795	

2) 探索性因子分析。对差序式领导量表进行 KMO 与 Bartlett 球形检验之后，*KMO* 为 0.776，Bartlett 球体检验的显著水平为 0.000，均符合统计要求，适合做探索性因子分析（马庆国，2002）。由探索性因子分析结果（表 4-9）可知，照顾沟通、提拔奖励和宽容犯错三个公因子的题项载荷均比 0.5 这个临界值大，合乎实证分析要求，无须删除相关题项。同时，累计方差为 72.106%，亦符合统计学意义。

表 4-9 差序式领导量表的小样本探索性因子分析

维度	题项	因子载荷	KMO 与 Bartlett 检验
照顾沟通	DL1	0.684	
	DL2	0.728	
	DL3	0.747	
	DL4	0.715	
	DL5	0.681	
提拔奖励	DL6	0.727	
	DL7	0.755	*KMO* = 0.776
	DL8	0.723	Bartlett 球体检验的显著水平 = 0.000
	DL9	0.777	累计方差 = 72.106%
	DL10	0.730	
宽容犯错	DL11	0.693	
	DL12	0.587	
	DL13	0.563	
	DL14	0.596	

（2）组织认同。

1）信度分析。由表 4-10 可知，组织认同量表所有题项 *CITC* 系数值均大于 0.5，合乎实证研究要求，且量表 Cronbach's α 系数大于 0.7，说明内部一致性信度良好。同时，删除任一题项均无法增强对应量表的 Cronbach's α 系数。故认为本量表符合测量要求，无须考虑题项删除问题。

表4-10 组织认同量表初始 CITC 值及内部一致性信度

变量	题项	CITC 值	题项删除后的 α 值	Cronbach's α
组织认同	OI1	0.541	0.840	0.853
	OI2	0.581	0.839	
	OI3	0.573	0.838	
	OI4	0.584	0.844	
	OI5	0.519	0.847	
	OI6	0.550	0.846	
	OI7	0.529	0.841	
	OI8	0.534	0.847	
	OI9	0.529	0.841	
	OI10	0.572	0.838	
	OI11	0.546	0.847	
	OI12	0.503	0.848	
	OI13	0.531	0.841	
	OI14	0.598	0.843	

2）探索性因子分析。对组织认同量表进行 KMO 与 Bartlett 球形检验之后，KMO 为 0.749，Bartlett 球体检验的显著水平为 0.000，均符合统计要求，适合做探索性因子分析（马庆国，2002）。由探索性因子分析结果（表4-11）可知，因子题项载荷均比 0.5 这个临界值大，合乎实证分析要求，无须删除相关题项。同时，累计方差为 69.362%，亦符合统计学意义。

表 4-11　组织认同量表的小样本探索性因子分析

变量	题项	因子载荷	KMO 与 Bartlett 检验
组织认同	OI1	0.656	
	OI2	0.721	
	OI3	0.753	
	OI4	0.766	
	OI5	0.761	
	OI6	0.686	
	OI7	0.718	KMO = 0.749
	OI8	0.725	Bartlett 球体检验的显著水平 = 0.000
	OI9	0.728	累计方差 = 69.362%
	OI10	0.714	
	OI11	0.521	
	OI12	0.626	
	OI13	0.671	
	OI14	0.710	

（3）心理授权。

1）信度分析。由表 4-12 可知，组织认同量表所有题项 $CITC$ 系数值均大于 0.5，合乎实证研究要求，且量表 Cronbach's α 系数大于 0.7，说明内部一致性信度良好。同时，删除任一题项均无法增强对应量表的 Cronbach's α 系数。故认为本量表符合测量要求，无须考虑题项删除问题。

表 4-12　心理授权量表初始 $CITC$ 值及内部一致性信度

变量	子维度	题项	$CITC$ 值	题项删除后的 α 值	Cronbach's α
心理授权	工作意义	PE1	0.678	0.853	0.871
		PE2	0.727	0.849	
		PE3	0.522	0.875	
	工作自主性	PE4	0.580	0.860	
		PE5	0.587	0.866	
		PE6	0.640	0.856	

(续上表)

变量	子维度	题项	CITC 值	题项删除后的 α 值	Cronbach's α
心理授权	自我效能	PE7	0.601	0.858	0.871
		PE8	0.605	0.858	
		PE9	0.555	0.872	
	影响力	PE10	0.538	0.868	
		PE11	0.538	0.863	
		PE12	0.701	0.851	

2) 探索性因子分析。对心理授权量表进行 KMO 与 Bartlett 球形检验之后，KMO 为 0.777，Bartlett 球形检验的显著水平为 0.000，均符合统计要求，适合做探索性因子分析（马庆国，2002）。由探索性因子分析结果（表 4-13）可知，因子题项载荷均比 0.5 这个临界值大，合乎实证分析要求，无须删除相关题项。同时，累计方差为 78.582%，亦符合统计学意义。

表 4-13　心理授权量表的小样本探索性因子分析

变量	子维度	题项	因子载荷	KMO 与 Bartlett 检验
心理授权	工作意义	PE1	0.743	KMO = 0.777 Bartlett 球体检验的 显著水平 = 0.000 累计方差 = 78.358%
		PE2	0.725	
		PE3	0.778	
	工作自主性	PE4	0.668	
		PE5	0.763	
		PE6	0.690	
	自我效能	PE7	0.788	
		PE8	0.785	
		PE9	0.756	
	影响力	PE10	0.723	
		PE11	0.766	
		PE12	0.678	

(4) 权力距离。

1) 信度分析。由表 4-14 可知，权力距离所有题项 CITC 系数值均大于 0.5，合乎实证研究要求，且量表 Cronbach's α 系数大于 0.7，说明内部一致性信度良好。同时，删除任一题项均无法增强对应量表的 Cronbach's α 系数。故认为本量表符合测量要求，无须考虑题项删除问题。

表 4-14 权力距离量表初始 CITC 值及内部一致性信度

变量	题项	CITC 值	题项删除后的 α 值	Cronbach's α
权力距离	PD1	0.622	0.856	0.870
	PD2	0.652	0.851	
	PD3	0.755	0.832	
	PD4	0.692	0.844	
	PD5	0.612	0.857	
	PD6	0.682	0.845	

2）探索性因子分析。对权力距离量表进行 KMO 与 Bartlett 球形检验之后，KMO 为 0.822，Bartlett 球体检验的显著水平为 0.000，均符合统计要求，适合做探索性因子分析（马庆国，2002）。由探索性因子分析结果（表 4-15）可知，因子题项载荷均比 0.5 这个临界值大，合乎实证分析要求，无须删除相关题项。同时，累计方差为 81.676%，亦符合统计学意义。

表 4-15 权力距离量表的小样本探索性因子分析

变量	题项	因子载荷	KMO 与 Bartlett 检验
权力距离	PD1	0.732	KMO = 0.822 Bartlett 球体检验的显著水平 = 0.000 累计方差 = 81.676%
	PD2	0.733	
	PD3	0.716	
	PD4	0.768	
	PD5	0.790	
	PD6	0.717	

（5）员工职场非伦理行为。

1）信度分析。由表 4-16 可知，员工职场非伦理行为所有题项 CITC 系数值均大于 0.5，合乎实证研究要求，且量表 Cronbach's α 系数大于 0.7，说明内部一致性信度良好。同时，删除任一题项均无法增强对应量表的 Cronbach's α 系数。故认为本量表符合测量要求，无须考虑题项删除问题。

表 4-16 员工职场非伦理行为量表初始 *CITC* 值及内部一致性信度

变量	维度	题项	*CITC* 值	题项删除后的 α 值	Cronbach's α
员工职场非伦理行为	滥用资源	UB1	0.526	0.961	0.866
		UB2	0.501	0.960	
		UB3	0.506	0.960	
	偷窃	UB4	0.798	0.957	0.931
		UB5	0.838	0.957	
		UB6	0.762	0.957	
	腐败	UB7	0.771	0.957	0.844
		UB8	0.827	0.957	
		UB9	0.785	0.957	
	欺骗	UB10	0.775	0.957	0.792
		UB11	0.753	0.957	
		UB12	0.839	0.957	
	消极怠工	UB13	0.728	0.958	0.911
		UB14	0.734	0.958	
		UB15	0.833	0.957	

2）探索性因子分析。对员工职场非伦理行为量表进行 KMO 与 Bartlett 球形检验之后，*KMO* 为 0.936，Bartlett 球体检验的显著水平为 0.000，均符合统计要求，适合做探索性因子分析（马庆国，2002）。对量表进行探索性因子分析之后，所得因子载荷（表 4-17）与原量表有点出入，旋转之后本研究根据数据结果将原量表的五个维度（资源滥用、偷窃、腐败、欺骗和消极怠工）整合为三个维度（滥用资源、违法乱纪和消极怠工），检验得对应因子题项载荷均比 0.5 这个临界值大，合乎实证分析要求，无须删除相关题项。同时，累计方差为 81.676%，亦符合统计学意义。但是，考虑到本研究的目的在于探索职场非伦理行为的整体有效性状况，并且维度二和维度一、维度三之间有一定程度的交叉负荷，鉴于此，本研究将采用员工职场非伦理行为的整体构面来展开后续的研究。

表 4-17 员工职场非伦理行为量表的小样本探索性因子分析

变量	维度	题项	因子载荷	KMO 与 Bartlett 检验
员工职场非伦理行为	滥用资源	UB1	0.850	KMO = 0.936 Bartlett 球体检验的显著水平 = 0.000 累计方差 = 83.594%
		UB2	0.878	
		UB3	0.822	
	违法乱纪	UB4	0.708	
		UB5	0.760	
		UB6	0.788	
		UB7	0.792	
		UB8	0.793	
		UB9	0.653	
		UB10	0.770	
		UB11	0.730	
		UB12	0.722	
	消极怠工	UB13	0.803	
		UB14	0.846	
		UB15	0.800	

4.5 初始问卷的修正与调整

在前述小样本数据获取和结果分析基础之上，结合被试填答实际情况，参考同行专业人士建议，本研究对问卷做了进一步的修正。

（1）修正部分测量题项。如题项 UB2"使用私人手机拨打长途电话"虽然勉强在前述各项测试中达到了检验标准，但其对应指标其实也不算太理想，直接删除也可以。但是考虑到问卷完整性的保持，本研究还是在咨询专家意见的基础上，结合中国企业员工的实际状态，从语句措辞到内容表达都进行相应调整，将之调整为"在工作中使用公司电话或者其他物品办理私人事务"；UB3 也是存在同样的问题，因此修正为"上班期间玩电脑游戏或进行私人社交活动"。在差序式领导问卷部分，为了更能迎合中国大陆地区的语言习惯和理解偏差，在原量表的基础上对表述做了细微的调整，如将题目部分的"升迁"改为"升职"、将"急难"改为"遇到困难"，同时在题项表述部分增加"与外人部属员工相比，您的领导在对他的自己人员工时的表现为……"之类的说明。

（2）修正部分员工个人信息。将"上级领导与你相识时间"调整为"您与直属主管的认识时间"，因为原题中的"上级领导"容易被员工混淆为直接上级领导与非直接上级领导。

对题项和员工信息修正后，《差序式领导对员工职场非伦理行为影响的调查问卷》分为两大部分：一是涵盖差序式领导、组织认同、心理授权、权力距离以及职场非伦理行为等分量表的主体部分，共有69条题项；二是反映员工个人资料的部分，有性别、婚姻状况、教育程度、职位状况、单位性质、工龄、与直属主管认识时间和年龄等8个项目。主体部分所有题项均以李克特五分量表的方式进行。

4.6 本章小结

本章首先承接前述文献综述和研究假设部分，对主要变量的概念定义加以清晰界定；其次是在广泛比较的基础之上，选用国内外比较成熟的测量量表，并由此组成初始问卷；再就是通过小样本调查进行预测试，并在预测试的基础之上做题项的修正与调整，为接下来的大样本正式调查打下坚实的基础。

第五章 数据分析与结果

在前面几章内容的基础上，本章将会展开大样本调查，并且对大样本调查的数据加以详细分析。本章内容包括数据收集、样本描述、数据分析与假设验证等部分，是本研究至关重要的一个环节。在本章，本研究将会采用 AMOS 24.0、SPSS 18.0 和 Process 插件等相关统计软件对大样本数据进行各种统计分析，包括描述性统计、T 检验、方差、相关、回归以及结构方程模型显著性检验等，以对本研究的假设进行逐一验证。

5.1 样本描述与收集方法

5.1.1 数据收集

在本研究的理论模型之中，包括自变量、中介变量、调节变量和因变量在内的主要变量都是潜变量，无法通过直接测量或者观察获得相应数据。因此，本研究在数据收集方面将会按照社会科学研究的标准范式，通过问卷调查的方式进行。

1. 取样范围与样本企业选择

在问卷发放环节，本研究首要考虑选取珠江三角洲和长江三角洲一带经济发达城市成立 5 年或 5 年以上的成熟企业作为样本企业，原因如下：

（1）两个三角洲是目前中国经济最为发达也最有活力的地区，两个地方的人群相对而言文化程度较高，思维较为活跃，观念较为开放，同时对中西文化的认知程度也比较高，对人与事的判断和处理标准较为相似，这对问卷和数据的可靠性得到保证。

（2）在挑选企业时，主要选取本土企业（非外资）展开调研，因为本土企业内部员工尤其是企业管理层领导基本上都是土生土长的中国人，受中国文化影响较为深刻，无论是企业文化、管理方式，还是员工理念，更能体现和凸显中国式差序格局。

（3）在企业成立年限的筛选上，本研究将取样企业聚焦于那些成立至少5年且员工人数大于100人的企业，这主要是因为，这一类型的企业相对而言会更为成熟、更为稳定，企业价值观、企业氛围以及管理模式也更具普遍性，可以在客观上帮助本研究尽可能地减少一些可能影响数据结果的不确定性因素。

2. 研究对象的确定

研究认为，领导风格指的是由员工感知到的上级领导的为人处事特征，这也是学术研究领域所一直强调的领导特性（P. G. Northouse, 2015）。同样，本研究主要是基于员工对直接上级领导风格的感知以及对自己职场非伦理行为的认知，对差序式领导与员工职场非伦理行为之间的关系以及可能的影响机制进行探讨。在这里，"上级领导"指的是组织通过正规途径选拔和任命的正式管理者，其具有合法的地位和职权，如部门经理、基层主管和车间主任等。因此，本研究的调查对象以企业普通员工为主，兼顾基层和中层管理者，涵盖一部分需要继续向上负责的高层管理者。

3. 问卷调查方法

在前述预调查及相应小样本数据分析的基础上，本研究参考专家意见对初始问卷做了一定程度上的调整修正，并形成最终问卷（相关文本附录部分）。在问卷正式派发之前，本研究通过朋友圈的关系与相关地区样本企业的中高层管理人员或者人力资源部经理先行沟通，告知本次研究渊源和用途，取得他们的理解和支持后，再将已准备好的问卷交给他们，让他们协助收集。在问卷收集过程中，为了尽可能地降低被试者的警惕性，也为了更好地保护被试者的个人隐私，每一份问卷都用信封装好，然后再告知他们问卷调查的原因和目的所在。被试者匿名作答以后，将问卷重新装回信封，交由人力资源部负责人协助收回，最后由研究者取回处理。

5.1.2　样本描述

在上述问卷收集环节，本研究共派发800份正式问卷，回收753份，有效问卷621份。在无效问卷甄选删除方面，本研究采取如下一些措施进行处理：第一，错答、漏答大于3题的问卷删除；第二，正向题项与反向题项明显违反常理的问卷删除；第三，问卷答案呈有规律排序的问卷删除；第四，某分量表全部选择第三选项（即不确定选项）或者选择过多的问卷删除；第五，问卷全部或者大多选择其中一个选项的问卷删除。与此同时，根据相关文献论述和专家建议，认为与主管认识时间太短可能会影响员工对上级差序式领导的真实感知，因此进一步将与主管认识时间不超过1年的被试者问卷删除，最终得有效问卷516份。本研究试图通过这种方式，确保最后所获取信息的准确性与真实性。

在描述统计分析方面，本研究采用SPSS 18.0对516份样本数据进行。统计分析内容主要包括性别、婚姻状况、受教育程度、工龄、管理层次、与主管认识时间以及年龄等个体特征，具体如表5-1所示。

由表5-1可知，被试男性271位，占52.5%；女性245位，占47.7%。被试样本年龄较为集中，26～40岁的被试者359位，占69.6%；41～45岁35位，占6.8%；大于或等于46岁20位，占3.9%。在被试样本的学历统计中，本科学历的最多，共314人，占60.9%；专科学历的136人，占26.4%；硕士研究生及以上学历的28人，占5.4%。在被试样本的工龄统计中，工龄5年以下的员工比较多，共316人，占61.2%；5～10年的134人，占26%；10年以上的66人，占12.8%。而在员工职位层级的分布上，普通员工比较多，有189人，占36.6%；基层管理人员150人，占29.1%；中层管理人员134人，占26%；高层管理人员43人，占8.3%。在与上级主管认识的时间方面，样本被试者在3年及以下的共197人，占38.1%；3～5年（含5年）的165人，占32.0%；5～10年（含10年）的102人，占19.8%；10年以上的52人，占10.1%。

表 5-1 正式调查样本个人信息统计分布（N=516）

变量	分类	频次	百分比/%
性别	男	271	52.5
	女	245	47.5
年龄	25 岁以下	102	19.8
	26～30 岁	153	29.7
	31～35 岁	139	26.9
	36～40 岁	67	13.0
	41～45 岁	35	6.8
	46 岁以上	20	3.9
婚姻	已婚	337	65.3
	未婚	179	34.7
教育程度	高中（含职高）及以下	38	7.4
	专科	136	26.4
	本科	314	60.9
	研究生	28	5.4
职位	普通员工	189	36.6
	基层管理者	150	29.1
	中层管理者	134	26.0
	高层管理者	43	8.3
单位性质	国有企业	189	36.6
	民营企业	305	59.1
	其他	22	4.3
工龄	1 年及以下	7	1.3
	1～3 年（含 3 年）	135	26.2
	3～5 年（含 5 年）	174	33.7
	5～10 年（含 10 年）	134	26.0
	10 年以上	66	12.8
认识时间	1～3 年（含 3 年）	197	38.1
	3～5 年（含 5 年）	165	32.0
	5～10 年（含 10 年）	102	19.8
	10 年以上	52	10.1

5.1.3 统计分析方法

本研究主要采用 SPSS 18.0、AMOS 24.0 和 Process 等统计分析软件，从信度效度分析、共同方法偏差检验、独立样本 T 检验、单因素方差分析、皮尔逊相关分析、AMOS 模型拟合度分析与显著性检验以及多元线性回归等方面，对大样本数据加以详细分析。第一，参考吴明隆（2010）的方法，运用探索性因子分析对各测量量表的结构效度进行检验，采用 Cronbach's α 系数对各测量量表的信度进行检验，而量表收敛效度和区别效度检验方面则采用验证性因子分析的方式进行。第二，在共同方法偏差的检验方面，本研究采用控制不可测潜在共同方法因子与 Harman's 单因素检验法两种方法加以检验。第三，从人口统计学变量的角度去检验每一个维度的差异性。例如在心理授权方面，不同年龄阶段的人差异显著与否，基本上都是用文中的言语加以表达。本研究采用独立样本 T 检验和单因素方差分析法加以验证。第四，通过 SPSS 相关分析计算主要变量之间的皮尔逊相关系数。第五，运用 AMOS 结构方程模型做拟合度检验和显著性检验，并在此基础上对本研究所提出的假设加以验证。第六，参考 Heyes（2013，2015）的经验，采用 Process 插件对有调节的中介效应加以验证。

5.2 量表信度与效度检验

5.2.1 信度分析

在信度分析方面，本研究参照 Hinkin（1998）的研究，选用 Cronbach's α 值来对量表的一致性信度加以考察，大于 0.7 即认为比较理想。由表 5-2 可知，本研究各个量表的 Cronbach's α 系数介于 0.814～0.851 之间，内部一致性信度相当良好。

表 5-2 问卷量表的内部一致性信度值汇总

变量	题项数	Cronbach's α 系数
照顾沟通	5	0.822
提拔奖励	5	0.814
宽容犯错	4	0.868
组织认同	14	0.910
心理授权	12	0.927
权力距离	6	0.867
非伦理行为	15	0.951

5.2.2 效度分析

按照惯常的学术论文统计经验，本研究在效度分析方面主要对问卷的内容效度和结构效度（包括收敛效度和区别效度）进行检验。

吴明隆（2010）指出，大多数研究一般都是采用验证性因子（CFA）分析的方式来对问卷的收敛效度加以检验。而在其中，衡量收敛效度两个非常关键的指标为组合信度（composite reliability，CR）和平均方差萃取量（average variance extracted，AVE）。组合信度指的是所有测量变项信度的组成，表示构面指标的内部一致性，信度愈高表示这些指标的内部一致性愈高。组成信度的计算公式为：

CR =（∑标准化因素负荷量）^{2}/[（∑标准化因素负荷量）^{2} +（∑各测量变项的测量误差）]（Jöreskog，Sörbom，1996）。

平均方差萃取量指的是计算潜在变项之各测量变量对该潜在变项的方差解释力，若 *AVE* 愈高，则表示潜在变项有愈高的信度与收敛效度。*AVE* 的计算公式为：

AVE = ∑（因素负荷量^2）/[（∑因素负荷量）^{2} +（∑各测量变项的测量误差）]（Jöreskog，Sörbom，1996）。

Formell 和 Larcker（1981）认为，一般而言，潜变量的组合信度最好是 0.7 以上，0.6 以上可以接受；而 *AVE* 正常来说大于或等于 0.5 较为合适，0.36～0.5 也可以接受。当然，这些标准大都是学界公认标准，在实践中，不一定要完全严格按照这个标准去执行，适当上浮或者下调都是可以的，以自身研究的具体情况为准。

而在CFA的模型拟合度检验方面，一般衡量标准有如下几个：CMIN（卡方差异值），越小越好；df（自由度），越大表示模型越精简；CMIN/df，理想值为1~3之间；GFI、AGFI、IFI、TLI（NNFI）、CFI为最常报告的拟合度指标，理想值为大于0.9甚至大于0.95为佳；PNFI、PCFI为精简拟合度指标，大于0.5表示模型不太复杂，但在拟合度指标中不常出现；NCP，越小越好，没有一定标准，只有在竞争模型（两个以上的模型）才会用到；RMSEA，小于0.08为佳，是目前拟合度指标报告最多的指标之一。在大多数实证研究中，比较常用的指标为：①CMIN，越小越好；②Chi-square/df，1~3为比较严谨的标准，适当可以放宽至5；③GFI，拟合度，大于0.9为佳；④AGFI，调整后的GFI，大于0.90为佳；⑤RMR，残差均方和平方根，小于0.05为佳，但目前更多一般由SRMR取代，可以不用报告；⑥SRMR，标准化后的RMR，小于0.05为佳；⑦RMSEA，小于0.08可接受，小于0.05为良好。

区别效度意为不同构念之间应该没有相关系数方面的显著性。在区别效度的检验方面，主要以下列三种方式加以检验。本研究采用第二种方式。

（1）在结构方程模型中，可以将不同构面之间的相关关系设为1，如果数据结果拒绝，则表述有区别效度（巢型结构）（Anderson，Gerbing，1988，Bogozzi et al.，1991）。在具体操作的时候，也可以将相关关系设1和不设1的构念模型区分为未限制模型和限制模型，通过比对两者的卡方差异值来对其区别效度加以鉴别，差异值越大且显著，则意味着有显著区别度，反之则相反。

（2）AVE法，每个构面的AVE要大于构面相关系数的平方（Fornell，Larcker，1981）。即在数据结果中，对AVE开根号取相应数值，然后将之与不同构面之间的相关系数加以比较。如果相关系数都小于AVE平方根的值，则认为区别效度良好（Fornell，Larcker，1981；王立，2011）。

（3）利用bootstrap计算构面之间的相关系数95%置信区间，若没包含1，则有区别效度（Torkzadeh，Koufteros，pflughoeft，2003）。

1. 内容效度分析

在内容效度的检验方面，主要是对量表的题项、内容、结构能否准确到位地测量被试者的心理历程和行为倾向而做的检验。这种检验更多是一种质性检验，不能像收敛效度和区别效度那样用数据统计的方式进行。只能在调查前后，通过反复不断地与被试群体进行交流，以及与业内同行或者专家进行讨论，才能更好地保证内容效度方面的准确性。在本研究中，为了能够达到良好的内容效度，采用了多种方式加以保障。首先，本研究在各变量量表的采用上，多使用国内外经过验证的成熟量表，英文量表还会通过回译法的方式确保其准确性，差序式领导和组织认同量表则采用多次验证之后的本土化成熟量表；第二，在量表选定之后，本研究还通过预测试的方式，对各变量量表可能存在的问题加以修正和调整，在这过程中，会非常注重倾听同行专家和被试群体的意见，同时也根据他们的建议对问卷做相应的调整与修改。总体而言，本研究通过各种方式对问卷的内容效度进行了强化，问卷具备良好的内容效度。

2．收敛效度和区别效度分析

（1）差序式领导的收敛效度和区别效度。由图 5-1 和表 5-3 所示的差序式领导一阶验证性因子分析结果可知，差序式领导的一阶验证性因子分析拟合度指标符合前述标准，具有统计学意义，拟合程度高。具体而言，在差序式领导模型拟合度的系列评价指标当中：χ^2/df 为 2.951，介于 1~3 之间，非常良好；RMSEA 为 0.067，小于 0.8，非常良好；GFI 为 0.931，大于 0.9，非常良好；AGFI 为 0.902，大于 0.9，非常良好；其他诸如 NFI、IFI、CFI 都大于 0.9 的临界值，PGFI 也大于 0.5 的临界值，全部拟合良好。另外，差序式领导三个子维度照顾沟通、提拔奖励和宽容犯错量表的 AVE 分别为 0.473、0.562 和 0.669。照顾沟通维度的 AVE 没有达到大于 0.5 的临界值，因此，将照顾沟通维度中因子载荷低于 0.6 标准值的题项 5（DL5）删除。删除题项 5 之后，模型拟合度得到了显著提升，照顾沟通维度的 AVE 也改善为 0.501。另外，照顾沟通、提拔奖励和宽容犯错的组合信度分别为 0.781、0.865 和 0.890，均大于 0.6 的临界值。调整后的一阶验证性因子分析表明模型配适度很好，且每个维度均具有良好的收敛效度。

在一阶验证性因子分析的基础上，本研究继续进行差序式领导二阶验证性因子分析。从 AMOS 二阶模型各项评价指标来看，三维差序式领导模型明显优于一维和二维模型，如表5-4所示。验证性因子分析表明，差序式领导三维模型配适度很高，且具有良好的收敛效度。

表5-3 差序式领导一阶验证性因素分析结果

变量	子维度	题项	因子载荷	标准误差(SE)	临界比(CR)	组合信度	AVE
差序式领导	照顾沟通	DL1	0.681***	0.058	13.560	0.773 0.781	0.473 0.501
		DL2	0.702***	0.053	15.568		
		DL3	0.643***	0.053	13.267		
		DL4	0.642***	0.051	16.782		
		DL5	0.572***	0.051	15.100		
	提拔奖励	DL6	0.686***	0.055	12.411	0.865	0.562
		DL7	0.793***	0.049	14.441		
		DL8	0.780***	0.052	16.282		
		DL9	0.732***	0.050	16.084		
		DL10	0.752***	0.054	13.979		
	宽容犯错	DL11	0.800***	0.069	7.187	0.890	0.669
		DL12	0.861***	0.057	10.356		
		DL13	0.829***	0.056	13.643		
		DL14	0.780***	0.052	13.250		
拟合指标值	$\chi^2/df = 2.951$，$RMSEA = 0.067$，$GFI = 0.931$，$AGFI = 0.902$，$NFI = 0.906$，$IFI = 0.916$，$CFI = 0.950$，$TLI = 0.938$						

注：*** $P < 0.001$。

表5-4 差序式领导二阶验证性因子分析模型比较结果

	模型	χ^2/df	RMSEA	GFI	AGFI	NFI	IFI	CFI	PGFI
	三维模型	2.748	0.061	0.968	0.913	0.926	0.937	0.936	0.677
两维模型	照顾沟通，提拔奖励+宽容犯错	3.416	0.068	0.839	0.777	0.778	0.806	0.804	0.607
	提拔奖励，照顾沟通+宽容犯错	3.371	0.067	0.805	0.730	0.721	0.747	0.745	0.583
	宽容犯错，照顾沟通+提拔奖励	3.267	0.062	0.776	0.691	0.692	0.717	0.715	0.562
	一维模型	3.512	0.063	0.748	0.656	0.654	0.678	0.676	0.549

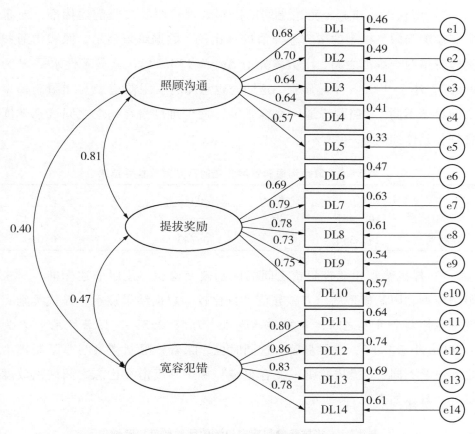

图 5-1 差序式领导一阶验证性因素分析模型示意

接着,本研究将对差序式领导之三个维度的区别效度加以检验。

1) 照顾沟通和提拔奖励之间的区别效度检验。按照前述标准,对未限制模型和限制模型的卡方差异值进行比较。数据结果显示,照顾沟通和提拔奖励两个维度之间,卡方差异值 $\Delta\chi^2$ 为 225.839,其显著性水平 P 为 0.000,小于 0.05,差异显著。这同时也意味着,限制模型与非限制模型之间显著不同,"照顾沟通-提拔奖励"两个维度潜在构念之间区别效度良好。具体如表 5-5 所示。

表 5-5 照顾沟通和提拔奖励的区别效度检验结果

模型	χ^2	df	$\Delta\chi^2$	Δdf	P 值
未限制模型	164.339	34	—	—	—
限制模型	390.178	35	225.839	1	0.000

2) 照顾沟通和宽容犯错之间的区别效度检验。按照前述标准,对未限制模型和限制模型的卡方差异值进行比较。数据结果显示,照顾沟通和宽容犯错两个维度之间,卡方差异值 $\Delta\chi^2$ 为 130.343,其显著性水平 P 为 0.000,小于 0.05,差异显著。这同时也意味着,限制模型与非限制模型之间显著不同,"照顾沟通-宽容犯错"两个维度潜在构念之间区别效度良好。具体如表 5-6 所示。

表 5-6　照顾沟通和宽容犯错的区别效度检验结果

模型	χ^2	df	$\Delta\chi^2$	Δdf	P 值
未限制模型	163.987	26	—	—	—
限制模型	294.330	27	130.343	1	0.000

3) 提拔奖励和宽容犯错之间的区别效度检验。按照前述标准,对未限制模型和限制模型的卡方差异值进行比较。数据结果显示,提拔奖励和宽容犯错两个维度之间,卡方差异值 $\Delta\chi^2$ 为 58.238,其显著性水平 P 为 0.000,小于 0.05,差异显著。这同时也意味着,限制模型与非限制模型之间显著不同,"提拔奖励-宽容犯错"两个维度潜在构念之间区别效度良好。具体如表 5-7 所示。

表 5-7　提拔奖励和宽容犯错的区别效度检验结果

模型	χ^2	df	$\Delta\chi^2$	Δdf	P 值
未限制模型	179.381	26	—	—	—
限制模型	237.618	27	58.238	1	0.000

(2) 组织认同的收敛效度分析。初步验证性因子分析之后,删除因子载荷小于 0.6 的第 9、10 和 11 题。验证性因子分析结果如表 5-8 所示。由表 5-8 可知,组织认同验证性因子分析的拟合度指标符合前述标准,具有统计学意义,拟合程度非常好。具体而言,在组织认同模型拟合度的系列评价指标当中:χ^2/df 为 2.758,介于 1~3 之间,非常良好;RMSEA 为 0.064,小于 0.8,非常良好;GFI 为 0.950,大于 0.9,非常良好;AGFI 为 0.925,大于 0.9,非常良好;其他诸如 NFI、IFI、CFI 都大于 0.9 的临界值,PGFI 也大于 0.5 的临界值,全部拟合良好。同时,从表 5-8 还可以看到,组织认同各题项的因子载荷量全部大于 0.6;AVE 为

0.508，大于 0.5；组合信度为 0.905，大于 0.7。以上均表明组织认同量表具有良好的收敛效度。图 5-2 为组织认同验证性因素分析模型示意图。

表 5-8 组织认同验证性因素分析结果

变量	题项	因子载荷	标准误差（SE）	临界比（CR）	组合信度	AVE
组织认同	OI1	0.814***	0.052	15.623	0.906 0.905	0.479 0.508
	OI2	0.854***	0.059	17.383		
	OI3	0.720***	0.057	15.294		
	OI4	0.711***	0.057	15.207		
	OI5	0.748***	0.050	14.965		
	OI6	0.761***	0.057	16.125		
	OI7	0.748***	0.056	16.223		
	OI8	0.753***	0.059	15.438		
	OI9	0.542***	0.056	16.504		
	OI10	0.523***	0.059	15.300		
	OI11	0.596***	0.056	9.517		
	OI12	0.746***	0.054	16.960		
	OI13	0.785***	0.056	17.076		
	OI14	0.735***	0.058	15.453		
拟合指标值	χ^2/df = 2.758，RMSEA = 0.064，GFI = 0.950，AGFI = 0.925，NFI = 0.974，IFI = 0.931，CFI = 0.956，PGFI = 0.699					

注：***P<0.001。

（3）心理授权收敛效度分析。由如表 5-9 所示的心理授权二阶验证性因子分析结果可知，心理授权验证性因子分析的拟合度指标合符前述标准，具有统计学意义，拟合程度非常不错。具体而言，在心理授权模型拟合度的系列评价指标当中：χ^2/df 为 1.611，介于 1~3 之间，非常良好；RMSEA 为 0.038，小于 0.8，非常良好；GFI 为 0.970，大于 0.9，非常良好；AGFI 为 0.953，大于 0.9，非常良好；其他诸如 NFI、IFI、CFI 都大于 0.9 的临界值，PGFI 也大于 0.5 的临界值，全部拟合良好。同时，从表 5-9 还可以看到，心理授权各题项因子载荷量全部大于 0.6；AVE 为 0.611，大于 0.5；组合信度为 0.949，大于 0.7。以上均表明心理授权量表具有良好的收敛效度。图 5-3 为心理授权二阶验证性因素分析模型示意图。

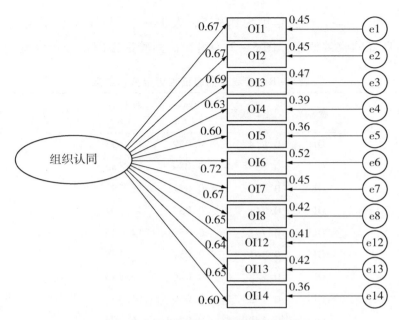

图 5-2　组织认同验证性因素分析模型

表 5-9　心理授权验证性因素分析结果

变量	子维度	题项	因子载荷	标准误差(SE)	临界比(CR)	组合信度	AVE
心理授权	工作意义	PE1	0.842***	0.051	15.063	0.949	0.611
		PE2	0.663***	0.057	16.516		
		PE3	0.795***	0.057	16.654		
	工作自主	PE4	0.711***	0.050	14.990		
		PE5	0.808***	0.051	13.094		
		PE6	0.794***	0.059	15.071		
	自我效能	PE7	0.635***	0.055	14.375		
		PE8	0.788***	0.054	17.387		
		PE9	0.752***	0.055	16.920		
	影响力	PE10	0.786***	0.059	14.529		
		PE11	0.861***	0.054	12.822		
		PE12	0.903***	0.057	10.667		
拟合指标值	$\chi^2/df = 1.611$，$RMSEA = 0.038$，$GFI = 0.970$，$AGFI = 0.953$，$NFI = 0.969$，$IFI = 0.968$，$CFI = 0.987$，$PGFI = 0.559$						

注：***$P < 0.001$。

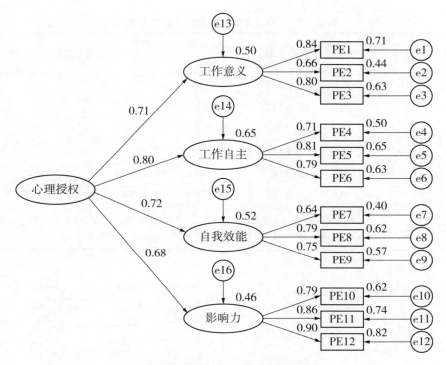

图 5-3 心理授权验证性因素分析模型

（4）权力距离收敛效度分析。由表 5-10 可知，权力距离验证性因子分析的拟合度指标符合前述标准，具有统计学意义，拟合程度非常好。具体而言，在权力距离模型拟合度的系列评价指标当中：χ^2/df 为 1.052，介于 1~3 之间，非常良好；*RMSEA* 为 0.011，小于 0.8，非常良好；*GFI* 为 0.993，大于 0.9，非常良好；*AGFI* 为 0.983，大于 0.9，非常良好；其他诸如 *NFI*、*IFI*、*CFI* 都大于 0.9 的临界值，*PGFI* 也大于 0.5 的临界值，全部拟合良好。同时，从表 5-10 还可以看到，权力距离各题项的因子载荷量全部接近或者大于 0.6；*AVE* 为 0.511，大于 0.5；组合信度为 0.815，大于 0.7，以上均表明权力距离量表具有良好的收敛效度。图 5-4 为权力距离验证性因素分析模型示意图。

表 5-10 权力距离验证性因素分析结果

变量	题项	因子载荷	标准误差（SE）	临界比（CR）	组合信度	AVE
权力距离	PD1	0.592***	0.059	12.900	0.815	0.511
	PD2	0.631***	0.061	12.490		
	PD3	0.700***	0.053	11.483		
	PD4	0.651***	0.055	12.244		
	PD5	0.714***	0.053	11.228		
	PD6	0.614***	0.052	12.679		
拟合指标值	χ^2/df = 1.052，RMSEA = 0.011，GFI = 0.993，AGFI = 0.983，NFI = 0.964，IFI = 0.971，CFI = 0.999，PGFI = 0.566					

注：***$P < 0.001$。

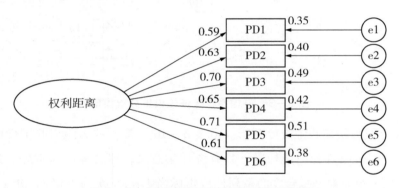

图 5-4 权力距离验证性因素分析模型

（5）非伦理行为收敛效度和区别效度分析。由第四章可知，员工职场非伦理行为可分为滥用资源、违法乱纪和消极怠工三个维度，分别包括 3 个、9 个和 3 个测量题项。对员工职场非伦理行为一阶验证性因子分析结果如表 5-11 所示。员工职场非伦理行为验证性因子分析的拟合度指标合符前述标准，具有统计学意义，拟合程度非常不错。具体而言，在非伦理行为模型拟合度的系列评价指标当中：χ^2/df 为 3.491，介于 1~5 之间，拟合度良好；RMSEA 为 0.063，小于 0.8，非常良好；GFI 为 0.909，大于 0.9，非常良好；AGFI 为 0.961，大于 0.9，非常良好；其他诸如 NFI、IFI、CFI 都大于 0.9 的临界值，PGFI 也大于 0.5 的临界值，全部拟合良好，以上均表明非伦理行为量表具有良好的收敛效度。同时，由表 5-12 可知，三维员工职场非伦理行为模型明显优于二维和一维模型。图

5-5 为员工职场非伦理行为一阶验证性因素分析模型示意图。

表5-11 员工职场非伦理行为验证性因素分析结果

变量	子维度	题项	因子载荷	标准误差(SE)	临界比(CR)	组合信度	AVE
职场非伦理行为	滥用资源	UB1	0.830	0.047	20.128	0.894	0.739
		UB2	0.924	0.054	19.670		
		UB3	0.821	0.046	22.748		
	违法乱纪	UB4	0.724	0.049	21.660	0.940	0.636
		UB5	0.769	0.049	21.942		
		UB6	0.720	0.071	14.992		
		UB7	0.832	0.051	19.980		
		UB8	0.804	0.054	18.351		
		UB9	0.776	0.053	19.190		
		UB10	0.871	0.046	20.644		
		UB11	0.829	0.043	22.822		
		UB12	0.840	0.048	18.879		
	消极怠工	UB13	0.842	0.043	20.931	0.880	0.710
		UB14	0.871	0.043	23.148		
		UB15	0.813	0.048	20.864		
拟合指标值	\multicolumn{7}{l}{$\chi^2/df = 3.491$,$RMSEA = 0.076$,$GFI = 0.909$,$AGFI = 0.875$,$NFI = 0.941$,$IFI = 0.957$,$CFI = 0.957$,$PGFI = 0.659$}

注：***$P < 0.001$。

表5-12 员工职场非伦理行为二阶验证性因素分析模型比较结果

	模型	χ^2/df	RMSEA	GFI	AGFI	NFI	IFI	CFI	PGFI
	三维模型	3.814	0.063	0.918	0.961	0.936	0.952	0.952	0.621
两维模型	滥用资源，违法乱纪+消极怠工	4.572	0.069	0.803	0.735	0.870	0.885	0.884	0.750
	违法乱纪，滥用资源+消极怠工	4.569	0.069	0.726	0.630	0.823	0.838	0.837	0.710
	消极怠工，滥用资源+违法乱纪	4.538	0.068	0.787	0.713	0.853	0.868	0.867	0.735
	一维度模型	4.316	0.066	0.712	0.616	0.786	0.799	0.799	0.685

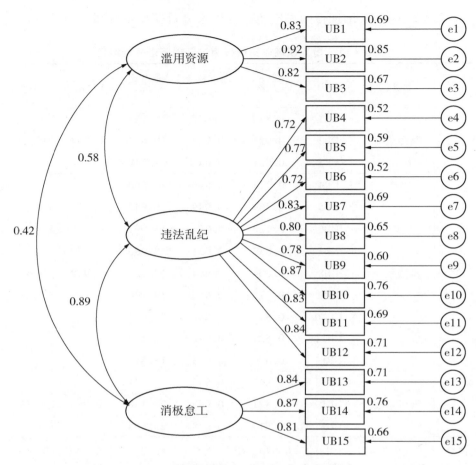

图 5-5 员工职场非伦理行为一阶验证性因子分析模型

1)滥用资源与违法乱纪之间的区别效度检验。按照前述标准,对未限制模型和限制模型的卡方差异值进行比较。数据结果显示,滥用资源与违法乱纪两个维度之间,卡方差异值 $\Delta\chi^2$ 为 425.013,其显著性水平 P 为 0.000,小于 0.05,差异显著。这同时也意味着,限制模型与非限制模型之间显著不同,"滥用资源-违法乱纪"两个维度潜在构念之间区别效度良好。具体如表 5-13 所示。

表 5-13 滥用资源与违法乱纪的区别效度检验结果

模型	χ^2	df	$\Delta\chi^2$	Δdf	P 值
未限制模型	261.977	53	—	—	—
限制模型	686.990	54	425.013	1	0.000

2）滥用资源与消极怠工之间的区别效度检验。按照前述标准，对未限制模型和限制模型的卡方差异值进行比较。数据结果显示，滥用资源与消极怠工两个维度之间，卡方差异值 $\Delta\chi^2$ 为 446.543，其显著性水平 P 为 0.000，小于 0.05，差异显著。这同时也意味着，限制模型与非限制模型之间显著不同，"滥用资源-消极怠工"两个维度潜在构念之间区别效度良好。具体如表 5-14 所示。

表 5-14　滥用资源和消极怠工的区别效度检验结果

模型	χ^2	df	$\Delta\chi^2$	Δdf	P 值
未限制模型	121.178	28	—	—	—
限制模型	567.721	29	446.543	1	0.000

3）违法乱纪与消极怠工之间的区别效度检验。按照前述标准，对未限制模型和限制模型的卡方差异值进行比较。数据结果显示，违法乱纪与消极怠工两个维度之间，卡方差异值 $\Delta\chi^2$ 为 58.238，其显著性水平 P 为 0.000，小于 0.05，差异显著。这同时也意味着，限制模型与非限制模型之间显著不同，"违法乱纪-消极怠工"两个维度潜在构念之间区别效度良好。具体如表 5-15 所示。

表 5-15　违法乱纪和消极怠工的区别效度检验结果

模型	χ^2	df	$\Delta\chi^2$	Δdf	P 值
未限制模型	251.360	53	—	—	—
限制模型	590.658	54	339.298	1	0.000

5.3　共同方法偏差检验

共同方法偏差英文全称为 common method biases，是指在数据调查中，因为数据来源于同一评分者，或者在测量特征、测量环境、答题氛围等方面相同或者相似而人为导致的共变偏差（周浩、龙立荣，2004；Podsakoff, Mackenzie, 2003）。共同方法偏差是一种很难完全避免的系统误差。共同方法偏差的存在，会给项目带来一些不确定的因素，进而影响测量的准确性。在开展调查时，因条件所限，本研究主要以自陈量表的方式来收集收据。虽然在调查开始前和调查过程中，本研究通过各种措施（包括反向题插入、答前提示和匿名作答等）进行了控制，但仍难避免可能存在的共同方法偏差问题。在这里，本研究参考借鉴前人经验，选择 Harman 单因素检验法和控制不可测潜在方法因子法对共同方法偏差进行检验。

（1）Harman 单因素检验法（Harman's one-factor test）。Harman 单因素检验法假设：如果变量之间的大多数方差可以由一个主要共同因素加以解释，那么说明变量之间存在共同方法偏差问题。本研究在对包含 516 份问卷所有题项的量表做信度和效度检验后，运用 SPSS 进行了因子分析。分析结果显示，整份量表的 KMO 为 0.909，适合做因子分析；未旋转的因子分析结果表明，所有题项总共可以抽取 12 个特征值大于 1 的因子，并且最大一个因子的特征值仅为 13.151，只能解释 14.935% 的变异量。由此可知，本研究并没有存在某个或者某几个因子解释力很强的问题，共同方法偏差并不显著。

（2）控制不可测潜在方法因子法（controlling for an unmeasured latent methods factor）。在现实研究中，有些共同方法偏差来源会因为各种原因没有办法甄别与测量。此时，可以在结构方程模型中加入一个潜变量"共同方法偏差"因子，所有标识变量（题项）都是"共同方法偏差"这个潜变量的观察指标。在测量时，研究者可以对比含"共同方法偏差"潜变量模型与不含"共同方法偏差"潜变量模型的拟合程度，以此来确认是否存在共同方法偏差。Hu 和 Bentle（1998）、Podsakoff 等（2003）以及 Johnson 等（2011）的研究认为，如果在加入"共同方法偏差"因子之后，其模型拟合度显著优于未控制的测量模型，则可判断，原模型各变量之间有较为严重的共同方法偏差存在。在 $\Delta\chi^2$ 检验方面，温忠麟和侯杰泰等（2004）认为，不同样本量的相应临界值也不同，$N \leq 150$ 时，$\alpha = 0.01$；$N = 200$ 时，$\alpha = 0.001$；$N = 250$ 时，$\alpha = 0.0005$；$N \geq 500$ 时，$\alpha = 0.0001$。从共同方法偏差检验结果可知（表 5-16），控制前后两模型的主要拟合指标（$RMSEA$、GFI、CFI）差异并不显著。此外，由表 5-16 可知，两个模型之间，$\Delta df = 6$，$\Delta\chi^2 = 42.684$，P 值为 0.000812，小于 0.0001 的临界值。以上均表明，"共同方法偏差"因子加入后，模型并没有明显改变，即本研究中的共同方法偏差虽然存在，但对模型中的变量关系及研究结论不会产生重大影响。

表 5–16 共同方法偏差检验结果（N=516）

模型	χ^2	df	χ^2/df	RMSEA	GFI	AGFI	NFI	IFI	CFI	PGFI
控制前	2968.678	1360	2.183	0.053	0.910	0.901	0.948	0.933	0.930	0.751
控制后	3011.362	1366	2.205	0.053	0.911	0.900	0.946	0.932	0.931	0.752

注：控制前——不含方法因子的模型；控制后——含有方法因子的模型。

5.4 人口统计学变量对中介变量和结果变量影响的检验

在前述文献梳理和述评的过程中，本研究发现，组织认同、心理授权和员工职场非伦理行为除了受自变量差序式领导影响外，还会受性别、婚姻状况、教育程度、职位层次以及工龄的影响。因此，本研究拟采用独立样本 T 检验和单因素方差分析的方法来对员工在组织认同、心理授权和职场非伦理行为上的差异性是否显著进行检验。在进行单因素方差分析时，还将按照方差检验时的齐次性与否来选择不一样的事后检验方式以做进一步的区分。LSD 多重比较法的方式适用于方差齐次性检验，而 Tamhane T2 的方式则适用于方差非齐次性检验。本研究将会按照以上分析逻辑，对本研究的中介变量组织认同、心理授权以及因变量职场非伦理行为在人口统计学变量方面的差异性情况加以区别，以更全面地了解不同变量可能的变动情况，从而为本研究模型后续各种影响路径的检验提供更为准确的分析依据。

5.4.1 人口统计学变量对组织认同影响的检验

1. 不同性别员工组织认同的差异性分析

在员工组织认同的性别差异比对中，女性平均得分为 3.647，高于男性平均得分，但并无显著差异（表 5–17）。

表 5-17 不同性别员工组织认同的差异性检验结果

性别	样本量	均值（Mean）	标准差（SD）	T 值	sig.
男	271	3.614	0.746	0.425	0.790
女	245	3.647	0.802		

注：方差齐次性检验的 F 值为 0.018，sig. 值为 0.893，选取对应方差齐次性的 T 值。

2. 不同年龄段员工组织认同的差异性分析

年龄对员工组织认同的影响基本上呈波浪曲线结构：25 岁以下年龄段到 26~30 岁年龄段，组织认同感增加；在 31~35 岁年龄段下降；在 36~40 岁年龄段达到最顶峰，平均值为 3.868；随后开始下降，46 岁以上又上升。检验结果表明，这种类似"W"形的波浪曲线结构并不显著（表 5-18）。

表 5-18 不同年龄段员工组织认同的差异性检验结果

年龄段	样本量	均值（Mean）	标准差（SD）	F 值	sig.
25 岁以下	102	3.492	0.836		
26~30 岁	153	3.598	0.757		
31~35 岁	139	3.550	0.794	0.496	0.389
36~40 岁	67	3.868	0.656		
41~45 岁	35	3.604	0.911		
46 岁以上	20	3.795	0.626		

3. 不同婚姻状态员工组织认同的差异性分析

在员工组织认同的婚姻状况差异比对中，未婚平均得分为 3.650，高于已婚平均得分，但并无显著差异（表 5-19）。

表 5-19 不同婚姻状态员工组织认同的差异性检验结果

婚姻	样本量	均值（Mean）	标准差（SD）	T 值	sig.
已婚	337	3.626	0.733	0.398	0.420
未婚	179	3.650	0.911		

4. 不同教育程度员工组织认同的差异性分析

表 5-20　不同教育程度员工组织认同的方差分析结果

教育程度	样本量	均值（Mean）	标准差（SD）	F 值	sig.
高中（含职高）及以下	38	3.326	0.705	9.652	0.000
专科	136	3.586	0.815		
本科	314	3.910	0.671		
硕士研究生及以上	28	3.476	0.964		

高中（含职高）及以下学历员工的组织认同水平最低，均值为 3.326；随着学历的提升，组织认同水平有所提高，本科学历员工组织认同感水平最高，均值达到 3.910；到了硕士研究生及以上则又下降为 3.476（表 5-20）。从多重比较结果可知，在组织认同上，高中（含职高）及以下学历员工与硕士研究生及以上学历员工、专科学历员工与硕士研究生及以上学历员工并无显著性差异，本科学历员工显著高于其他学历员工（表 5-21）。

表 5-21　不同教育程度员工组织认同的多重比较结果

是否齐次	事后比较法	教育程度（I）	教育程度（J）	平均差异（I-J）	sig.
是	LSD	高中（含职高）及以下	专科	-0.261**	0.005
		高中（含职高）及以下	本科	-0.585***	0.000
		高中（含职高）及以下	硕士研究生及以上	-0.151	0.457
		专科	本科	-0.324***	0.000
		专科	硕士研究生及以上	0.110	0.588
		本科	硕士研究生及以上	0.434*	0.030

注：*$P<0.05$，**$P<0.01$，***$P<0.001$；方差齐次性检验的 Levene 值为 0.657，sig. 值为 0.622。

5. 不同工作年限员工组织认同的差异性分析

组织认同的方差分析结果表明，1 年及以下工龄的员工的组织认同较高，均值为 3.705；接着突然降低至 1~3 年（含 3 年）工龄员工的 3.472；而后一路走高，至 10 年以上工龄处达最高，均值为 3.859。但这种差异性不显著（表 5-22）。

表 5-22　不同工作年限员工组织认同的方差分析结果

工作年限	样本量	均值（Mean）	标准差（SD）	F值	sig.
1 年及以下	7	3.705	0.708		
1～3 年（含 3 年）	135	3.472	0.751		
3～5 年（含 5 年）	174	3.586	0.832	3.383	0.622
5～10 年（含 10 年）	134	3.736	0.680		
10 年以上	66	3.859	0.792		

6. 不同职位员工组织认同的差异性分析

总体而言，职位级别对组织认同产生显著影响，普通员工的组织认同水平最高，均值为 3.751；而后分别是中层管理者、高层管理者，他们的均值分别为 3.689 和 3.577；基层管理者组织认同水平最低，均值为 3.367（表 5-23）。

表 5-23　不同职位员工组织认同的方差分析结果

职位	样本量	均值（Mean）	标准差（SD）	F值	sig.
普通员工	189	3.751	0.652		
基层管理者	150	3.367	0.761	6.139	0.005
中层管理者	134	3.689	0.883		
高层管理者	43	3.577	0.976		

多重比较结果表明，普通员工与基层管理者的组织认同差异显著，但基层管理者、中层管理者和高层管理者之间并无显著差异（表 5-24）。

表 5-24　不同职位员工组织认同的多重比较结果

方差是否齐次	事后比较法	职位（I）	职位（J）	平均差异（I-J）	sig.
否	Tamhane's T2	普通员工	基层管理者	0.3838***	0.000
		普通员工	中层管理者	0.062	0.996
		普通员工	高层管理者	0.175	0.969
		基层管理者	中层管理者	-0.322	0.086
		基层管理者	高层管理者	-0.209	0.938
		中层管理者	高层管理者	0.112	0.998

注：***$P<0.001$，方差齐次性检验的 Levene 值为 6.354，sig. 为 0.000。

7. 与主管认识时间不同员工组织认同的差异性分析

总体而言，与主管认识时间的长短对组织认同产生显著影响。认识主管1～3年（含3年）的员工组织认同水平均值为3.479；而后将至认识3～5年（含5年）的3.672；接着一路走高，至认识10年以上达到最高值，均值为3.948（表5-25）。

表5-25 与主管认识时间不同员工组织认同的方差分析结果

认识时间	样本量	均值（Mean）	标准差（SD）	F值	sig.
1～3年（含3年）	264	3.479	0.817		
3～5年（含5年）	135	3.672	0.718	4.033	0.003
5～10年（含10年）	68	3.809	0.761		
10年以上	57	3.948	0.777		

多重比较结果表明，认识主管10年以上的员工与认识3年以下的员工在组织认同上有显著差异，但与认识3～10年的员工并无明显差异（表5-26）。

表5-26 与主管认识时间不同组织认同的多重比较结果

是否齐次	事后比较法	认识时间（I）	认识时间（J）	平均差异（I-J）	sig.
是	LSD	1～3年（含3年）	3～5年（含5年）	-0.192	0.049
		1～3年（含3年）	5～10年（含10年）	-0.329*	0.008
		1～3年（含3年）	10年以上	-0.468**	0.001
		3～5年（含5年）	5～10年（含10年）	-0.137	0.294
		3～5年（含5年）	10年以上	-0.275	0.053
		5～10年（含10年）	10年以上	-0.138	0.390

注：*$P<0.05$，**$P<0.01$，***$P<0.001$，方差齐次性检验的Levene值为0.714，sig.为0.583。

5.4.2 人口统计学变量对心理授权影响的检验

1. 不同性别员工心理授权的差异性分析

在员工心理授权的性别差异比对中，女性平均得分为3.574，低于男性平均得分，但并无显著差异（表5-27）。

表 5-27　不同性别员工心理授权的差异性检验结果

性别	样本量	均值（Mean）	标准差（SD）	T 值	sig.
男	271	3.640	0.758	0.877	0.381
女	245	3.574	0.767		

注：方差齐次性检验的 F 值为 0.058，sig. 为 0.810，选取对应方差齐次性的 T 值。

2. 不同年龄段员工心理授权的差异性分析

年龄对员工心理授权的影响基本上呈阶段上升曲线结构，25 岁以下年龄段到 36～40 岁年龄段，心理授权增加；但在 41～45 岁年龄段又稍微下降，幅度不大；而后在 46 岁年龄段基本保持不变，平均值为 3.798。检验结果表明，这种阶段上升曲线结构并不显著（表 5-28）。

表 5-28　不同年龄段员工心理授权的差异性检验结果

年龄段	样本量	均值（Mean）	标准差（SD）	F 值	sig.
25 岁以下	102	3.315	0.737	0.699	0.621
26～30 岁	153	3.524	0.729		
31～35 岁	139	3.568	0.789		
36～40 岁	67	3.822	0.743		
41～45 岁	35	3.790	0.738		
46 岁以上	20	3.798	0.709		

3. 不同婚姻状态员工心理授权的差异性分析

在员工心理授权的婚姻状况差异比对中，未婚平均得分为 3.467，高于已婚平均得分，但并无显著差异（表 5-29）。

表 5-29　不同婚姻状态员工心理授权的差异性检验结果

婚姻	样本量	均值（Mean）	标准差（SD）	T 值	sig.
已婚	337	3.645	0.732	0.366	0.105
未婚	179	3.467	0.853		

4. 不同教育程度员工心理授权的差异性分析

在不同学历心理授权差异水平的检验中,高中(含职高)及以下学历员工的心理授权水平为 3.320;随着学历的增高,心理授权水平有所提高,本科学历员工心理授权水平最高,均值达到 3.845;到了硕士研究生以上则又急剧下降为 3.372(表 5-30)。

表 5-30　不同教育程度员工心理授权的方差分析结果

教育程度	样本量	均值(Mean)	标准差(SD)	F 值	sig.
高中(含职高)及以下	38	3.320	0.686		
专科	136	3.601	0.819	12.264	0.000
本科	314	3.845	0.660		
硕士研究生及以上	28	3.372	0.968		

从多重比较结果可知,高中(含职高)及以下学历员工与专科和本科学历员工在心理授权上差异显著,但与硕士研究生及以上学历员工并无显著差异,本科学历员工显著高于其他学历员工(表 5-31)。

表 5-31　不同教育程度员工心理授权的多重比较结果

是否齐次	事后比较法	教育程度(I)	教育程度(J)	平均差异($I-J$)	sig.
否	Tamhane's T2	高中(含职高)及以下	专科	-0.281**	0.005
		高中(含职高)及以下	本科	-0.526***	0.000
		高中(含职高)及以下	硕士研究生及以上	-0.052	0.457
		专科	本科	-0.245**	0.000
		专科	硕士研究生及以上	0.229	0.588
		本科	硕士研究生及以上	0.473*	0.030

注:*$P<0.05$,**$P<0.01$,***$P<0.001$;方差齐次性检验的 Levene 值为 4.055,sig. 为 0.007。

5. 不同工作年限员工心理授权的差异性分析

不同工作年限员工心理授权的方差分析结果可知,1 年及以下的员工的心理授权比较高,均值为 3.645;接着降低至 1~3 年(含 3 年)工龄员工的 3.504;而后升高至 3~5 年(含 5 年)的 3.642;再下降至 5~10 年(含 10 年)的 3.608;最后升至 10 年以上工龄处的最高值 3.707。

整体图形呈往右上方倾斜的"W"形状,同时差异性不显著(表5-32)。

表5-32 不同工作年限员工心理授权的方差分析结果

工作年限	样本量	均值(Mean)	标准差(SD)	F值	sig.
1年及以下	7	3.645	0.645		
1～3年(含3年)	135	3.504	0.803		
3～5年(含5年)	174	3.642	0.753	0.949	0.435
5～10年(含10年)	134	3.608	0.740		
10年以上	66	3.707	0.784		

6. 不同职位员工心理授权的差异性分析

从总体上看,在职位级别对心理授权的影响中,中层管理者的心理授权水平最高,均值为3.688;而后分别是普通员工和高层管理者,他们的均值分别为3.619和3.602;基层管理者心理授权水平最低,均值为3.525。从检验结果可知,差异性并不显著(表5-33)。

表5-33 不同职位员工心理授权的方差分析结果

职位	样本量	均值(Mean)	标准差(SD)	F值	sig.
普通员工	189	3.619	0.651		
基层管理者	150	3.525	0.781	0.685	0.562
中层管理者	134	3.688	0.943		
高层管理者	43	3.602	0.986		

7. 与主管认识时间对员工心理授权影响的差异性分析

与主管认识时间对员工心理授权的影响基本上呈波浪上升曲线结构,认识主管1～3年(含3年)的员工心理授权水平均值为3.511,接着升至3～5年(含5年)的3.717,然后又降至5～10年(含10年)的3.553,最后升至认识10年以上的3.815。不同认识时间对员工心理授权的影响并不显著(表5-34)。

表 5-34　与主管认识时间对员工心理授权影响的方差分析结果

认识时间	样本量	均值（Mean）	标准差（SD）	F 值	sig.
1～3 年（含 3 年）	197	3.511	0.783	2.027	0.09
3～5 年（含 5 年）	165	3.717	0.703		
5～10 年（含 10 年）	102	3.553	0.825		
10 年以上	52	3.815	0.848		

5.4.3　人口统计学变量对员工职场非伦理行为影响的检验

1. 不同性别员工职场非伦理行为的差异性分析

在员工职场非伦理行为的性别差异比对中，女性平均得分为 1.917，低于男性平均得分，差异显著（表 5-35）。

表 5-35　不同性别员工职场非伦理行为的差异性检验结果

性别	样本量	均值（Mean）	标准差（SD）	T 值	sig.
男	271	2.193	0.909	3.043	0.000
女	245	1.917	0.730		

注：方差齐次性检验的 F 值为 0.096，sig. 为 0.816，选取对应方差齐次性的 T 值。

2. 不同年龄段员工职场非伦理行为的差异性分析

年龄对员工职场非伦理行为的影响基本上呈逐渐下降趋势，25 岁年龄段以下员工均值最高，为 2.123；接着下降至 26～30 岁年龄段的 2.101 和 31～35 岁年龄段的 2.040，而后 36～40 岁段略为上升至 2.070；随后又开始下降至 41～45 岁年龄段的 2.034；到了 46 岁以上急剧下降至 1.647。检验结果表明，这种逐渐下降的结构并不显著（表 5-36）。

表 5-36　不同年龄段员工职场非伦理行为的差异性检验结果

年龄段	样本量	均值（Mean）	标准差（SD）	F 值	sig.
25 岁以下	102	2.123	0.770	1.040	0.393
26～30 岁	153	2.101	0.971		
31～35 岁	139	2.040	0.928		
36～40 岁	67	2.070	0.995		
41～45 岁	35	2.034	0.958		
46 岁以上	20	1.647	0.737		

3. 不同婚姻状态员工职场非伦理行为的差异性分析

在员工职场非伦理行为的婚姻状况差异比对中，未婚平均得分为 2.028，低于已婚平均得分，但并无显著差异（表 5-37）。

表 5-37　不同婚姻状态员工职场非伦理行为的差异性检验结果

婚姻	样本量	均值（Mean）	标准差（SD）	T值	sig.
已婚	337	2.053	0.921	0.228	0.924
未婚	179	2.028	0.961		

4. 不同教育程度员工职场非伦理行为的差异性分析

高中（含职高）及以下学历员工的职场非伦理行为较高一些，均值为 2.105；然后逐渐下降，专科学历员工的职场非伦理行为水平为 2.013；本科学历员工的职场非伦理行为水平最低，均值为 2.008；接着到了硕士研究生及以上学历则又拉升为 2.284。在教育程度对员工职场非伦理行为的影响上，不存在显著差异（表 5-38）。

表 5-38　不同教育程度员工职场非伦理行为的方差分析结果

教育程度	样本量	均值（Mean）	标准差（SD）	F值	sig.
高中（含职高）及以下	38	2.105	0.771	0.622	0.601
专科	136	2.013	0.876		
本科	314	2.008	0.960		
硕士研究生及以上	28	2.284	0.927		

5. 不同工作年限员工职场非伦理行为的差异性分析

不同工作年限对员工职场非伦理行为的影响差异显著，方差分析结果呈倒"V"走势。从方差分析结果可知，1 年及以下工龄员工的职场非伦理行为水平比较低，均值为 1.890；接着上升至 1~3 年（含 3 年）工龄员工的 2.150；再至 3~5 年（含 5 年）工龄的 2.438 最高值；而后降至 5~10 年（含 10 年）的 1.747；再到 10 年以上工龄的 1.609 最低值（表 5-39）。

表5-39 不同工作年限员工职场非伦理行为的方差分析结果

工作年限	样本量	均值（Mean）	标准差（SD）	F值	sig.
1年及以下	7	1.890	0.693		
1～3年（含3年）	135	2.150	0.881		
3～5年（含5年）	174	2.438	0.978	12.258	0.000
5～10年（含10年）	134	1.747	0.725		
10年以上	66	1.609	0.753		

在职场非伦理行为上，工作1年及以下与1～3年（含3年）、5～10年（含10年）和10年以上的员工无显著性差异，工作5～10年（含10年）和10年以上的员工差异并不显著，但5年以上员工非伦理行为得分显著低于1～3年（含3年）和3～5年（含5年）的员工，工龄5年是其中非常关键的一个分水岭（表5-40）。

表5-40 不同工作年限员工职场非伦理行为的多重比较结果

是否齐次	事后比较法	工作年限（I）	工作年限（J）	平均差异（I-J）	sig.
否	Tamhane's T2	1年及以下	1～3年（含3年）	-0.260	0.104
		1年及以下	3～5年（含5年）	-0.548**	0.001
		1年及以下	5～10年（含10年）	0.142	0.421
		1年及以下	10年以上	0.280	0.112
		1～3年（含3年）	3～5年（含5年）	-0.288*	0.013
		1～3年（含3年）	5～10年（含10年）	0.403**	0.003
		1～3年（含3年）	10年以上	0.540***	0.000
		3～5年（含5年）	5～10年（含10年）	0.691***	0.000
		3～5年（含5年）	10年以上	0.829***	0.000
		5～10年（含10年）	10年以上	0.137	0.367

注：*$P<0.05$，**$P<0.01$，***$P<0.001$；方差齐次性检验的Levene值为9.539，sig.为0.000。

6. 不同职位员工职场非伦理行为的差异性分析

从总体上看，职位级别对职场非伦理行为产生显著影响，中层管理者的职场非伦理行为水平最高，均值为2.666；而后分别是高层管理者、基层管理者，他们的均值分别为2.180和2.097；普通员工职场非伦理行为水平最低，均值为 1.807（表 5-41）。

表 5-41　不同职位员工职场非伦理行为的方差分析结果

职位	样本量	均值（Mean）	标准差（SD）	F 值	sig.
普通员工	189	1.807	0.778	6.768	0.000
基层管理者	150	2.097	0.873		
中层管理者	134	2.666	0.955		
高层管理者	43	2.180	0.853		

在职场非伦理行为上，普通员工与基层和中层管理者差异显著，与高层管理者并无显著差异；基层管理者和中层管理者差异显著，高层管理者之间并无显著差异；中层管理者和高层管理者之间亦无显著差异（表 5-42）。

表 5-42　不同职位员工职场非伦理行为的多重比较结果

方差是否齐次	事后比较法	职位（I）	职位（J）	平均差异（I-J）	sig.
否	Tamhane's T2	普通员工	基层管理者	-0.289*	0.027
		普通员工	中层管理者	-0.859***	0.000
		普通员工	高层管理者	-0.372	0.211
		基层管理者	中层管理者	-0.569**	0.004
		基层管理者	高层管理者	-0.083	0.998
		中层管理者	高层管理者	0.486	0.155

注：*$P<0.05$，**$P<0.01$，***$P<0.001$；方差齐次性检验的 Levene 值为 8.315，sig. 为 0.000。

7. 与主管认识时间不同员工职场非伦理行为的差异性分析

从表 5-43 可知，与主管认识时间长短对员工职场非伦理行为的影响呈倒 "V" 结构。认识主管 1～3 年（含 3 年）的员工职场非伦理行为水平均值为 2.108；接着升至认识 3～5 年（含 5 年）的 2.401 最高值；然后再下降至 5～10 年（含 10 年）的 1.691；最后是最低点，10 年以上的 1.621（表 5-43）。

表5-43　与主管认识时间不同员工职场非伦理行为的方差分析结果

认识时间	样本量	均值（Mean）	标准差（SD）	F值	sig.
1～3年（含3年）	197	2.108	0.878		
3～5年（含5年）	165	2.401	0.921	6.041	0.003
5～10年（含10年）	102	1.691	0.730		
10年以上	52	1.621	0.763		

在职场非伦理行为上，认识主管1～3年（含3年）的员工与3～5年（含5年）的员工并无显著差异，但它们都与认识主管5年以上的员工有明显差异；5～10年（含10年）的员工与10年以上的员工并无显著差异（表5-44）。

表5-44　与主管认识时间不同员工职场非伦理行为的多重比较结果

是否齐次	事后比较法	认识时间（I）	认识时间（J）	平均差异（I-J）	sig.
否	Tamhane's T2	1～3年（含3年）	3～5年（含5年）	-0.293	0.237
		1～3年（含3年）	5～10年（含10年）	0.416*	0.012
		1～3年（含3年）	10年以上	0.486**	0.009
		3～5年（含5年）	5～10年（含10年）	0.710***	0.000
		3～5年（含5年）	10年以上	0.780***	0.000
		5～10年（含10年）	10年以上	0.069	0.712

注：*$P<0.05$，**$P<0.01$，***$P<0.001$；方差齐次性检验的Levene值为10.969，sig.为0.000。

5.4.4　人口统计学变量对中介变量和结果变量影响的检验结果与讨论

由前述分析结果可知，员工组织认同在性别、婚姻、工龄及年龄方面差异程度并不显著。教育程度、职位层级和与主管认识时间显著影响员工组织认同。首先，在教育程度方面，员工的学历越高，其组织认同感越高。这可能与因为学历越高，掌握的知识越多，得到的实惠和尊重也就越多，因此组织认同感也越高。其次，在职位级别方面，普通员工与基层管理者差异显著，而基层管理者、中层管理者和高层管理者之间并无显著差异。这可能有两方面的原因有关：一是因为普通员工还有更多的提升空间，二是因为员工所了解的组织真实信息更少。最后，在与主管认识时间方面，认识主管时间越长，员工的组织认同感就越高。这符合中国人的认知习惯，领导就是组织，与主管认识时间越长，对主管也更了解，也更有机会成为自己人，所以组织认同感也就越高。

由前述分析结果可知，员工心理授权在性别、年龄、婚姻、工作年限、职位级别和主管认识时间上并无显著差异，但在教育程度上差异显著。高中（含职高）及以下学历员工与专科和本科学历员工差异显著，但与硕士研究生及以上学历员工差异并不显著，本科学历员工显著高于其他学历员工。这一方面可能是因为学历越高，其自我感知和自我调整能力也就越强；另外一方面可能因为学历越高，其与主管主动交流沟通的能力就越强，也因此更能得到主管的垂青和信赖。

由前述分析结果可知，年龄、婚姻以及教育程度对员工职场非伦理行为的影响并不显著。员工职场非伦理行为在员工性别、工龄、职位层级以及与主管认识时间等控制变量上有一定的显著差异。首先，在性别方面，男性比女性表现出更多的职场非伦理行为，这可能与在中国传统中女性隐忍能力更强有关；也可能是因为男性的自主意识和报复意识更强，更容易采取非伦理行为表达自己的真实想法。其次，工作年限方面，工作年限越长，非伦理行为水平越低，这可能是因为这些员工对组织更为了解，也有了更深一层次的认同感。最后，在职位层次方面，中层管理者与基层管理者及普通职员的差异显著。这可能是因为中层管理者可能在职业生涯发展方面面临一个"天花板"，上不去下不来，因此更有可能采取一些不光明的手段去发泄自己的负面情绪。

5.5 研究假设检验与模型验证

在前面变量测量量表信效度检验的基础上，本研究将进一步采用相关分析和回归分析对第三章提出的研究模型和假设进行验证，明确各研究变量之间的关系。

5.5.1 各变量的描述统计分析

1. 正态性检验

正态性分析是做回归分析必须要经历的一个关键步骤，数据只有满足正态性分布，才更适合做下一步的回归分析。表5-45显示了正态性检验的结果。由正态性检验结果可知，各变量均值统计中，非伦理行为均值最小，为2.135；组织认同均值最大，为3.924；照顾沟通为3.852；提拔奖励为3.645；宽容犯错为3.038；心理授权为3.880；权力距离为3.532；偏度标准误为0.120；峰度标准误为0.240。按照统计学的观点，在实证研究中，如果峰度标准误和偏度标准误的绝对值小于1.96，即可判断数据结果基本符合正态分布。因此，本研究所获取的数据符合正态分布，可以继续下一阶段的分析。

表5-45 各主要变量的描述性统计量

主要变量	N	极小值	极大值	均值	标准差	偏度		峰度	
						统计量	标准误	统计量	标准误
照顾沟通	516	1.00	5.00	3.852	0.688	-0.254	0.120	-0.363	0.240
提拔奖励	516	1.00	5.00	3.645	0.801	-0.163	0.120	-0.315	0.240
宽容犯错	516	1.00	5.00	3.038	0.784	0.032	0.120	-0.215	0.240
组织认同	516	1.00	5.00	3.924	0.579	-0.323	0.120	0.312	0.240
心理授权	516	1.00	5.00	3.880	0.580	-0.348	0.120	0.325	0.240
权力距离	516	1.00	5.00	3.532	0.521	0.209	0.120	-0.385	0.240
非伦理行为	516	1.00	5.00	2.135	0.790	0.269	0.120	-0.097	0.240

2. 相关性分析

表5-46是各个变量的均值、标准差和相关系数矩阵。从表5-46可以发现，照顾沟通与提拔奖励显著正相关（$P<0.01$），宽容犯错与照顾沟通和提拔奖励显著正相关（$P<0.01$）。差序式领导的照顾沟通和宽容犯错维度与员工职场非伦理行为的相关系数分别为-0.109（$P<0.05$）和0.293（$P<0.01$），均为显著；提拔奖励与员工职场非伦理行为的相关系数为0.076（$P>0.05$），不显著；组织认同与员工职场非伦理行为显著负相关，相关系数为-0.312；心理授权与员工职场非伦理行为显著负相

表 5-46 各研究变量的均值、标准差以及相关系数矩阵

变量	1	2	3	4	5	6	7	8	9	10	11	12	13	14
1. 照顾沟通	—													
2. 提拔奖励	0.633**	—												
3. 宽容犯错	0.295**	0.429**	—											
4. 组织认同	0.366**	0.234**	-0.107*	—										
5. 心理授权	0.307**	0.201**	-0.115**	0.721**	—									
6. 权力距离	0.124*	0.034	-0.148**	0.126**	0.075	—								
7. 非伦理行为	-0.109*	0.076	0.293**	-0.312**	-0.270**	-0.109*	—							
8. 性别	0.007	0.008	0.031	-0.001	0.021	0.015	-0.018	—						
9. 年龄	0.083	0.056	0.042	0.032	0.049	-0.023	-0.014	-0.078	—					
10. 婚姻	-0.108*	-0.072	-0.010	-0.225**	-0.143**	-0.058	-0.027	0.019	-0.483**	—				
11. 工龄	0.017	0.008	0.063	0.042	0.030	0.033	-0.055	-0.073	0.627**	-0.395**	—			
12. 职位	0.085	0.096*	-0.082	0.372**	0.439**	-0.012	-0.085	-0.135**	0.276**	-0.299**	0.181**	—		
13. 教育程度	0.092	0.121*	0.084	0.055	0.001	0.097*	0.079	-0.035	-0.023	-0.184**	0.087	0.104*	—	
14. 认识时间	0.042	0.050	0.029	0.108	0.111*	0.015	-0.079	-0.033	0.573**	-0.345**	0.696**	0.312**	—	—
Mean	3.852	3.645	3.038	3.924	3.880	3.532	2.135	1.462	2.900	1.258	3.302	2.211	2.684	3.067
SD	0.688	0.801	0.784	0.579	0.580	0.521	0.790	0.499	1.264	0.438	1.083	0.967	0.691	1.040

注：* $P<0.05$，** $P<0.01$；相关关系检验采用 Pearson 相关分析法。

关,相关系数为-0.270;权力距离与员工职场非伦理行为显著负相关,相关系数为-0.109。以上各变量之间相关系数结果虽不能直接对研究假设做出验证,但也为后续假设验证提供了基本依据。本研究将会在接下来的结构方程模型和多元回归分析环节进行更深层次的探索。与此同时,表5-46中的相关系数也显示,各变量之间的并没有大于0.70,这也表明变量彼此之间不存在严重的共线性问题。

5.5.2 组织认同中介作用的检验

对模型中介效应进行检验的方法很多,国内研究最为常用的是 Baron 和 Kenny(1986)以及温忠麟等(2004)提出的四步检验法。

Baron 和 Kenny(1986)的研究认为,在自变量和因变量之间,如果存在另外一个变量可以对两者之间的关系做出解释,则可认为该变量在其中有中介效应存在。在实际操作中,中介作用是否存在的判断可以依据以下几个标准进行:①自变量 X 的变化可以引起中介变量 M 的变化;②中介变量 M 的变化可以导致因变量 Y 的变化;③在对中介变量 M 进行控制后,自变量对因变量的影响系数显著降低或者等于零,同时中介变量对因变量的影响应显著不等于零。等于零时,表明自变量 X 对因变量 Y 的影响完全来自中介变量 M,这时中介变量 M 就被称为完全中介变量;不等于零但显著降低时,则表明自变量 X 对因变量 Y 的影响部分来自中介变量 M,这时中介变量 M 就被称为部分中介变量。

温忠麟等(2004)则在 Baron 和 Kenny(1986)研究的基础上,综合三类中介效应分析方法后认为,最简单实用的中介效应检验程序应该遵循以下步骤:①检验自变量和因变量之间的回归系数 c,显著继续,否则中止;②对 Baron 和 Kenny(1986)所提的自变量与中介变量以及中介变量与因变量之间的回归系数 a 和 b 进行检验,若两者显著,则继续第三步,若至少一个不显著,则要进行至第四步做 sobel 检验;③如果前面两步完成的话,则进行 Judd 和 Kenny(1981)的完全中介检验,若回归系数 c' 不显著,即为完全中介,若显著,则是部分中介,整个中介检验过程至此完成;④基于第二步而决定是否进行的 sobel 检验,若显著,则中介效应显著,反之则相反,同时中介检验结束。另外,温忠麟等(2004)在文中也提到，他们所提的中介检验程序并不局限于只有单个自变量和中介变量的结构模型，同时也适用于多个自变量和（或）多个中介变量的结构模型，但如果出现这种情况，无须考虑"完全中介"的检验，因为没有太大的意义。他们最后还指出，如果结构模型的自变量和中介变量大于一个，研究者必须首先清楚其所做研究对何种路径的中介效应最感兴趣，明确后按图索骥即可，并且在实际应用中，正常不会同时考虑多个中介效应存在的交互作用，因为这会造成混淆，并且解释起来比较困难。

考虑到本研究所建模型为潜变量因果关系模型，变量较多且关系较为复杂，并且所收集的数据也是大样本数据，采用结构方程模型进行分析更有利于控制测量误差，也更有利于较为精确地识别与检测变量之间的关系。鉴于此，本研究拟在 Baron 和 Kenny（1986）以及温忠麟等（2004）中介检验步骤的基础上，采用 AMOS 软件来对本研究的中介效应加以检验。检验步骤如下：①在对假设中介模型进行拟合度检验的同时，引入一个嵌套模型和一个替代模型，对假设模型和竞争模型进行优劣比较；②对差序式领导三个维度对员工职场非伦理行为的直接作用模型进行检验；③对加入中介变量的间接作用模型进行检验，同时利用数据结果进行报告。

在对组织认同在差序式领导三个维度中对员工职场非伦理行为的中介作用的检验上，本研究首先将原假设模型视为模型 1；将模型 1 中差序式领导三个维度直接指向员工职场非伦理行为的路径删除后得到的模型视为模型 2；模型 3 则是没有对中介效应加以假设，而是估计差序式领导三个维度和组织认同对员工职场非伦理行为的直接效应。从三个模型的比较来看，模型 2 和模型 3 虽然拟合程度也不错，但相对于原假设模型而言，还是有所不如。因此，本研究原假设模型比嵌套模型和替代模型更适合代表和反映本研究各变量之间的关系（图 5-6、图 5-7、图 5-8 和表 5-47）。

表 5-47　组织认同中介作用的结构方程模型比较

模型	Chi-squ/df	GFI	IFI	CFI	TLI	RMSEA
模型 1	2.063	0.896	0.939	0.939	0.931	0.050
模型 2	2.134	0.892	0.934	0.934	0.927	0.051
模型 3	2.304	0.886	0.924	0.924	0.916	0.055

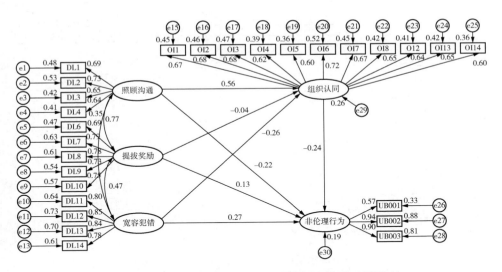

图5-6 以组织认同为中介变量的原假设模型（模型1）

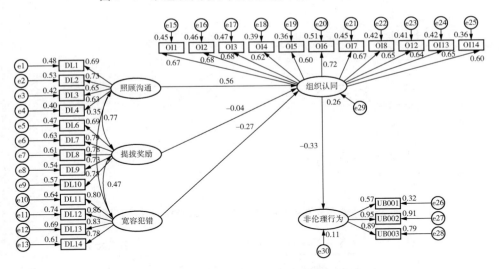

图5-7 以组织认同为中介变量的嵌套模型（模型2）

接着，本研究对差序式领导三个维度，即照顾沟通、提拔奖励和宽容犯错直接影响员工职场非伦理行为的结构方程模型进行检验，检验结果和拟合程度如图5-9所示，数据分析结果如表5-48所示。

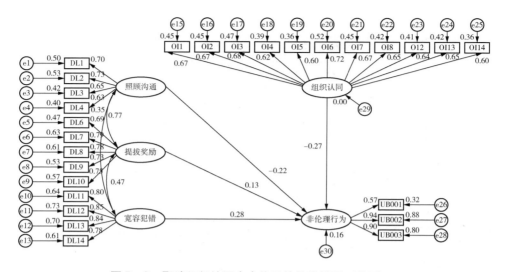

图 5-8　取消组织认同中介作用的替代模型（模型 3）

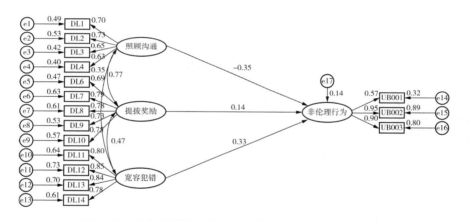

图 5-9　差序式领导三维度对非伦理行为影响的结构模型

表 5-48　差序式领导对非伦理行为影响结构模型的显著性检验

DV	IV	Unstd.	Std.	SE	z-value	P	R^2	Hypothesis	Result
非伦理行为	照顾沟通	-0.357	-0.350	0.113	-3.156	0.002		H1a	支持
	提拔奖励	0.125	0.140	0.098	1.270	0.204	0.253	H1b	不支持
	宽容犯错	0.253	0.335	0.050	5.114	0.003		H1c	支持

由图 5-9 可知，差序式领导三个维度之照顾沟通、提拔奖励和宽容犯错对员工职场非伦理行为直接影响的结构模型的拟合度检验中，$\chi^2 = 259.816$，$df = 98$，$\chi^2/df = 2.651$，$GFI = 0.929$，$AGFI = 0.901$，$CFI = 0.954$，$TLI = 0.943$，$RMSEA = 0.062$，均满足模型判定标准，拟合度良好。

由表 5-48 可知，差序式领导三个维度之照顾沟通、提拔奖励和宽容犯错对员工职场非伦理行为影响的标准化回归系数（路径载荷系数）分别为 -0.350、0.140 和 0.335，照顾沟通对员工职场非伦理行为有显著负向影响，宽容犯错则对员工职场非伦理行为有显著正向影响，而提拔奖励则虽有正向影响，但并不显著。因此 H1a 和 H1c 得到支持，H1b 未得到支持。

再接着，对加入中介变量组织认同的中介结构模型进行检验和分析。由第一步骤中的图 5-6 可知，中介结构模型拟合度检验中，$\chi^2 = 647.929$，$df = 314$，$\chi^2/df = 2.063$，$GFI = 0.896$，$IFI = 0.939$，$CFI = 0.939$，$TLI = 0.931$，$RMSEA = 0.050$，各类指标均符合模型判定标准，拟合度良好。

以组织认同为中介的结构模型显著性检验表明，差序式领导三个维度之照顾沟通、提拔奖励和宽容犯错对员工组织认同影响的标准化回归系数（路径载荷系数）分别为 0.558、-0.037 和 -0.262，照顾沟通对员工组织认同有显著正向影响，宽容犯错则对员工组织认同有显著负向影响，而提拔奖励则虽有负向影响，但并不显著（表 5-49）。因此 H2a 和 H2c 得到支持，H2b 未得到支持。组织认同对员工职场非伦理行为影响的标准化回归系数（路径载荷系数）为 -0.242，效果显著，故 H3 也得到支持。此中介结构模型中差序式领导三个维度之照顾沟通、提拔奖励和宽容犯错对员工职场非伦理行为影响的标准化回归系数（路径载荷系数）同样证明，H1a 和 H1c 得到支持，H1b 未得到支持。

表 5-49 以组织认同为中介的结构模型显著性检验

DV	IV	Unstd.	Std.	SE	z-value	P	R^2	Hypothesis	Result
组织认同	照顾沟通	0.472	0.558	0.097	4.865			H2a	支持
	提拔奖励	-0.027	-0.037	0.080	-0.337	0.736	0.357	H2b	不支持
	宽容犯错	-0.163	-0.262	0.038	-4.291			H2c	支持
非伦理行为	组织认同	-0.298	-0.242	0.080	-3.721			H3	支持
	照顾沟通	-0.226	-0.218	0.120	-1.881	0.040	0.287	H1a	支持
	提拔奖励	0.118	0.132	0.096	1.236	0.216		H1b	不支持
	宽容犯错	0.209	0.274	0.049	4.277			H1c	支持

在对组织认同中介的检验方面，本研究采用 AMOS 软件中的公式和 bootstrap 功能来加以验证。在 AMOS 24.0 软件左下方的 Estimating 功能区

里面将本研究需要检验的直接效应和中介效应公式输入,然后在 95% 置信区间 bootstrap 1000 次,而后分析数据结果即可。在相关数。结果中,如果 $\Phi \pm 2\sigma$、bias-corrected percentile 及 percentile 的 95% 置信区间不包含 0,则表示影响路径显著。由表 5-50 可知,照顾沟通通过组织认同影响员工职场非伦理行为的作用路径的置信区间中未包含 0,而且此时照顾沟通对员工职场非伦理行为的直接影响虽然降低,但仍然显著。因此,组织认同在照顾沟通与员工职场非伦理行为之间有部分中介作用,即假设 H4a 得到数据的支持。同理亦可知,组织认同在宽容犯错与员工职场非伦理行为之间有部分中介作用存在,即假设 H4c 得到数据的支持。而组织认同在提拔奖励与员工职场非伦理行为之间的中介作用则没有得到数据支持,假设 H4b 被拒绝。在表 5-50 组织认同中介作用显著性检验中,同样可以发现支持假设 H1a 和 H1c 的证据。

5.5.3 心理授权中介作用的检验

心理授权中介作用的检验参照组织认同中介作用检验的步骤和方式进行。本研究首先将原假设模型视为模型 1;将模型 1 中差序式领导三个维度直接指向员工职场非伦理行为的路径删除后得到的模型视为模型 2;模型 3 则是没有对中介效应加以假设,而是估计差序式领导三个维度和心理授权对员工职场非伦理行为的直接效应。从三个模型的比较来看,模型 2 和模型 3 虽然拟合程度也不错,但相对于原假设模型而言,跟前述组织认同中介作用模型一样,还是有所不如。因此,本研究原假设模型比嵌套模型和替代模型更适合代表和反映本研究各变量之间的关系(图 5-10、图 5-11、图 5-12 和表 5-51)。

由于前面已对差序式领导三维度之照顾沟通、提拔奖励和宽容犯错直接作用员工职场非伦理行为的结构方程模型进行了拟合度检验和显著性分析,所以本部分不再重复此步骤。而是直接对加入中介变量心理授权的中介结构模型进行检验和分析。

由前一步骤中的图 5-10 可知,在以心理授权为中介的原假设结构模型拟合度检验中,$\chi^2 = 400.408$,$df = 160$,$\chi^2/df = 2.503$,$GFI = 0.913$,$IFI = 0.941$,$CFI = 0.940$,$TLI = 0.929$,$RMSEA = 0.059$,各类指标均符合

表 5-50 组织认同中介作用显著性检验

影响路径	点估计 ($\varPhi$)	标准误 (σ)	$\varPhi \pm 2\sigma$		偏差校正和百分位数		百分位数		假设	结果
			低	高	低	高	低	高		
					Bootstrap法 1000 次的 95% 置信区间					
ZG—OI—UB	-0.140	0.057	-0.254	-0.026	-0.299	-0.069	-0.295	-0.056	H4a	支持
TJ—OI—UB	0.008	0.029	-0.050	0.066	-0.041	0.079	-0.041	0.072	H4b	不支持
KF—OI—UB	0.048	0.018	0.012	0.084	0.018	0.094	0.016	0.093	H4c	支持
ZG—UB	-0.226	0.139	-0.444	-0.008	-0.513	-0.009	-0.577	-0.022	H1a	支持
TJ—UB	0.118	0.100	-0.082	0.318	-0.029	0.345	-0.029	0.345	H1b	不支持
KF—UB	0.209	0.048	0.113	0.305	0.094	0.287	0.122	0.316	H1c	支持

注：ZG 为照顾沟通，TJ 为提拔奖励，KF 为宽容犯错，OI 为组织认同，UB 为非伦理行为。

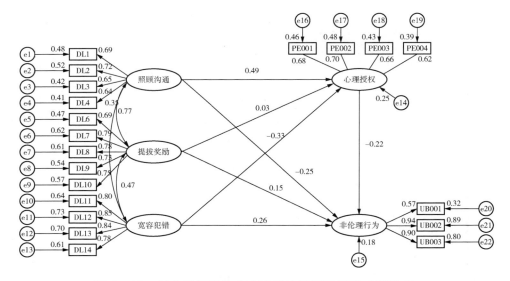

图 5-10　以心理授权为中介变量的原假设模型（模型 1）

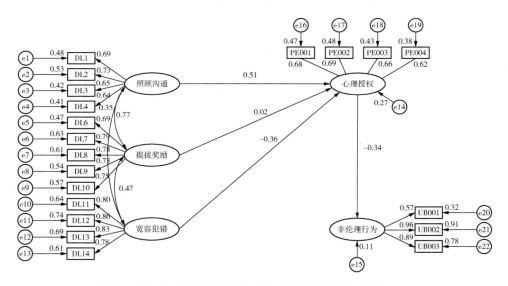

图 5-11　以心理授权为中介变量的嵌套模型（模型 2）

判定标准，拟合度良好。

表 5-51　心理授权中介作用的结构方程模型比较

模型	$Chi-squ/df$	GFI	IFI	CFI	TLI	RMSEA
模型 1	2.503	0.913	0.941	0.940	0.929	0.059
模型 2	2.610	0.908	0.935	0.935	0.922	0.061
模型 3	2.879	0.901	0.925	0.924	0.911	0.066

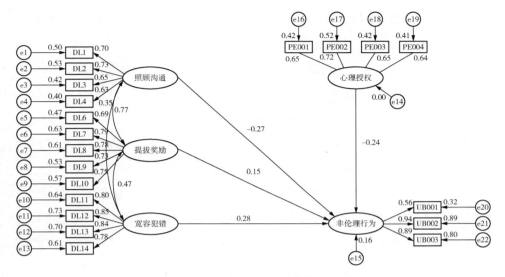

图 5-12　取消心理授权中介作用的替代模型（模型3）

　　以心理授权为中介的结构模型显著性检验表明，差序式领导三个维度即照顾沟通、提拔奖励和宽容犯错对员工心理授权影响的标准化回归系数（路径载荷系数）分别为 0.491、0.033 和 -0.335，照顾沟通对员工心理授权感知有显著正向影响，宽容犯错对员工心理授权感知有显著负向影响，而提拔奖励则虽有正向影响，但并不显著（表 5-52）。因此 H5a 和 H5c 得到支持，H5b 未得到支持。心理授权对员工职场非伦理行为影响的标准化回归系数（路径载荷系数）为 -0.220，效果显著，故 H3 也得到支持。此中介结构模型中差序式领导三个维度之照顾沟通、提拔奖励和宽容犯错对员工职场非伦理行为影响的标准化回归系数（路径载荷系数）同样证明 H1a 和 H1c 得到支持，H1b 未得到支持。

表 5-52　以心理授权为中介的结构模型显著性检验

DV	IV	Unstd.	Std.	SE	z-value	P	R^2	Hypothesis	Result
心理授权	照顾沟通	0.396	0.491	0.098	4.044	0.008		H5a	支持
	提携奖励	0.023	0.033	0.083	0.277	0.782	0.354	H5b	不支持
	宽容犯错	-0.198	-0.335	0.040	-4.943	0.041		H5c	支持
非伦理行为	心理授权	-0.282	-0.220	0.090	-3.136	0.002		H6	支持
	照顾沟通	-0.256	-0.248	0.120	-2.139	0.032	0.279	H1a	支持
	提携奖励	0.135	0.151	0.096	1.403	0.161		H1b	不支持
	宽容犯错	0.199	0.262	0.051	3.936	0.036		H1c	支持

在对心理授权中介作用的检验方面,本研究遵循前一中介检验的方法,采用 AMOS 软件中的公式和 bootstrap 功能来加以验证。在 AMOS 24.0 软件左下方的 Estimating 功能区里面将本研究需要检验的直接效应和中介效应公式输入,然后在 95% 置信区间 bootstrap 1000 次,而后分析数据结果即可。在相关数据结果中,如果 $\Phi \pm 2\sigma$、bias-correct percentile 及 percentile 的 95% 置信区间不包含 0,则表示影响路径显著。由表 5-53 可知,照顾沟通通过心理授权影响员工职场非伦理行为的作用路径的置信区间中未包含 0,而且此时照顾沟通对员工职场非伦理行为的直接影响虽然降低,但仍然显著。因此,心理授权在照顾沟通与员工职场非伦理行为之间有部分中介作用,即假设 H7a 得到数据的支持。同理亦可知,心理授权在宽容犯错与员工职场非伦理行为之间起到了部分中介作用,即假设 H7c 得到数据的支持。而心理授权在提拔奖励与员工职场非伦理行为之间的中介作用则没有得到数据支持,假设 H7b 被拒绝。在表 5-53 心理授权中介作用显著性检验中,同样可以发现支持假设 H1a 和 H1c 的证据。

5.5.4 权力距离调节作用的检验

在现实研究中,人们只能依据现有条件和认知能力对相关理论进行构建,因此在现实中往往会出现挂一漏万的情况,无法对新发展的理论进行全方位的界定和规范。因此,研究者就提出了调节变量的说法,它可以对现有理论的边界条件和适用范围进行适度限制或界定。陈晓萍、徐淑英和樊景立(2008)认为,对某组关系在不同情境背景下的发展变化及潜在成因进行研究,可以进一步推进原有理论,使理论对不同变量之间的关系解释得更为精准、到位,也更为科学。因此,本研究拟将权力距离看成调节变量,考察它对自变量(差序式领导)与因变量(非伦理行为)之间以及自变量(差序式领导)与中介变量(组织认同与心理授权)之间关系的影响,即探讨两者之间的关系在不同权力距离水平下是否会有显著的变化。

在权力距离调节作用的检验方面,本研究拟采用多层次线性回归分析的方法进行。本研究首先对自变量和调节变量对因变量的影响效应进行考察,然后将调节变量和自变量之间的乘积项放入相应的回归方程,如果乘

表 5-53　心理授权中介作用显著性检验

影响路径	点估计 (Φ)	标准误 (σ)	$\Phi \pm 2\sigma$		Bootstrap 法 1000 次的 95% 置信区间				假设	结果
					偏差校正和百分位数		百分位数			
			低	高	低	高	低	高		
ZG—PE—UB	-0.112	0.052	-0.216	-0.008	-0.250	-0.033	-0.241	-0.030	H7a	支持
TJ—PE—UB	-0.006	0.031	-0.068	0.056	-0.081	0.047	-0.072	0.056	H7b	不支持
KF—PE—UB	0.056	0.023	0.010	0.102	0.018	0.109	0.015	0.106	H7c	支持
ZG—UB	-0.256	0.119	-0.494	-0.018	-0.541	-0.012	-0.601	-0.047	H1a	支持
TJ—UB	0.135	0.104	-0.073	0.343	-0.033	0.361	-0.022	0.387	H1b	不支持
KF—UB	0.199	0.049	0.101	0.297	0.106	0.303	0.107	0.303	H1c	支持

注：ZG 为照顾沟通，TJ 为提拔奖励，KF 为宽容犯错，PE 为心理授权，UB 为非伦理行为。

积项系数水平显著,则证明调节作用显著。在这里,主要关注自变量(差序式领导三个维度)与调节变量(权力距离)的乘积项影响因变量(非伦理行为、组织认同和心理授权)的 β 系数是否显著(0.05 水平,服从 t 分布),以此来判断调节作用是否存在;另外一方面,R^2 也是检验调节效应是否存在的一个重要指标,ΔR^2 显著,即服从 F 分布,调节效应存在。

在对调节效应进行检验时,为了避免因各变量及相应乘积项高度相关而出现共线性问题。本研究参考陈晓萍和徐淑英等(2008)的研究,先用 SPSS 对需要分析的变量(自变量与调节变量)进行数据标准化处理,而后再将之两两相乘算出乘积项,接着再将未标准化的自变量和因变量以及乘积项同时放入 SPSS 软件中的多层次线性回归,如此一来,即可对调节效应加以检验。

1. 权力距离在差序式领导与员工职场非伦理行为之间的调节作用

依据前述检验程序,对权力距离在差序式领导与员工职场非伦理行为之间的调节效应进行多元回归分析检验(表 5-54)。

表 5-54 权力距离调节差序式领导对员工职场非伦理行为影响的回归分析结果

变量	因变量:员工职场非伦理行为			
	模型一	模型二	模型三	模型四
控制变量				
性别	-0.035	-0.025	-0.031	-0.029
教育程度	0.069	0.112*	0.086	0.082
职位	-0.038	-0.083	-0.043	-0.049
工龄	-0.049	-0.034	-0.050	-0.046
认识时间	-0.035	-0.015	-0.025	-0.025
主效应				
照顾沟通	-0.241***		-0.228***	-0.250***
提拔奖励	0.089		0.098	-0.106
宽容犯错	0.322***		0.294***	0.301***
权力距离		-0.191***	-0.130**	-0.127**
调节效应				
照顾沟通×权力距离				0.118*
提拔奖励×权力距离				-0.011

(续上表)

变量	因变量：员工职场非伦理行为			
	模型一	模型二	模型三	模型四
宽容犯错×权力距离				-0.051
F 值	12.417***	8.052***	18.482***	16.764***
R^2 值	0.238	0.154	0.253	0.363
调整 R^2	0.221	0.141	0.235	0.238
ΔR^2	0.238	0.154	0.099	0.100
容忍度	0.463~0.975	0.469~0.976	0.462~0.974	0.436~0.971
VIF	1.026~2.160	1.025~2.153	1.026~2.166	1.029~2.296

注：$*P<0.05$，$**P<0.01$，$***P<0.001$；ΔR^2 服从 F 分布；回归系数经过标准化处理。

调节效应检验结果表明，各变量的方差膨胀因子（VIF）在模型一、模型二、模型三以及模型四中的系数值分别介于 1~2.296 之间，多重共线性情况不存在。

在模型一中，以权力距离为自变量，员工职场非伦理行为为因变量，回归结果显示：权力距离对员工职场非伦理行为的负向影响显著（$\beta = -0.191$，$P<0.001$），假设 H8 得到数据结果支持；F 值为 8.052，在 0.001 水平上显著；R^2 为 0.154，权力距离可以解释员工职场非伦理行为 15.4% 的变差。

在模型二中，以差序式领导之三个维度为自变量，员工职场非伦理行为为因变量，回归结果显示：照顾沟通对员工职场非伦理行为负向影响显著（$\beta = -0.241$，$P<0.001$），宽容犯错对员工职场非伦理行为正向影响显著（$\beta = 0.322$，$P<0.01$），提拔奖励的正向影响不显著（$\beta = 0.089$，$P>0.05$）。

在模型三中，以差序式领导之三个维度为自变量，权力距离为调节变量，员工职场非伦理行为为因变量，回归结果显示：F 值为 18.462，在 0.001 水平上显著；R^2 为 0.253，自变量可以解释因变量 25.3% 的变差。

在模型四中，以模型三基础，另外加入自变量与调节变量的交互项，回归结果显示：F 值为 16.764，在 0.001 水平上显著；R^2 为 0.363，自变量可以解释因变量 36.3% 的变差；ΔR^2 为 0.100，解释增量为 10%。

由模型四的回归分析结果可知,交互项照顾沟通×权力距离在 0.05 水平上显著($\beta = 0.118$,$P < 0.05$),提拔奖励×权力距离在 0.05 水平上不显著($\beta = -0.011$,$P > 0.05$),宽容犯错×权力距离在 0.01 水平上不显著($\beta = -0.051$,$P > 0.01$),这说明权力距离在照顾沟通、提拔奖励和宽容犯错与员工职场非伦理行为关系之间的调节作用是不一样的。具体而言,员工权力距离水平越低,照顾沟通对非伦理行为的负向影响越大;反之则相反。而在提拔奖励、宽容犯错与员工职场非伦理行为关系之间,权力距离并不存在明显的调节作用。因此,假设 H9a 得到数据支持,H9b 和 H9c 未得到数据支持。

为了更直观明了地显示调节效应,按照 Cohen 等(2003)的做法,分别以正负一个标准差为基准对照顾沟通和权力距离进行区别,并绘制了相应图形。图 5-13 描绘出了权力距离调节照顾沟通对员工职场非伦理行为影响的趋势。从图 5-13 可以看出,照顾沟通影响员工职场非伦理行为的方向并没有受到权力距离的影响,权力距离高低与否,只是在影响员工职场非伦理行为的强弱程度上有作用。对于高权力距离的员工,照顾沟通对非伦理行为的负向影响弱于那些低权力距离的员工。由前文实证研究结果可知,权力距离负向影响员工职场非伦理行为,因此在照顾沟通维度影响方面,低权力距离员工职场非伦理行为程度要高于高权力距离员工。

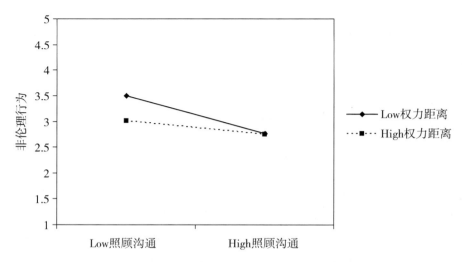

图 5-13 权力距离对照顾沟通与员工非伦理行为关系的调节效应趋势

2. 权力距离在差序式领导与员工组织认同之间的调节作用

依据前述检验程序，对权力距离在差序式领导与员工组织认同之间的调节效应进行多元回归分析检验（表5-55）。

表5-55 权力距离调节差序式领导对组织认同影响的回归分析结果

变量	因变量：组织认同			
	模型一	模型二	模型三	模型四
控制变量				
性别	0.045	0.044	0.042	0.041
教育程度	-0.001	0.001	-0.016	-0.014
职位	0.331***	0.378***	0.335***	0.339***
工龄	-0.009	-0.031	-0.008	-0.009
认识时间	0.000	0.004	-0.009	-0.002
主效应				
照顾沟通	0.357***		0.345***	0.373***
提拔奖励	0.051		0.043	0.014
宽容犯错	-0.175***		-0.151**	-0.132**
权力距离		0.165***	0.110*	0.126**
调节效应				
照顾沟通×权力距离				0.108*
提拔奖励×权力距离				0.040
宽容犯错×权力距离				-0.074
F值	20.322***	14.347***	19.059***	15.244***
R^2值	0.278	0.169	0.289	0.356
调整R^2	0.264	0.157	0.274	0.336
ΔR^2	0.278	0.169	0.120	0.067
容忍度	0.463-0.975	0.463-0.980	0.462-0.974	0.436-0.972
VIF	1.026-2.160	1.020-2.160	1.026-2.166	1.029-2.296

注：$*P<0.05$，$**P<0.01$，$***P<0.001$；ΔR^2服从F分布；回归系数经过标准化处理。

调节效应检验结果表明，各变量的方差膨胀因子（VIF）在模型一、模型二、模型三以及模型四中的系数值分别介于1～2.296之间，多重共线性情况不存在。

在模型一中，以权力距离为自变量，员工组织认同为因变量，回归结果显示：权力距离对员工组织认同的正向影响显著（$\beta = 0.165$，$P < 0.001$）；F 值为 14.347，在 0.001 水平上显著；R^2 为 0.169，权力距离可以解释员工组织认同 16.9% 的变差。

在模型二中，以差序式领导之三个维度为自变量，员工组织认同为因变量，回归结果显示：照顾沟通对员工组织认同正向影响显著（$\beta = 0.357$，$P < 0.001$），宽容犯错对员工组织认同负向影响显著（$\beta = -0.157$，$P < 0.01$），提拔奖励的正向影响不显著（$\beta = 0.051$，$P > 0.05$）。

在模型三中，以差序式领导之三个维度、权力距离为调节变量，员工组织认同为因变量，回归结果显示：F 值为 19.059，在 0.001 水平上显著；R^2 为 0.289，自变量可以解释因变量 28.9% 的变差。

在模型四中，以模型三基础，另外加入自变量与调节变量的交互项，回归结果显示：F 值为 15.244，在 0.001 水平上显著；R^2 为 0.363，自变量可以解释因变量 36.3% 的变差；ΔR^2 为 0.067，解释增量为 6.7%。

由模型四的回归分析结果可知，交互项照顾沟通×权力距离在 0.05 水平上显著（$\beta = 0.108$，$P < 0.05$），提拔奖励×权力距离在 0.05 水平上不显著（$\beta = -0.040$，$P > 0.05$），宽容犯错×权力距离在 0.01 水平上不显著（$\beta = -0.074$，$P > 0.01$），这说明权力距离在照顾沟通、提拔奖励和宽容犯错与员工组织认同之间的调节作用是不一样的。具体而言，员工权力距离水平越高，照顾沟通对组织认同的正向影响越大，反之则相反。而在提拔奖励、宽容犯错与员工组织认同的关系之间，权力距离并不存在明显的调节作用。因此，假设 H10a 得到数据支持，H10b 和 H10c 未得到数据支持。

为了更直观明了地显示调节效应，按照 Cohen 等（2003）的做法，分别以正负一个标准差为基准对照顾沟通和权力距离进行区别，并绘制相应图形。图 5-14 描绘了权力距离调节照顾沟通对员工组织认同影响的趋势。从图 5-14 可以看出：照顾沟通影响员工组织认同的方向并没有受到权力距离的影响，权力距离高低与否，只是在影响员工组织认同的强弱程度上有作用。对于高权力距离的员工，照顾沟通对组织认同的正向影响强于那些低权力距离的员工。由前文实证研究结果可知，权力距离正向影响员工组织认同,因此在照顾沟通维度影响方面,高权力距离员工组织认同程度要高于低权力距离员工。

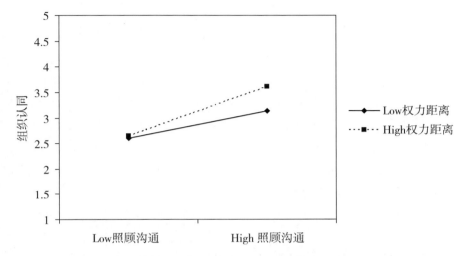

图5-14 权力距离对照顾沟通与员工组织认同关系的调节效应趋势

3. 权力距离在差序式领导与员工心理授权感知之间的调节作用

同样依照前述检验程序,对权力距离在差序式领导与员工心理授权感知之间的调节效应进行多元回归分析检验(表5-56)。

调节效应检验结果表明,各变量的方差膨胀因子(VIF)在模型一、模型二、模型三以及模型四中的系数值分别介于1~2.296之间,多重共线性情况不存在。

在模型一中,以权力距离为自变量,员工心理授权为因变量,回归结果显示:权力距离对员工心理授权的正向影响显著($\beta = 0.130$,$P < 0.001$);F 值为 19.840,在 0.001 水平上显著;R^2 为 0.219,权力距离可以解释员工心理授权21.9%的变差。

在模型二中,以差序式领导之三个维度为自变量,员工心理授权为因变量,回归结果显示:照顾沟通对员工心理授权正向影响显著($\beta = 0.292$,$P < 0.001$),宽容犯错对员工心理授权负向影响显著($\beta = -0.191$,$P < 0.01$),提拔奖励的正向影响不显著($\beta = 0.066$,$P > 0.05$)。

表5-56 权力距离调节差序式领导对心理授权影响的回归分析结果

变量	因变量：心理授权			
	模型一	模型二	模型三	模型四
控制变量				
性别	0.076	0.075	0.074	0.069
教育程度	-0.057	-0.057	-0.067	-0.061
职位	0.417***	0.462***	0.419***	0.436***
工龄	-0.017	-0.039	-0.016	-0.017
认识时间	-0.017	-0.012	-0.023	-0.009
主效应				
照顾沟通	0.292***		0.284***	0.339***
提拔奖励	0.066		0.061	0.008
宽容犯错	-0.191***		-0.175***	-0.139**
权力距离		0.130***	0.075	0.095*
调节效应				
照顾沟通×权力距离				0.131***
提拔奖励×权力距离				0.021
宽容犯错×权力距离				-0.092
F值	23.333***	19.840***	21.213***	18.365***
R^2值	0.307	0.219	0.312	0.368
调整R^2	0.294	0.208	0.297	0.326
ΔR^2	0.307	0.219	0.093	0.056
容忍度	0.463~0.975	0.463~0.975	0.462~0.974	0.460~0.972
VIF	1.026~2.160	1.020~2.160	1.026~2.166	1.029~2.175

注：*$P<0.05$，**$P<0.01$，***$P<0.001$；ΔR^2服从F分布；回归系数经过标准化处理。

在模型三中，以差序式领导之三个维度为自变量，权力距离为调节变量，员工心理授权为因变量，回归结果显示：F值为21.213，在0.001水平上显著；R^2为0.312，自变量可以解释因变量31.2%的变差。

在模型四中，以模型三基础，另外加入自变量与调节变量的交互项，回归结果显示：F值为18.365，在0.001水平上显著；R^2为0.368，自变量可以解释因变量36.8%的变差；ΔR^2为0.056，解释增量为5.6%。

由模型四的回归分析结果可知，交互项照顾沟通×权力距离在0.05

水平上显著（$\beta = 0.131$，$P < 0.05$），提拔奖励×权力距离在 0.05 水平上不显著（$\beta = 0.021$，$P > 0.05$），宽容犯错×权力距离在 0.01 水平上不显著（$\beta = -0.092$，$P > 0.01$），这说明权力距离在照顾沟通、提拔奖励和宽容犯错与员工心理授权之间的调节作用是不一样的。具体而言，员工权力距离水平越高，照顾沟通对心理授权的正向影响越大；反之则相反。而在提拔奖励、宽容犯错与员工心理授权的关系之间，权力距离并不存在明显的调节作用。因此，假设 H11a 得到数据支持，H11b 和 H11c 未得到数据支持。

为了更直观明了地显示调节效应，按照 Cohen 等（2003）的做法，分别以正负一个标准差为基准对照顾沟通和权力距离进行区别，并绘制了相应图形。图 5 - 15 描绘了权力距离调节照顾沟通对员工心理授权感知影响的趋势。从图 5 - 15 可以看出：照顾沟通影响员工心理授权的方向并没有受到权力距离的影响，权力距离高低与否，只是在影响员工心理授权的强弱程度上有作用。对于高权力距离的员工，照顾沟通对心理授权的正向影响强于那些低权力距离的员工。由前文实证研究结果可知，权力距离正向影响员工心理授权，因此在照顾沟通维度影响方面，高权力距离员工心理授权程度要高于低权力距离员工。

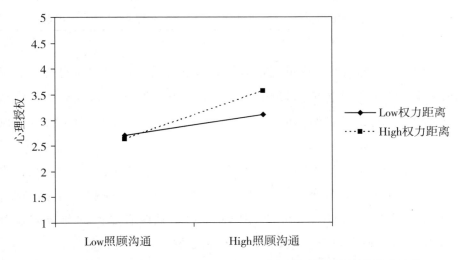

图 5 - 15　权力距离对照顾沟通与员工心理授权关系的调节效应趋势

5.5.5 有调节的中介效应检验

在有调节的中介效应检验方面，本研究参考 Hayes（2013，2015）的研究与建议，通过拔靴法（bootstrapping method）的方式，对权力距离在差序式领导与员工职场非伦理行为之间有调节的中介效应加以检验。

1. 权力距离在差序式领导→组织认同→非伦理行为中有调节的中介作用

表 5-57 和表 5-58 分别检验了不同权力距离水平下（正负一个标准差），组织认同在照顾沟通和宽容犯错与员工职场非伦理行为之间所起的中介作用。因组织认同在提拔奖励与员工职场非伦理行为之间的中介作用未得到验证，故不检验提拔奖励维度的影响。

表 5-57 权力距离在照顾沟通→组织认同→非伦理行为中有调节的中介作用检验

调节变量	照顾沟通（X）—组织认同（M）—非伦理行为（Y）			
	阶段		效应	
	第一阶段 P_{MX}	第二阶段 P_{YM}	直接效应 P_{YX}	间接效应 $P_{YM}P_{MX}$
低权力距离	0.560**	-0.240**	-0.240**	-0.134*
高权力距离	0.630**	-0.132*	-0.112*	-0.083*
组间差异	0.070*	0.108*	0.128*	0.051*

注：*$P<0.05$，**$P<0.01$，***$P<0.001$。

从表 5-57 可知，无论员工权力距离高低与否，照顾沟通对员工职场非伦理行为均存在显著负向影响（$r=-0.240$，$P<0.01$；$r=-0.112$，$P<0.05$），同时两个系数之间也差异显著（$\Delta r=0.128$，$P<0.05$），假设 1a 得到进一步验证。

照顾沟通以组织认同为中介对职场非伦理行为产生间接影响，在权力距离低时，负向影响显著（$r=-0.134$，$P<0.05$）；在权力距离高时，负向影响一样显著（$r=-0.083$，$P<0.05$），且两者之间的差异亦显著（$\Delta r=0.051$）。由此可知，假设 H12a 得到数据结果的支持。

表 5-58　权力距离在宽容犯错→组织认同→非伦理行为中有调节的中介作用检验

调节变量	宽容犯错（X）—组织认同（M）—非伦理行为（Y）			
	阶段		效应	
	第一阶段 P_{MX}	第二阶段 P_{YM}	直接效应 P_{YX}	间接效应 $P_{YM}P_{MX}$
低权力距离	-0.210**	-0.090*	0.242**	0.019
高权力距离	-0.330**	-0.173*	0.171*	0.057*
差异	-0.120*	-0.082*	-0.071*	0.038

注：*$P<0.05$，**$P<0.01$。

从表 5-58 可知，无论员工权力距离高低与否，宽容犯错对员工职场非伦理行为均存在显著正向影响（$r=0.242$，$P<0.01$；$r=0.171$，$P<0.05$），同时两个系数之间也差异显著（$r=-0.071$，$P<0.05$），假设 1c 得到进一步验证。

宽容犯错以组织认同为中介对职场非伦理行为产生间接影响，在权力距离低时，正向影响不显著（$r=0.019$，$P>0.05$）；在权力距离高时，正向影响显著（$r=0.057$，$P<0.05$），但两者之间的差异并不显著（$\Delta r=0.038$）。因此，假设 H12c 没有得到数据结果的支持。

2. 权力距离在差序式领导→心理授权→非伦理行为中有调节的中介作用

表 5-59 和表 5-60 分别检验了不同权力距离水平下（正负一个标准差），心理授权在照顾沟通和宽容犯错与员工职场非伦理行为之间所起的中介作用。因心理授权在提拔奖励与员工职场非伦理行为之间的中介作用未得到验证，故不检验提拔奖励维度的影响。

表 5-59　权力距离在照顾沟通→心理授权→非伦理行为中有调节的中介作用检验

调节变量	照顾沟通（X）—心理授权（M）—非伦理行为（Y）			
	阶段		效应	
	第一阶段 P_{MX}	第二阶段 P_{YM}	直接效应 P_{YX}	间接效应 $P_{YM}P_{MX}$
低权力距离	0.490**	-0.192**	-0.280**	-0.094*
高权力距离	0.530**	-0.092*	-0.146*	-0.049*
差异	0.040*	0.099*	0.134*	0.045*

注：*$P<0.05$，**$P<0.01$。

从表 5-59 可知，无论员工权力距离高低与否，照顾沟通对员工职场非伦理行为均存在显著负向影响（$r=-0.280$，$P<0.01$；$r=-0.146$，$P<0.05$），同时两个系数之间也差异显著（$\Delta r=0.134$，$P<0.05$），假设 1a 得到进一步验证。

照顾沟通以心理授权为中介对职场非伦理行为的间接影响，在权力距离低时，负向影响显著（$r=-0.094$，$P<0.05$）；在权力距离高时，负向影响一样显著（$r=-0.049$，$P<0.05$），且两者之间的差异亦显著（$\Delta r=0.045$）。由此可知，假设 H13a 得到数据结果的支持。

表 5-60　权力距离在宽容犯错→心理授权→非伦理行为中有调节的中介作用检验

调节变量	宽容犯错（X）—心理授权（M）—非伦理行为（Y）			
	阶段		效应	
	第一阶段 P_{MX}	第二阶段 P_{YM}	直接效应 P_{YX}	间接效应 $P_{YM}P_{MX}$
低权力距离	-0.210**	-0.119*	0.236**	0.025
高权力距离	-0.290**	-0.166*	0.180*	0.048*
差异	-0.080*	-0.046*	-0.056*	0.023

注：*$P<0.05$，**$P<0.01$。

从表 5-60 可知，无论员工权力距离高低与否，宽容犯错对员工职场非伦理行为均存在显著正向影响（$r=0.263$，$P<0.01$；$r=0.180$，$P<0.05$），同时两个系数之间也差异显著（$r=-0.056$，$P<0.05$），假设 H1c 得到进一步验证。

宽容犯错以心理授权为中介对职场非伦理行为产生间接影响，在权力距离低时，正向影响不显著（$r=0.025$，$P>0.05$）；在权力距离高时，正向影响显著（$r=0.048$，$P<0.05$），但两者之间的差异并不显著（$\Delta r=0.023$）。因此，假设 H13c 没有得到数据结果的支持。

5.6　本章小结

本章主要是对所收集的大样本数据进行分析。本章内容分三部分：一是对样本数据的详细情况加以介绍，包括研究对象的确定、样本收集过程和样本大致情况等等；二是对各变量量表进行各类假设验证之前的分析，包括信效度分析、共同方法偏差检验以及人口统计学变量对员工组织认同、心理授权以及员工职场非伦理行为的影响；三是采用 Pearson 相关分析法、AMOS 结构方程模型、多元线性回归分析法和 Process 插件等方法对各类变量之间的相关关系、因果关系、中介作用和调节作用进行实证分析，逐一检验前述所提假设。

第六章 研究结果讨论

本文选取员工职场非伦理行为这一越来越常见的消极职场行为作为研究对象，以差序格局理论、领导－成员交换理论、社会认同理论和期望理论为基础，引入组织认同和心理授权双中介变量和权力距离调节变量，对中国式之差序式领导对员工职场非伦理行为的影响机制进行了探索。根据相关理论和概念模型，本研究一共提出了33条基本假设，并通过样本收集、数据分析和实证检验等环节对假设进行了验证。实证分析结果表明，本研究所提出的假设多数得到了数据的验证与支持，但也有部分假设没有得到数据支持。本章主要将尝试对实证检验结果做更进一步的分析和解释。

6.1 假设检验结果汇总

从上一章的实证检验可知，在本研究所推导出的33个待检验假设中，有18个假设得到实证结果的支持，其他15个假设在影响方向上也大都与理论假设相一致，但程度并不显著。系列假设检验结果汇总如下表6－1所示。

表6－1 假设检验结果汇总表

假设	假设内容	检验结果
H1	差序式领导对员工非伦理行为有影响作用	—
H1a	差序式照顾沟通员工非伦理行为有负向影响	支持
H1b	差序式提拔奖励员工非伦理行为有负向影响	不支持
H1c	差序式宽容犯错员工非伦理行为有正向影响	支持
H2	差序式领导对员工组织认同有影响作用	—
H2a	差序式照顾沟通对员工组织认同有正向影响	支持
H2b	差序式提拔奖励对员工组织认同有正向影响	不支持

（续上表）

假设	假设内容	检验结果
H2c	差序式宽容犯错对员工组织认同有负向影响	支持
H3	组织认同对员工职场非伦理行为有负向影响作用	支持
H4	组织认同在差序式领导与员工职场非伦理行为之间起中介作用	—
H4a	组织认同在照顾沟通与员工职场非伦理行为之间起中介作用	支持
H4b	组织认同在提拔奖励与员工职场非伦理行为之间起中介作用	不支持
H4c	组织认同在宽容犯错与员工职场非伦理行为之间起中介作用	支持
H5	差序式领导对心理授权有影响作用	—
H5a	差序式照顾沟通对心理授权有正向影响	支持
H5b	差序式提拔奖励对心理授权有正向影响	不支持
H5c	差序式宽容犯错对心理授权有负向影响	支持
H6	心理授权对员工职场非伦理行为有负向影响	支持
H7	心理授权在差序式领导与员工职场非伦理行为之间起中介作用	—
H7a	心理授权在照顾沟通与员工职场非伦理行为之间起中介作用	支持
H7b	心理授权在提拔奖励与员工职场非伦理行为之间起中介作用	不支持
H7c	心理授权在宽容犯错与员工职场非伦理行为之间起中介作用	支持
H8	权力距离对员工职场非伦理行为有负向影响	支持
H9	权力距离在差序式领导与员工职场非伦理行为之间起调节作用	—
H9a	权力距离在照顾沟通与员工职场非伦理行为之间起调节作用	支持
H9b	权力距离在提拔奖励与员工职场非伦理行为之间起调节作用	不支持
H9c	权力距离在宽容犯错与员工职场非伦理行为之间起调节作用	不支持
H10	权力距离在差序式领导与员工组织认同之间起调节作用	—
H10a	权力距离在照顾沟通与员工组织认同之间起调节作用	支持
H10b	权力距离在提拔奖励与员工组织认同之间起调节作用	不支持
H10c	权力距离在宽容犯错与员工组织认同之间起调节作用	不支持
H11	权力距离在差序式领导与员工心理授权之间起调节作用	—
H11a	权力距离在照顾沟通与员工心理授权之间起调节作用	支持
H11b	权力距离在提拔奖励与员工心理授权之间起调节作用	不支持
H11c	权力距离在宽容犯错与员工心理授权之间起调节作用	不支持
H12	权力距离对员工组织认同在差序式领导与员工职场非伦理行为之间的中介效应具有调节作用	—
H12a	权力距离对员工组织认同在照顾沟通与员工职场非伦理行为之间的中介效应具有调节作用	支持

（续上表）

假设	假设内容	检验结果
H12b	权力距离对员工组织认同在提拔奖励与员工职场非伦理行为之间的中介效应具有调节作用	不支持
H12c	权力距离对员工组织认同在宽容犯错与员工职场非伦理行为之间的中介效应具有调节作用	不支持
H13	权力距离对员工心理授权在差序式领导与员工职场非伦理行为之间的中介效应具有调节作用	—
H13a	权力距离对员工心理授权在照顾沟通与员工职场非伦理行为之间的中介效应具有调节作用	支持
H13b	权力距离对员工心理授权在提拔奖励与员工职场非伦理行为之间的中介效应具有调节作用	不支持
H13c	权力距离对员工心理授权在宽容犯错与员工职场非伦理行为之间的中介效应具有调节作用	不支持

6.2 研究结果解释与讨论

总体来看，数据分析结果基本支持了本研究的假设，具体如下：

（1）差序式领导之照顾沟通对员工职场非伦理行为有显著负向影响，差序式领导之宽容犯错对员工职场非伦理行为有显著正向影响；差序式领导之照顾沟通对员工组织认同有显著正向影响，差序式领导之宽容犯错对员工组织认同有显著负向影响；差序式领导之照顾沟通对员工心理授权有显著正向影响，差序式领导之宽容犯错对员工心理授权有显著负向影响。

（2）组织认同对员工职场非伦理行为有显著负向影响，同时其在差序式领导之照顾沟通和宽容犯错与员工职场非伦理行为之间起中介作用；心理授权对员工职场非伦理行为有显著负向影响，同时其在差序式领导之照顾沟通和宽容犯错与员工职场非伦理行为之间起中介作用。

（3）权力距离对员工职场非伦理行为有显著负向影响，同时其在差序式领导之照顾沟通与员工职场非伦理行为之间起调节作用，在差序式领导之照顾沟通与组织认同及心理授权之间起调节作用。

（4）权力距离对员工组织认同在照顾沟通与员工职场非伦理行为之间的中介效应具有调节作用，对员工心理授权在照顾沟通与员工职场非伦理行为之间的中介效应也具有调节作用。

（5）方差分析结果显示，性别、年龄、婚姻、教育程度、工作年限、职位级别及与主管认识时间 7 个控制变量在中介变量和因变量上存在一定的差异。

接下来，本研究将就每一个研究结果加以详细解释和讨论，分析假设成立或不成立的可能原因，以更准确地对本研究的价值和不足进行定位。

6.2.1 差序式领导对员工职场非伦理行为影响的实证结果解释

本研究发现，以差序式领导为自变量，员工职场非伦理行为为因变量所构建的结构模型拟合度良好，显著性检验也得到验证，自变量所解释的变差比例为 25.3%，但这并不意味着职场非伦理行为与差序式领导的三维度之间的关系都显著，宽容犯错（$\beta = 0.335$，$P < 0.001$）对员工职场非伦理行为具有显著的正向影响，照顾沟通（$\beta = -0.357$，$P < 0.01$）对员工职场非伦理行为具有显著的负向影响，而提拔奖励对员工职场非伦理行为有正向影响，但影响却并不显著（$\beta = 0.140$，$P > 0.05$）。因此，假设 H1a 和 H1c 得到支持，假设 H1b 未得到支持。

以上研究结果表明，差序式领导之照顾沟通（$\beta = -0.357$，$P < 0.01$）对员工职场非伦理行为具有显著负向影响。这说明，差序式领导之照顾沟通可以降低员工职场非伦理行为发生的频率。从本研究文献综述可知，中国是一个人伦关系差序化的国家，在我们的国度里，人们敬畏和崇拜上级，认为上级在某种程度上就是组织的化身，上级的态度和行为往往就是组织的态度和行为。因此，当组织内员工发现领导者对某些员工出现适度的偏私对待时，心里能够坦然接受，甚至有可能认为这是理所当然的，只有和领导搞好关系才能获得更优质的资源和更良好的发展空间。这方面的结果我们还可以从领导 - 成员交换理论的角度去尝试解释。郑伯埙（1995，2004）认为，在中国文化情境下，领导者一般会按三个标准对属下员工进行归类：一是亲，即关系；二是忠，即忠诚；三是才，即才能。在现实职场中，如果这三方面表现突出，那么就很可能会被领导当成"自己人"，因此也就能获得领导更多的关照，取得更优质的资源。所以，当

员工因亲、忠或才而赢得领导青睐,获得差序式关照的时候,"自己人"员工为回报领导的关照,同时也是为了进一步获取更丰富的组织资源,会展现更多正面组织行为,从而也就降低了从事职场非伦理行为的概率;而对于圈外员工而言,其看到领导对自己人的资源照顾时,一方面是默认为理所当然的,另一方面也为了能够成为领导者的"自己人"而努力工作、尽力表现,所以其可能的职场非伦理行为会减少或者消除。

同时本研究也从研究结果发现,差序式领导之宽容犯错($\beta = 0.335$,$P < 0.001$)对员工职场非伦理行为具有显著的正向影响。这个结果证实了邱敏佳(2011)认为宽容犯错是一种消极领导行为的论断,同时也验证了本研究的假设 H1c。研究结果说明,员工感知其上级给予"自己人"在宽容犯错上的偏袒越多,对其职场非伦理行为的影响就越强。这个结果可能会让人有些无法理解,但其实如果我们换个角度,或许就能理顺其中的逻辑关系。首先,从社会评价正负不对称理论的角度来看,在职场中,人们普遍对消极负面的结果比较敏感,并且常常会采取消极措施来应对负面结果给自己带来的损失(Baumeister et al.,2001)。前述文献综述本研究提到,宽容犯错从某种程度上来说是一种消极领导,对于大多数员工来说,当看到自己犯错被领导惩罚,而那些领导偏爱的"自己人"却安然无恙的时候,心里是无法接受这种区别对待的,并因此有可能会增加职场非伦理行为来平衡自己的心态。其次,中国文化讲求"忍",只要还有希望,只要还能接受,一般都会选择"忍",譬如前面差序式领导之提拔奖励和照顾沟通维度,员工从中可以看到成为领导"自己人"的希望,同时领导这种表现方式也符合中国文化下的员工期待,所以它们会有激励作用。但对宽容犯错维度的"忍"却有个限度,当员工发现领导对"自己人"的宽容犯错已经超出了自己底线,侵犯了自己权利,损害了自己资源的时候,他们有可能"忍无可忍",并由此而施行职场非伦理行为进行反击或者报复。

研究结果表明,差序式领导之提拔奖励对员工职场非伦理行为的影响是正向的,与假设方向相反,且并不显著。接下来,本研究拟结合事后对被试群体的访谈案例和数据分类分析结果对这一结果进行深入解释。

(1)与不同员工个体所感知到的直属领导对自己人员工的提拔奖励程

度轻重有关。在对前期被试群体的访谈中,本研究发现,不同员工个体感知到的直属领导对自己人员工的提拔奖励力度是不一样的,而这个差别会显著影响个体的职场公平感知以及相应的职场行为。大多数员工可以接受直属领导能力范围之内程度较轻的提拔奖励,但对于职位更重要、奖励更丰厚的提拔奖励则明显持抗拒态度。譬如,Q公司的F员工认为,上级稍微给与自己关系比较好的员工多一些好处,他可以接受;但是如果奖励数额过多或者提拔的职位属于稀缺职位的话,则难以接受,并很可能会因此而采取一些职场消极或者负向行为平衡自己的心理。这或许是因为,轻度提拔奖励,符合中国人"关系法则"的要求和对上级领导的期待,但是重度提拔奖励则明显触碰了组织员工关于"公平法则"的底线,故会给员工产生负向认知。因此,这种程度不一的个体感知差异导致差序式领导之提拔奖励对员工职场非伦理行为的影响并不稳定,也不显著。

(2) 与组织内部不同员工个体所面临的组织资源稀缺程度有关。提拔奖励已经涉及具体的组织资源分配,主要包括资金资源和职位资源。在访谈中,本研究发现,不同职位层次的员工对直属领导在自己人员工提拔奖励方面的偏私,反应明显不太一样。普通员工更会认为这是一种正常现象,从而也更容易接受;但是基层管理者和中层管理者的反应就慢慢趋向激烈,尤其是中层管理者;高层管理者则更多持一种比较理性的态度。从访谈过程中得到的信息来看,主要是因为对于普通员工而言,他们相对年轻,也有更多的上升空间,上级领导对自己人员工的偏私提拔奖励可以满足他们对上级领导和职场前途的期待;而对于中层管理者和基层管理者而言,越往上,组织资源就越稀缺,上级领导越偏向自己人员工,也就意味着他们的希望越渺茫,从而更容易产生不满或者怨恨心理,进而做出负向非理性行为。而在本研究样本中,中层管理者和基层管理者的数量占比为55.1%,这会对整体数据的分析结果造成干扰。

(3) 与不同员工个体感知到的直属领导与自己之间的关系定位有关。访谈结果表明,那些认为自己与直属领导关系更亲密的员工更容易认可和接受上级领导对自己人员工在提拔奖励方面的偏私对待;而那些持中立或者偏负面评价的员工则对此反应比较激烈,认为这是严重违反组织公平原则的行为,他们无法接受,若无法通过正常途径得到解决,则很可能会在私下采取其他行为来加以平衡。这就涉及目前差序式领导研究最为关键的难点问题，那就是如何将员工分类和差别对待统合到一个模型中进行研究，在现实中很难设计出既包含员工分类同时又体现差别对待的差序式领导量表。而即使是自己人和外人员工的区分，目前也缺乏中国文化情景下合适的测量工具（姜定宇、张菀真，2010）。因此，这需要后续研究做更进一步的探索，以更准确地对员工进行归类，并寻找整合员工归类和上级区别对待的更合适的途径。

6.2.2 差序式领导对组织认同影响的实证结果解释

本研究结果表明，以差序式领导为自变量、组织认同为中介变量、员工职场非伦理行为为因变量所构建的结构模型拟合度良好，显著性检验也得到验证。综合来看，结构方程模型中自变量和中介变量之间的回归系数是显著的，回归模型效果很好，自变量所解释的变差比例为35.7%，但这并不意味着组织认同和每个自变量之间的关系都显著。照顾沟通对员工组织认同具有显著的正向影响（$\beta = 0.472$，$P < 0.001$），宽容犯错对员工组织认同具有显著的负向影响（$\beta = -0.262$，$P < 0.001$），而提拔奖励对员工组织认同的负向影响（$\beta = -0.037$，$P > 0.05$）并不显著。因此，假设H2a和H2c得到支持，假设H2b未得到支持。

从概念层面来说，亲切度和公平度更高的领导行为可以提升员工组织或者团队认同感，因为这种感觉会通过职场人际互动将领导的重视与尊重传递给员工个体（Tyler，1997）。因此，在文献综述和假设推演部分，本研究希望差序式领导的照顾沟通可以增强员工的合作意识（de Cremer，van Knippenberg，2002，2003；Dukerich et al.，2002），进而提升员工的组织认同感。研究结果支持了这个假设。这可以从中国文化情景下的"亲亲"法则（郑伯埙，1995）和"人情与面子"（黄光国，1988）两个传统视角进行解释。首先，从"亲亲"法则来看，正如孟子所说"亲亲而仁民，仁民而爱物"，中国式的差序格局，决定了在中国文化情景下，无论宗族，还是家庭，或是组织，皆推崇亲亲之道，并由此而推演至国家、天下，乃至天地万物。所以，之于中国传统"亲亲"法则，亲亲不仅是人与人之间一般圈内群体的基本准则，同时也是遍及万物的普遍法则。对我们的父母、兄弟和妻子要讲亲亲，此谓之孝悌友爱；对君臣、朋友及长幼要讲亲亲，此谓之恭友仁忠。可见，"亲亲"法则是中国差序式文化的核心精神所在。所以，职场中的上级和下级也必然会强调亲亲，而当部属感知到领导那种带有浓重亲人式"亲亲"关照和提携时，其对领导和组织的认同感必然会因此而得到提升。其次，从"人情与面子"来看，黄光国（1988）认为，中国式的人情是建立在"报"的基础上的，一方接受了另一方的人情，那么按中国人的讲法，那就是"欠了你的人情"，以后必须想尽一切办法予以回报，否则会为"人情"伦理所不容。因此，这种"人情"和"回报"之间的逻辑关系，很有可能就是中国组织中差序式领导实施的根本动力。上级领导给予员工亲人式的关心与照顾，而部属员工则回报上级领导以忠诚、认同与执行。从这个角度分析，我们不难理解为何差序式领导之照顾沟通会提升员工的组织认同感。

差序式领导之宽容犯错对员工组织认同有显著负向影响（$\beta = -0.262, P < 0.001$）。这可能是因为，如果说上级领导在照顾沟通方面对自己人部属偏私对待符合国人的文化价值和心理期待的话，那么宽容犯错则更多是一种过度的、错位的乃至放纵的私人人际信任，是一种消极领导行为（姜定宇、张菀真，2010）。在职场中，如果某些员工违反组织规范或者犯了其他错误，上级领导的处理方式是高举轻打、含糊应对，以致有奖无罚；而另外一些员工则迥然相反，必须就事论事，甚至夸大其辞、只罚不赏的话，会给其他员工带来不信任的感觉，认为上级领导过于偏爱自己人，从而引致员工高度不满（邱敏佳，2012），而当这种不满积累到一定程度，会溢出体现到员工日常的工作中去，降低员工的组织认同感，影响组织的正常运作。因此，宽容犯错会降低员工的组织认同感。

本研究同时也发现，差序式领导之提拔奖励对员工组织认同的负向影响并不显著（$\beta = -0.037, P > 0.05$）。这同样可以结合前述访谈案例来加以解释。一方面，不同员工个体所感知到的直属领导对自己人员工的提拔奖励程度并不一致，感知程度比较轻的会将之视为一种正常现象，满足了中国文化情景下上下级之间的定位，并会因此而对成为领导的"自己人"产生期待，从而组织认同感也会增强；但如果提拔奖励程度过重，事实上影响或者威胁到了职场其他类型员工的生存或者发展的时候，就容易产生不公平感和无力感，从而降低组织认同感。另一方面，结合人口控制变量、访谈结果和数据分类统计也可以发现，不同职位类别的员工对直属领导在提拔奖励方面的偏私对待，反应也是不一样的。相对于普通员工，基层管理者组织认同感更低，并且数据分类统计结果也表明，差序式之提拔奖励显著负向影响基层和高层管理者的组织认同，这会对整体数据结果产生干扰作用。第三，与上级之间的关系定位同样会对此结果造成干扰，与上级关系更密切的员工更容易受上级的影响而认同或者不认同组织。本研究在访谈中发现，员工的组织认同在很大程度上会因上下级关系而受上级的组织认同所影响。譬如，Z 公司的 Y 员工就认为，他对组织的认知或者认同很大程度上来自上级领导，如果上下级关系较为密切，那么员工与上级直接的组织认同会较为趋同，反之则相反。以上都是导致差序式领导之提拔奖励对员工组织认同的负向影响并不显著的可能原因。

另外，从普遍意义角度来看，虽然上级领导对"自己人"的提拔奖励会引起员工某种程度上的反感，但是这种负面影响可能会因前面所提之"亲亲"法则和"人情与面子"所弱化，这是中国传统文化根深蒂固的影响。与此同时，此种结果也有可能跟中国人"家"的观念及"不确定性规避"较强有关系。一方面，对于大多数员工而言，组织就是自己的"家"，是施展抱负和安身立命之所，组织领导就相当于是这个大家庭的家长，家长对家里成员的差别对待，虽可能会导致一定反感，但并不太可能引起员工太激烈的反应；另一方面，中国人的"不确定性规避"普遍较高（Hofstede，1991），所以"家"是"港湾"，离开"家"则意味着不确定性和风险，因此不到万不得已不会"离家出走"。这或许是对这个结果的相对比较合理的解释。

6.2.3 组织认同对员工职场非伦理行为影响的实证结果解释

本研究实证结果表明，以差序式领导为自变量、组织认同为中介变量、员工职场非伦理行为为因变量所构建的结构模型拟合度良好，显著性检验也得到验证，在职场非伦理行为的变动中，自变量和中介变量决定 28.7% 的变差，组织认同对员工职场非伦理行为有显著负向影响（$\beta =$

-0.242，$P<0.01$），H3 得到验证。也就是说，对组织理念、价值观和文化有认同感的员工会展现更少的职场非伦理行为。这一结果验证了 Norman、Avey 和 Nimnicht 等（2010）和颜爱民、高莹（2010）的研究结论："组织认同对员工职场偏差行为有显著负面影响。"这可从社会认同理论的角度加以分析。职场工作中，员工常常会在组织认同感及其态度与行为之间进行一种心理上的权衡，如果员工认同其所在组织的理念、价值观和文化，其往往会在很大程度上将自己视为组织的一员，亦即将自己视为组织这个"家"的一分子，为了与这个心理感知相匹配，组织认同感比较高的员工自然不会主动去破坏自己的"家"，也不容忍其他人去破坏它。因此，组织认同感越高的员工，越不可能在职场从事非伦理行为。

6.2.4 组织认同中介作用的实证结果解释

结构方程模型结果表明，在中国文化情景下，组织认同在照顾沟通、宽容犯错与员工职场非伦理行为之间起部分中介的作用。也就是说，差序式领导之照顾沟通对部属员工职场非伦理行为的影响有一部分是借助组织认同的提升而达成的，差序式领导之宽容犯错也可以凭借组织认同来影响员工职场非伦理行为。这一结果在某种程度上验证了 van Dick 等（2007）"组织认同在领导和部属员工态度及行为之间起中介作用"的观点。此结果可以从社会认同理论和社会交换理论来加以解释。

根据 Hogg 和 Terry（2000）的研究，不确定性降低和自我提升是激发组织认同的关键因素。不确定性降低的激发已被研究者（Pratt，1998）作为人类需要满足的一个基本需求而被引用。而自我提升激励指的是个体以一种积极的方式去思考其在社会认同方面所做的努力，以使其自尊能最后得到提升。通过这个认同的程序，个体努力去促使人们认为他们是有价值的人（Ashforth，Harrison，Corley，2008）。这个逻辑解释了为什么人们倾向于认同有名望的或业绩良好的组织。根据社会交换理论，被领导偏私对待的员工将会从上级那儿获得更多的信息、利益和回报，反过来，领导也会因此而赢得更多部属员工回报的信任（Brown，Treviño，Harrison，2005）。领导者的公平、一致与否都可能会直接对员工的心理和行为造成影响。den Hartog 和 de Hoogh（2009）的研究发现，上级在权力和公平方面的展现,对组织认同有正向影响,并能由此导致部属更多的互惠行为和职场伦理行为。差序式领导者为了能让员工在组织中表现出更多的伦理行为,往往会通过提升其组织认同来促进个人价值观与组织集体愿景的一致性。根据社会认同理论,本研究认为,如前所述,源于差序式领导的组织认同,能在认知和情感上引起员工对其工作的积极评价,从而降低职场非伦理行为的可能性。换句话说,组织认同可能是解释差序式领导和员工非伦理行为之间关系的潜在机制。本研究已证实差序式领导之照顾沟通能提升部属员工的组织认同感,进而可能更倾向于展现更少的职场非伦理行为。反过来,宽容犯错则有可能会抵消一部分因差序式领导之照顾沟通对提升组织认同方面的正向影响。另外,与其他角色外行为相比,职场非伦理行为因其本身属一风险性比较大的行为,可能会存在多种驱动因素。本研究将在接下来的部分结合心理授权这一中介变量加以解释。

假设 H5b 没有得到数据的支持,即组织认同在提拔奖励影响员工职场非伦理行为过程中不起中介作用。从数据分析结果来看,差序式领导之提拔奖励与员工职场非伦理行为之间的相关关系不显著,按照前述有关中介作用的评定标准,如果自变量和因变量之间相关关系不显著,则中介作用不存在。而从现实角度分析,结合前述访谈结果可知,个体特质差异、职位层次区别及与上级关系的定位会影响员工对上级在提拔奖励偏私方面的感知,这种感知差异会干扰整体数据结果,进而也会对中介作用结果产生影响。

6.2.5 差序式领导对心理授权影响的实证结果解释

本研究结果表明,以差序式领导为自变量、心理授权为中介变量、员工职场非伦理行为为因变量所构建的结构模型拟合度良好,显著性检验也得到验证。从总体上看,结构方程模型中自变量和中介变量之间的回归系数是显著的,回归模型效果很好,自变量对中介变量所解释的变差比例为 35.4%,但这并不意味着心理授权和自变量每个维度之间的关系都显著。从数据结果来看,照顾沟通($\beta = 0.491$,$P < 0.01$)对员工心理授权具有显著正向影响,宽容犯错对员工心理授权有显著负向影响($\beta = -0.335$,$P < 0.05$),而提拔奖励对员工心理授权的正向影响并不显著($\beta = 0.033$,

$P > 0.05$）。因此，假设 H5a 和 H5c 得到验证，假设 H5b 未得到数据支持。这从总体上验证了陈淑妮、卢定宝和陈贵壹（2012）"不同领导行为可以提升或抑制员工心理授权感"的观点。在其他相似研究中，张振刚、余传鹏和崔婷婷（2015）认为，仁慈领导和德行领导正向影响员工心理授权，而威权领导则刚好相反；孙永磊、宋晶和陈劲（2016）的研究则认为，变革型领导如果运用不当，则有可能会负向影响员工心理授权。这些研究虽然角度不一，但也在一定程度上印证了本研究的相关假设。

具体而言，差序式领导之照顾沟通之所以能够显著增强员工的心理授权知觉，原因可能在于，领导的照顾沟通可以让部属感觉到与领导之间和谐的人际关系，并从中体验到被人尊重和信任的感觉，更重要的是，员工可能会因此而感受到领导对员工的重视，感受到领导从心理层面所赋予的权力。提拔奖励在此处影响虽不显著，但影响系数也是为正的，适当的提拔奖励是一种权力分享行为，适当下放权力与资源，可以给予员工更多的信任感。差序式领导之照顾沟通和提拔奖励可以给员工情感上的支持、能力上的认可，这种人性化的领导方式对员工心理授权认知有显著促进作用。此外，上级领导还能够通过照顾沟通员工发出组织文化与价值观等核心使命信息，员工感知到这一类正面信息之后，会主动促进自身自我价值的提升，进而增强心理授权感知。宽容犯错对员工心理授权的显著负向影响，其中原因可能与组织认同方面的解释相类似。上级领导对"自己人"的宽容犯错所造成的负面影响，虽然可能会因前面所提之"亲亲"法则和"人情与面子"而有所弱化，但已经触碰到了职场"公平法则"的底线，员工看到上级领导对自己人员工的职场错误如此宽容时，心中所出现的更多可能是不公平感，而不是心理授权感。

综合相关文献和访谈案例，差序式领导之提拔奖励对员工心理授权影响并不显著（$\beta = 0.033$，$P > 0.05$）的原因与前述组织认同的解释类似。一方面，不同员工个体所感知到的直属领导对自己人员工的提拔奖励程度并不一致，感知程度比较轻的会将之视为一种正常现象，满足了中国文化情景下上下级之间的定位，并会因此而对成为领导的"自己人"产生期待，从而心理授权感也会增强；但如果提拔奖励程度过重，事实上影响或者威胁到职场其他类型员工的生存或者发展的时候，就容易产生不公平感和无力感,从而降低心理授权感。与此同时,访谈也发现,相对于管理层员工,普通员工更容易产生心理授权感,但也更容易失去心理授权感,这可能是因为普通员工本身处于最底层,缺乏稳定的职场资源,更加容易受上级偏私对待的影响;而基层和中层管理者的心理授权感知则相对比较稳定。此外,不一样的上下级关系定位也会对员工心理授权造成干扰,与上级关系更密切的员工更容易感知心理授权,反之则相反。以上都是导致差序式领导之提拔奖励对员工心理授权的正向影响并不显著的可能原因。

6.2.6 心理授权对员工职场非伦理行为影响的实证结果解释

本研究实证结果表明,以差序式领导为自变量、心理授权为中介变量、员工职场非伦理行为为因变量所构建的结构模型拟合度良好,显著性检验也得到验证,在职场非伦理行为的变动中,自变量和中介变量可以解释27.9%的变差,心理授权对员工职场非伦理行为有显著负向影响($\beta = -0.220$,$P<0.01$),因此,假设 H6 得到数据支持。这在某种程度上验证了 Bester 等(2015)和王颖(2014)的研究结果,即心理授权可以显著降低员工职场负向行为。这可以从积极心理学的角度加以解释,心理授权说到底是员工一种自愿性、主观性的心理知觉,其内在所蕴藏的积极心理会带来一系列积极的行为结果。如 Spreitzer(1995)的研究表明,情景因素和个体因素会作用于个体的心理授权知觉,从而对组织中的公民行为、创新行为和管理有效性产生积极影响,并能有效抑制职场负面行为。就非伦理行为本质而言,其更多是一种基于对现实不满而做出的伤害组织或者他人的负向行为,经常感知到组织支持、领导信任和工作意义的员工个体显然不太可能去施行此类行为。

6.2.7 心理授权中介作用的实证结果解释

本实证研究表明,照顾沟通和宽容犯错对员工职场非伦理行为的影响有一部分是通过中介变量心理授权实现的,因此,可以认为心理授权在照顾沟通和宽容犯错与员工职场非伦理行为之间起到了部分中介作用,假设 H7a 和 H7c 得到数据的支持;心理授权在差序式领导之提拔奖励与员工职场非伦理行为之间并无中介效应，假设 H7b 未得到数据的支持。也就是说，照顾沟通之所以会抑制员工职场非伦理行为，原因在于提升了员工的心理授权知觉；宽容犯错之所以会激发员工职场非伦理行为，原因也可能在于降低了员工的心理授权知觉。这也基本上与 Bester 等（2015）和王颖（2014）的研究结果基本一致，他们的研究认为，心理授权在积极领导行为和消极员工结果之间起中介作用。根据社会交换理论，当上级领导通过积极职场行为给予员工信任和支持时，员工能够从领导此类主动善意的行为之中获取更多与组织和工作有关的信息、资源和支持，从而产生更高水平的心理授权知觉，进而对组织会有更强的主人翁意识、归属感和忠诚度，会因此而付出更多的努力去回报组织和领导的信任与支持，也就相应会提升职场正向行为，降低或者消除职场负向行为，反之则相反。研究表明，感觉自己被授权的员工有可能表现出更高的组织承诺，进而展现更高水平的主动行为和更低水平的消极行为（Seibert, Wang, Courtright, 2011）。因此，不难推想，上级领导的照顾沟通和宽容犯错都会通过影响心理授权而最终作用于员工职场非伦理行为。结合前述文献综述和前人研究结果，本研究可以进一步确认，上级领导的照顾沟通可以提升员工的心理授权知觉，进而有效抑制员工的职场非伦理行为，即心理授权在提拔奖励和员工职场非伦理行为之间起中介作用，宽容犯错则相反。

假设 H7b 没有得到数据的支持，即心理授权在提拔奖励影响员工职场非伦理行为过程中不起中介作用。从数据分析结果来看，差序式领导之提拔奖励与员工职场非伦理行为之间的相关关系不显著，按照前述有关中介作用的评定标准，如果自变量和因变量之间相关关系不显著，则中介作用不存在。而从现实角度分析，则可能是因为上级领导的提拔奖励是一种介于照顾沟通与宽容犯错之间的差序式偏私，员工从中并不能感受到太多有关工作的授权和意义，因而也就无法通过这种路径去影响职场态度和行为。

6.2.8 权力距离对员工职场非伦理行为影响的实证结果解释

本研究结果表明，在控制相关人口统计学变量之后，权力距离对员工职场非伦理行为有显著负向影响（$\beta = -0.191$，$P < 0.001$；$F = 8.052$，$P < 0.001$），15.4%的非伦理行为变差可以借助权力距离来加以解释，假设 H8 得到支持。这一结果与 Wang 等（2012）、Park 等（2015）和 Zagenczyk 等（2015）的研究基本一致，即大都认为，相比于权力距离水平比较高的员工，权力距离水平比较低的员工更有可能实施职场负向行为。这一点比较容易理解，因为相比较而言，权力距离水平比较高的员工更加敬畏权威，更容易认可上级与下级之间的等级和地位差异，也更愿意接受上级领导所发出的各种指令，更能恪守组织所颁布和规定的各种规章制度，自然也就更不可能实施职场非伦理行为。

6.2.9 权力距离调节作用的实证结果解释

本研究结果表明，权力距离调节差序式领导之照顾沟通与员工职场非伦理行为、组织认同、心理授权之间的关系。员工权力距离水平越低，差序式领导之照顾沟通对员工职场非伦理行为的负向影响就越大，对员工组织认同和心理授权的正向影响越小；权力距离水平越高，差序式领导之照顾沟通对员工职场非伦理行为的负向影响就越小，对员工组织认同和心理授权的正向影响越大。这一结果在某种程度上验证了 Kirkman 等（2009）、廖学谦（2010）、Wang 等（2012）、Park 等（2015）以及 Zagenczyk 等（2015）的研究结论，即权力距离在上级主管领导方式与员工心理认知及负向行为之间起调节作用。

在日常与领导的交流沟通中，权力距离水平比较低的员工比较容易受上级领导风格和自我角色的影响（Kirkman et al., 2009）。在现实的工作中，上级领导在组织中拥有法定职权，有更高的地位和更多的权力，因此可以更容易地通过各种方式影响部属员工。当员工从日常互动中观察和感知到上级领导的情感投入和表现时，他们的情绪会因这种感染的方式受到影响。在这作用过程中，低权力距离的员工会更在乎上级领导的态度与行为，对直属主管的领导风格的评价也会容易根据领导的现实表现而变化，因此其职场行为也会更多地受领导影响（Bochner，Hesketh，1994）。

同时，权力距离可让管理人员有更大的权力来掌控部属员工，部属员工则更多秉承奉命行事的态度。Khatri（2009）的研究认为，高权力距离水平的员工不太愿意参与决策，他们常常是根据领导的命令而被动服从。以往的研究也证实，高权力距离水平的员工喜欢命令和集权式的决策，对领导有比较强的依赖性，行事标准以上级的意见为主，尤其是当领导所掌握的资源具有重要性、稀缺性以及不可替代性时。因此，从这个角度来说，在高权力距离水平下，员工更容易服从组织的安排，按上级领导的期望从事职场行为。同理，当低权力距离水平的员工认为领导无法给予自己相应的组织资源时，其更容易表现出与领导期望相违背的职场非伦理行为。因此，无论是理论还是实证方面，部属权力距离导向会调节差序式之照顾沟通与宽容犯错对员工组织认同、心理授权和职场非伦理行为的影响。

实证研究结果表明，权力距离对差序式领导之提拔奖励和宽容犯错与员工职场非伦理行为、组织认同、心理授权之间的关系并不具备调节作用。这可能是因为，一方面，前述个体特质差异、职位层次区别及与上级关系的定位会对整体数据结果造成干扰；另一方面，无论是高权力距离员工还是低权力距离员工，他们对上级领导在提拔奖励和宽容犯错方面偏私自己人部属的感知并无明显差异，即相对于差序式领导之照顾沟通而言，提拔奖励和宽容犯错涉及具体的组织资源和利益分配，从本质上来讲已经违背了职场"公平法则"，无论是高权力距离员工还是低权力距离员工，都难以接受这种职场不公，因此也不会有明显的调节作用。

6.2.10 权力距离有调节的中介作用的实证结果解释

实证研究结果表明，权力距离对员工组织认同和心理授权在照顾沟通与员工职场非伦理行为之间的中介效应具有调节作用。这可能是因为，于高权力距离员工而言，他们更能够接受权力在上级与自身之间不平等地分配，更愿意接受上级领导的命令与安排（Chen，Aryee，2007），能够忍受职场不公待遇（Kim，Leung，2007）。因此，上级领导在照顾沟通方面对自己人员工所展示的偏私对待，还不至于严重到影响员工对组织的认同感以及心理授权感知，进而给其职场态度和行为所带来的影响也会比较弱。而从低权力距离员工的角度来看，他们会更加注重上级领导与自身之间的平等交往与公平对待（Chen, Aryee, 2007），上级领导在职场方面的偏私对待会让他们更敏感，接受程度会显著低于高权力距离员工（Kim, Leung, 2007）。因此，对于低权力距离员工来说，上级领导在照顾沟通方面的公平与否，会显著影响他们的组织认同感和心理授权感，从而给其职场态度和行为所带来的影响也会比较强。

实证研究结果表明，权力距离对员工组织认同和心理授权在提拔奖励、宽容犯错与员工职场非伦理行为之间的中介效应不具有调节作用。出现这种结果的原因可能在对提拔奖励和宽容犯错的认识和定位方面。前面实证研究结果也发现，提拔奖励和宽容犯错在对员工职场非伦理行为的影响方向上是一致的，在前文文献述评和结果解释中，本研究也提到，在中国文化情景下，上级领导对自己人部属在提拔奖励和宽容犯错方面的偏私对待，不同于照顾沟通上的偏私对待，其已涉及员工最直接和最在乎的个体利益得失，已经超出了员工可以接受和容忍的范围，它们虽然符合中国文化中的职场"关系法则"，却较为严重地违反了职场"公平法则"，不为大多数人所接受。因此，无论是低权力距离员工还是高权力距离员工，其对上级领导对自己人提拔奖励和宽容犯错的偏私对待方面的感知和判断并无太大区别，进而权力距离对员工组织认同和心理授权在提拔奖励、宽容犯错与员工职场非伦理行为之间的中介作用的调节效应也不太明显。

6.2.11 控制变量在各研究变量上的差异

人口统计学变量的差异性分析结果显示，性别、年龄、婚姻和工龄在组织认同上并无差异性，而教育程度、职位层级和与主管认识时间对员工组织认同则有显著影响。首先，教育程度方面，员工学历越高，其组织认同感越高。这可能是因为学历越高，掌握的知识也越多，得到的实惠和尊重也就越多，因此组织认同感也越高。其次，职位层级方面，普通员工与基层管理者差异显著，而基层管理者、中层管理者和高层管理者之间并无显著差异。这可能有两方面的原因：一是普通员工还有更多的提升空间，二是员工所了解的组织真实信息更少。最后，与主管认识时间方面，认识主管时间越长，员工的组织认同感就越高。这符合中国人的认知习惯，领导就是组织，与主管认识时间越长，对主管也更了解，也更有机会成为主管的"自己人",所以组织认同感也就越高。

人口统计学变量的差异性分析结果显示,员工心理授权在性别、年龄、婚姻、工作年限、职位级别和主管认识时间上并无显著差异,但在教育程度上存在显著差异。高中(含职高)及以下学历员工与专科和本科学历员工有显著差异,但与硕士研究生及以上学历员工并无显著差异。在心理授权感知上,本科学历员工显著高于其他学历员工。这一方面可能是因为学历越高,其自我感知和自我调整能力也就越强;另外一方面可能因为学历越高,其与主管主动交流沟通的能力就越强,也因此更能得到主管的垂青和信赖。

人口统计学变量的差异性分析结果显示,年龄、婚姻和教育程度对员工职场非伦理行为的影响不显著。员工职场非伦理行为在员工性别、工作年限、职位以及与主管认识时间等控制变量上均有程度不一的差异。首先,在性别方面,男性比女性表现出更多的职场非伦理行为,这可能与在中国传统中女性隐忍能力更强有关,也可能是因为男性的自主意识和报复意识更强,更容易采取非伦理行为表达自己的真实想法。其次,工作年限方面,工作年限越长,非伦理行为水平越低,这可能是因为这些员工对组织更为了解,也有更深一层次的认同感。最后,在职位方面,普通员工与基层管理者和中层管理者差异显著。这可能是因为中层管理者可能在职业生涯发展方面面临一个玻璃天花板,上不去,下不来,容易产生心理倦怠或者其他消极情绪,因此更有可能采取一些不光明的手段去发泄自己的负面情绪。

6.3 本章小结

本章内容以前述理论为基础,对相关实证分析结果进行了较为深入到位的解释,并且也对某些研究假设为何没有获得数据支持做了相应的说明。

第七章 研究结论

在企业经营实践中,由于社会环境、企业氛围、领导方式、个人利益以及个人素质等原因,不可避免会出现一些只顾眼前利益而不考虑长远发展的短视行为及负向行为,非伦理行为即是这些行为的典型表现之一。中国目前正处于社会转型阶段,经济高速发展,物质文明极大丰富,人们生活水平得到显著提高;但与之相对应的是,伦理水平和精神文明却没有跟上竞技水平和物质文明的脚步,甚至出现了滑坡的现象,以致近十几年诸如三聚氰胺、毒大米、"文凭门"以及"百度假药门"等职场非伦理行为以及非伦理事件一件接一件,层出不穷。这些事情的发生,是坏木桶(bad barrels)问题还是坏情景(bad cases)问题?抑或是坏苹果(bad apples)问题?Kish-Gephart等(2010)的研究虽然对以往非伦理行为影响机制进行了比较到位的总结,但这些或许都不是了解和解决中国文化情景下员工职场非伦理行为的最合适的视角。对于我们这个世界上曾经最具道德优越感的古老国度与民族而言,道德价值的迷失、伦理水平的滑坡,只有回到我们自身去追根溯源方是根本之道。本研究开展的目的正在于此,从中国式领导之差序式领导的角度去尝试分析中国社会转型期出现的较为突出且日益严重的职场非伦理行为,并以员工组织认同感和心理授权知觉为双中介变量、权力距离为调节变量,试图对差序式领导与员工职场非伦理行为之间的影响机制进行解释。本章将对研究的基本结论进行归纳,阐明本研究可能的创新点、管理启示,并指出本研究的局限性以及未来研究的努力方向。

7.1 主要结论

经本研究实证检验,得出如下研究结论:

1. 差序式领导之照顾沟通和宽容犯错是影响员工职场非伦理行为的重要前置因素，照顾沟通起负向作用，而宽容犯错起正向作用

本研究实证结果表明，差序式领导在中国东南沿海一线城市的企业中是存在的，其三个维度（照顾沟通、提拔奖励和宽容犯错）得分的均值分别为 3.852、3.645 和 3.038。这个得分与量表开发者姜定宇、张菀真（2010）在台湾所做的研究有一定的差异，他们三个维度所得均值对应为 4.11、3.82 和 3.78。从均值对比来看，都是呈由大到小逐渐降低的趋势，但台湾样本三个维度之间的差异并没有那么大，而且分值更高。这或许可以说明两点：一是台湾与大陆相比，受传统文化和差异格局的影响更深；二是无论是大陆还是台湾，照顾沟通维度的均值都显著高于提拔奖励和宽容犯错，照顾沟通得到大多数员工的接受和认可。

而在差序式领导三个维度的影响结果上，也存在一定的差异。譬如在姜定宇、张菀真（2010）的研究中，这三个维度都是属于偏积极正向的亚概念，能显著正向影响员工职场积极态度和行为。但本研究经过理论推导和实证检验却发现，对于消极的职场非伦理行为，差序式领导之照顾沟通是有显著负向影响的（$\beta = -0.357$，$P < 0.001$），宽容犯错则具有显著正向影响（$\beta = 0.253$，$P < 0.001$），而提拔奖励对员工职场非伦理行为的影响虽不显著，但也是正向影响（$\beta = 0.125$，$P > 0.05$）。这或许可以说明，在中国文化情景下，至少在样本收集所在地区，差序式领导之照顾沟通因其更符合国人文化价值及心理期待，所以更为职场员工所接受，但上级领导在提拔奖励和宽容犯错方面的偏私对待，虽兼顾了差序格局的"关系法则"，却违背了"公平法则"，触及员工的根本利益，因此会引致员工负面情绪和行为的发生。

2. 组织认同和心理授权对员工职场非伦理行为有显著负向影响，且都在照顾沟通、宽容犯错与员工职场非伦理行为之间起中介作用

（1）本研究实证结果显示，组织认同和心理授权这两个中介变量对员工职场非伦理行为有显著负向影响，影响系数分别为 $\beta = -0.242$ 和 $\beta = -0.220$，组织认同的影响略大于心理授权的影响，且两者都处于显著水平。这一结果表明，要想有效降低员工职场非伦理行为发生的概率和频率，或许可以通过改善或者提升他们的组织认同感和心理授权感来进行。

对于员工而言,当组织认同感比较强的时候,组织就是一个家,组织其他成员就是家人,不太可能主动施行职场非伦理行为去伤害自己的家以及家人;同样,如果一个员工能于工作中感知到更多工作的意义和自己的影响力以及重要性,他(她)又怎么可能做出有损组织以及其他成员利益的行为出来?

(2)本研究的实证结果也表明,差序式领导之三个维度对员工职场非伦理行为的作用机制是不太一致的。组织认同和心理授权都在照顾沟通、宽容犯错与员工职场非伦理行为之间起部分中介作用,但照顾沟通是通过提升员工的组织认同和心理授权感知来降低员工的职场非伦理行为,而宽容犯错则是通过削弱员工的组织认同和心理授权感知来影响员工的职场非伦理行为。与此同时,组织认同和心理授权都不会在提拔奖励与员工职场非伦理行为之间起中介作用。这些结果说明,在企业管理实践中,上级领导可以通过加强与员工之间的沟通交流并且给予适当关心照顾,让员工有更强的组织认同感和心理授权感,进而降低可能的职场非伦理行为。而对自己人部属的宽容犯错则须慎之又慎,不可轻易触碰员工"公平法则"的底线。

3. 权力距离亦是员工职场非伦理行为的重要影响因素,其在差序式领导之照顾沟通与员工职场非伦理行为之间起调节作用

(1)本研究的实证研究结果表明,权力距离对员工职场非伦理行为有显著负向影响($\beta = -0.191$,$P < 0.001$)。相比于权力距离水平比较高的员工,权力距离水平比较低的员工更有可能实施职场负向行为。相比较而言,权力距离水平比较高的员工更加敬畏权威,更容易认可上级与下级之间的等级和地位差异,也更愿意接受上级领导所发出的各种指令,更能恪守组织所颁布和规定的各种规章制度,自然也就更不可能实施职场非伦理行为。

(2)权力距离在差序式领导之照顾沟通与员工职场非伦理行为之间起调节作用,而在提拔奖励和宽容犯错维度不存在调节作用。员工权力距离水平越低,差序式领导之照顾沟通对员工职场非伦理行为的负向影响就越大;权力距离水平越高,差序式领导之照顾沟通对员工职场非伦理行为的负向影响就越小。这一结果在某种程度上验证了 Kirkman 等(2009)、廖学谦（2010）、Wang 等（2012）、Park 等（2015）以及 Zagenczyk 等（2015）的研究结论，即权力距离在上级主管领导方式与员工负向行为之间起调节作用。

4. 权力距离也在差序式领导之照顾沟通与组织认同及心理授权之间起调节作用，而且对组织认同和心理授权在照顾沟通与员工职场非伦理行为之间的中介效应具有调节作用

（1）本研究实证研究结果表明，权力距离也在差序式领导之照顾沟通与组织认同及心理授权之间起调节作用，而且对组织认同和心理授权在照顾沟通与员工职场非伦理行为之间的中介效应具有调节作用。权力距离调节差序式领导之照顾沟通与组织认同、心理授权之间的关系。员工权力距离水平越低，差序式领导之照顾沟通对员工组织认同和心理授权的正向影响越小；权力距离水平越高，差序式领导之照顾沟通对员工组织认同和心理授权的正向影响越大。这可能是因为，与上级领导接触沟通时，权力距离水平比较低的员工比较容易受上级领导风格和自我角色的影响，并且在现实的工作中，上级领导拥有更多的权力和资源，因此可以更容易地通过各种方式影响部属员工。当员工日常互动观察和感知到上级领导的情感投入和表现时，他们的情绪会受到这种方式的感染和影响。在这作用过程中，低权力距离的员工会更在乎上级领导的态度与行为，对直属主管的领导风格的评价也会容易根据领导的现实表现而变化，因此其职场行为会受领导的影响更多。

（2）本研究实证结果表明，权力距离对员工组织认同和心理授权在照顾沟通与员工职场非伦理行为之间的中介效应具有调节作用。这可能是因为，于高权力距离员工而言，他们更能够接受权力在上级与自身之间不平等的分配，更愿意接受上级领导的命令与安排，能够忍受职场不公待遇的程度也越高。因此，上级领导在照顾沟通方面对自己人员工所展示的偏私对待，还不至于严重到影响员工对组织的认同感以及心理授权感知，因而给其职场态度和行为所带来的影响也会比较弱。而从低权力距离员工的角度来看，他们会更加注重上级领导与自身之间的平等交往与公平对待，上级领导在职场方面的偏私对待会让他们更敏感，接受程度会显著低于高权力距离员工。因此，对于低权力距离员工来说，上级领导在照顾沟通方面的公平与否，会显著影响他们的组织认同感和心理授权感，从而给其职场态度和行为所带来的影响也会比较强。

（3）本研究实证结果表明，部分人口统计学变量对组织认同、心理授权和员工职场非伦理行为的影响存在某种程度的差异。首先，总体而言，员工组织认同在性别、婚姻、年龄和工龄上差异并不显著，而教育程度、职位层级和与主管认识时间则差异显著。其次，从总体上看，员工心理授权在性别、年龄、婚姻、工作年限、职位级别和主管认识时间上并无显著差异，但在教育程度上存在显著差异。最后，年龄、婚姻和教育程度对员工职场非伦理行为的影响并无显著差异，亦即职场非伦理行为并不会因为员工的年龄差异、婚姻差异和学历区别而有太大不同；员工职场非伦理行为在员工性别、工作年限、职位以及与主管认识时间等人口统计学变量上存在不同程度的显著性差异。

7.2 主要创新点

有关员工职场非伦理行为的研究目前在国内仍处于初步探索阶段，差序式领导亦如是，相较于前人之研究，本研究主要在如下几方面有所创新：

1. 在员工职场非伦理行为前因变量的探索中，引入本土化的中国式之差序式领导，这不仅有别于其他情景或个体因素的探索，也有别于其他基于西方领导理论而开展的有关领导方式对员工职场非伦理行为的研究

尽管员工职场非伦理行为的存在与影响广为人知，但对其前因变量的研究却令人惊讶地缺乏（Brown，2010）。以往关于领导行为对员工职场非伦理行为影响方面的研究更多主要是以西方领导行为理论为基础，从西方的文化和习惯对其进行分析解释，而以中国文化情景为基础的研究相对缺乏。本研究通过调查中国式领导之差序式领导对员工职场非伦理行为潜在作用过程的影响，为这方面的研究补充了重要的文献。从现实角度来看，对差序式领导与员工职场非伦理行为之间的作用机制所开展的研究，不仅可以丰富本土化领导行为效能的理论研究、充实中国式领导的理论研究，也可以为中国文化情景下的企业治理，尤其是员工关系管理提供新的视角。

2. 建构了基于"差序式领导→组织认同/心理授权→员工职场非伦理行为"的影响路径，揭示了差序式领导对职场非伦理行为的影响机制，不仅弥补了现有研究的不足，还有效地增加了员工非伦理行为和差序式领导的研究内容

从本研究所收集的文献来看，现有关于中国式领导尤其是差序式领导对员工职场非伦理行为影响机制的研究相对较少，且缺乏实证方面的研究；即使有，所做探索也不够深入，且研究视角较为狭窄。本研究所建构的影响机制，既考虑组织认同感中介作用机制的影响，而且还考虑了员工心理授权感知的影响。同时考虑两个中介变量的影响机制，可以在某种程度上拓宽现有相关作用机制的研究，给本领域的研究补充新的可供参考的文献；同时还能在理论上帮助人们梳理和辨识几个变量之间可能的内在关系，弄清前因后果，这也有助于企业管理者更有针对性地治理员工职场非伦理行为。

3. 将权力距离这一重要文化维度作为调节变量引入，探讨其在"差序式领导→组织认同/心理授权→员工职场非伦理行为"影响机制中对直接效应和中介效应的调节作用，进一步拓宽了本领域的研究边界

在日常生活与工作中，任何人的思维和行为都离不开文化的影响，而权力距离就是 Hofstede 文化五维度的重要维度之一。本研究不仅对权力距离在"差序式领导→员工职场非伦理行为"之间的调节作用加以探索，而且对其"差序式领导→组织认同/心理授权"之间的调节作用进行检验，并且还对其在"差序式领导→组织认同/心理授权→员工职场非伦理行为"中介效应之间的调节作用进行验证。这些研究假设的提出和数据结果的分析检验，不仅能够帮助人们更清晰地明了差序式领导影响员工职场非伦理行为的内在机制和约束条件，从而为有效管理员工职场非伦理行为提供理论依据，同时还能为相关研究领域的文献积累做出相应贡献。

7.3 管理启示

本研究通过文献综述和实证检验，分析了中国式领导之差序式领导对

员工职场非伦理行为的预测作用、组织认同和心理授权在差序式领导预测员工职场非伦理行为之间的中介作用、权力距离在差序式领导预测员工职场非伦理行为之间的调节作用。实证检验结果及相关结论对中国文化情景下的组织管理实践具有重要的现实意义和指导作用，可以为组织、职场员工治理提供一定的启示。

1. 企业管理者应该对职场员工展示更多的关心、照顾与沟通，控制对"自己人"部属偏私式的提拔奖励与宽容犯错

由本研究文献综述和研究结果可知，在中国企业组织中，差序式领导是普遍存在的，其以"亲亲"法则和"尊尊"法则为构建依据，对员工进行适度偏私对待（郑伯埙，1995）。在现实工作环境中，于组织管理者而言，应根据组织价值观和组织目标及员工在工作过程当中的实际表现，合理利用自身职权，给予那些忠诚、努力和业绩突出的员工以关心、沟通、照顾方面的适当偏私，这不仅可以增强这部分员工的归属感和认同感，鼓励他们再接再厉，为组织的可持续发展做出更大的贡献；也可以让那些没有获得领导青睐和资源倾斜的"外人"员工感受到上级领导对"自己人"的关心照顾，刺激他们努力工作，拉近与领导的关系，改善领导对自己的看法，争取早日进入"自己人"的圈子，从而得到更好的待遇和发展空间。而在对待"自己人"员工职场犯错方面，则宜采用就事论事、公事公办的原则处理，最好是在一个公开、公正、公平的场合下处理，这一方面可以展示组织领导者在管理原则上的一视同仁，另外一方面也可以借此向其他员工发出"无论是谁，规则最大"的信号，从而建立既有考虑"关系法则"的"差"，同时也有兼顾"职场公平"的"序"的中国式管理模式。

2. 加强对员工组织认同和心理授权的关注，采取切实措施提升员工的组织认同和心理授权感知

本研究的实证研究结果表明，组织认同感和心理授权感显著抑制员工的职场非伦理行为，而与此同时，差序式领导之照顾沟通和宽容犯错能透过组织认同和心理授权显著影响员工职场非伦理行为。照顾沟通可以通过提升员工的组织认同感和心理授权感而降低员工的职场非伦理行为；而宽容犯错则可以通过降低员工组织认同感和心理授权感而增强员工的职场非伦理行为；提拔奖励虽然在其中没有显著影响，但其影响效果亦是负面的。因此，在企业管理实践中，组织管理者应该考虑通过加强与员工之间的日常沟通交流并且给予适当关心照顾，从而让员工有更强的组织认同感和心理授权感。另外，组织管理者还应采取其他措施去想办法提升员工的组织认同感和心理授权感，譬如支持员工主动学习提升文化素质，因为本研究有关人口统计变量的差异性分析也表明，教育程度越高，员工的组织认同感和心理授权感也就越高。因此，在日常组织管理实践中，企业应该为员工提供主动学习的机会或者激励措施，提升员工的素质，从而增强员工的组织认同感和心理授权感。

3. 适度关注并区分不同权力距离感的员工，若能因此而分类管理或许效果更佳，但不建议过度区分，适当展示偏私式照顾沟通即可

本研究的实证结果表明，权力距离感对员工职场非伦理行为有显著负向影响，而且在"差序式领导→员工职场非伦理行为"之间与"差序式领导→组织认同/心理授权"之间起调节作用，并且还在"差序式领导→组织认同/心理授权→员工职场非伦理行为"中介效应之间起调节作用。因此，在企业管理实践中，可以考虑对不同权力距离感的员工加以分类管理，视权力距离感的高低而展示不一样的领导风格与差别对待。但这一点在实践中有点难度，并有可能会因此而压制员工在其他方面的表现，适得其反，所以本研究也建议，这种区别不应过度，大致展示到位即可。而且就目前中国职场而言，"80后"员工已成为职场中坚，"90后"正崭露头角，更有创新意识和创新能力，同时也更加渴望平等，更不愿意被领导和权威所压制。因此，在对这些新劳动主力进行差序式管理时，应更要注意方式方法。

4. 注意保护老员工的工作积极性，维护老员工的组织认同感，以及做好中层管理干部不良情绪的发现与疏导工作

本研究的人口统计变量差异性分析结果显示，与主管认识时间越长，其组织认同感就越高；工作年限越长，施行职场非伦理行为的概率就越低；同时中层管理者也会在非伦理行为方面展现出不好的苗头。这些结果提醒企业管理者，老员工在某种程度上就是组织的"宝贝"，他们的经验，他们的传帮带作用，他们的正面影响，可以为企业其他员工树立榜样。正

如毛主席所言，榜样的力量是无穷的。如果企业管理者能够充分利用好这些员工的正面作用，将会给企业管理实践带来更多更有价值的支持与帮助。另外，企业管理者还要注意，中层管理干部在面临上升无望的玻璃天花板时可能产生的一些消极情绪和负向行为，尽早发现，及时排解。

当然，以上所提启示大多是管理之"术"层面的建议，对于一个志存高远的组织而言，营造一个积极向上的组织文化和组织氛围，构建一套公正公平、赏罚分明的管理机制，才是根本之道。与此同时，就现实企业管理而言，无论制度多么完善、领导多么英明，永远不可能解决企业里已出现以及即将出现的所有问题，尤其是在中国文化情景下，员工权力距离比较高，不确定性规避比较强，即使心里有什么想法，也不会明确、直白地表达出来。因此，企业管理者还应该秉着虚怀若谷的心态和胸怀，以企业经营理念和价值观为基础，构建起一套纪律严明、执行到位的沟通反馈机制。对于那些心里对组织、对领导、对同事有不满、有怨言的员工，鼓励他们通过正规的组织途径反馈及解决问题，并给予他们制度性的保障和保护。这一类的沟通途径，可以指定专门的机构负责，可以通过内部邮箱直接反馈更上一级领导，也可以定期召开沟通和反馈会议，及时解决员工可能因差序式管理而导致的各种问题。

7.4 研究局限与展望

本研究从理论阐述和实证检验两方面对差序式领导与员工职场非伦理行为之间的关系以及其中可能的黑箱机制进行了较为深入的探索，并取得了一些有益的结果。但即使这样，由于研究者知识、时间和精力所限，本研究仍不免存在一些局限有待后续研究继续深入。接下来，将就本研究的不足进行归纳，并借此提出本领域未来可能的研究方向。

1. 测量工具需要进一步完善

本研究所采用的测量工具，除了差序式领导和组织认同是基于中国文化背景而开发的外，其他变量的测量采用的工具均是基于西方文化背景而开发的。这些量表虽然已经被运用开来，并且在实证检验中被证明具备良好的信度和效度，有些也经过中国文化背景下的实证检验。但即使如此，测量工具仍需进一步提升与完善。例如，姜定宇和张苑真（2010）所开发差序式领导量表虽然在本研究和其他研究中都被证明信度和效度均比较高，但一方面他们是基于中国台湾组织情景而开发出来的量表，是否能够全面真实地反应中国大陆的差序式领导行为需要进一步探索；而另外一方面，他们所提供的差序式量表是通过演绎而非归纳的方式得出来的，可能会导致遗漏一些现实中的差序式领导行为。同样，员工职场非伦理行为也是如此，需要探索中国文化情景下的真实情况。鉴于此，有必要在未来的研究中考虑重新设计和开发基于中国大陆组织情景的差序式领导和员工职场非伦理行为量表。

2. 样本选择需要进一步完善

在样本选择时，出于现实情况的限制，本研究以中国东部和南部沿海发达地区的企业为主，这有利于对地域因素、企业价值观、员工理念对问卷填写的影响进行控制，能够保证比较可靠的内部效度，可同时也在某种程度上影响了外部效度，如"差序式领导之提拔奖励维度对员工职场非伦理行为的影响"不显著可能与此有些关联。后续研究可以将取样范围扩展得更大一些，尽量将不同地区、各种类型的企业组织涵盖进去，这样或许能够有效提升外部效度。另外，在收集本研究问卷时，采用的是同一员工填写，这可能会导致自我赞许性的结果，虽然在设计问卷和调查过程中，本研究已经尽量采用了一些措施进行控制，并通过共同方法偏差检验了影响的显著性，但未来的研究最好仍是考虑数据获取途径的多样性，如可通过配对方式、不同评价主体以及实验方式等等，或可有效降低同源误差的影响。

3. 研究设计需要进一步完善

首先，本研究采用的是横截面研究，在同一时间点对某一人群收集本研究需要的资料，这可能会在不同变量间的因果推导上出现一些偏差。后续此类研究可以使用纵向研究，考虑不同时间点的影响，以对变量之间的因果关系进行更为严谨、更为有效的检验。其次，尽管本研究从差序格局和社会认同等理论视角，对组织认同和心理授权在差序式领导与员工职场非伦理行为之间的中介作用进行了探讨，但未来的研究应该更多地尝试将外部情景因素和内部作用机制结合起来进行考虑，如可将组织伦理氛围、家庭-工作冲突、内部动机、道德认同、员工尽责性以及这两年比较流行的正念水平等因素单个或组合考虑进这个影响过程，进一步探索跨层次的研究，这或许能够给我们带来更为深刻及全面的认知。

此外，在研究方法的选择上，不少研究者认为，融多种方法于一体的多元化研究是获取有效研究结果的最佳选择。很多研究者认为，多种方法相结合的多元化研究才是最佳的选择（Block，1995；黄希庭，1998；田虎伟、周玉春，2013）。事实上，现有社会科学研究也出现了多种方法综合运用的趋势。本研究由于现实情况的限制，主要基于问卷调查而展开研究，虽做了事前控制和事后检验，但数据的真实性和完整性难免仍受影响。后续研究应考虑在传统调查问卷的基础上，辅以访谈、个案、实验等方法进行综合研究，从而使研究结果具有更好的信效度。

参考文献

[1] ALLEN D G, SHANOCK L R. Perceived organizational support and embeddedness as key mechanisms connecting socialization tactics to commitment and turnover among new employees [J]. Journal of Organizational Behavior, 2013, 34 (3): 350 – 369.

[2] AMABILE T M, CONTI R. Changes in the work environment for creativity during downsizing [J]. Academy of Management Journal, 1999, 42 (6): 630 – 640.

[3] ANALOUI F. Workplace sabotage: its styles, motives and management [J]. Journal of Management Development, 1995, 14 (7): 48 – 65.

[4] ANDERSON J C, NARUS J A. A model of distributor firm and manufacturer firm working partnerships [J]. The Journal of Marketing, 1990, 15 (2): 42 – 58.

[5] ASHFORTH B E, ANAND V. The normalization of corruption in organizations [J]. Research in Organizational Behavior, 2003 (25): 1 – 52.

[6] ASHFORTH, HARRISON. Identification in organizations: An examination of four fundamental questions [J]. Journal of Management, 2008, (34): 325 – 374.

[7] ASHFORTH B E, HARRISON S H, CORLEY K G. Identification in organizations: An examination of four fundamental questions [J]. Journal of Management, 2008, 34 (3): 325 – 374.

[8] AVOLIO B J, ZHU W, KOH W, et al. Transformational leadership and organizational commitment: Mediating role of psychological empowerment and moderating role of structural distance [J]. Journal of Organizational Behavior, 2004, 25 (8): 951 – 968.

[9] AYAL S, GINO F, BARKAN R, et al. Three principles to REVISE

people's unethical behavior [J]. Perspectives on Psychological Science, 2015, 10 (6): 738-741.

[10] BAKIR A, BLODGETT J G, VITELL S J, et al. A preliminary investigation of the reliability and validity of Hofstede's cross cultural dimensions [C]//Proceedings of the 2000 Academy of Marketing Science (AMS) Annual Conference. Springer International Publishing, 2015: 226-232.

[11] BAMBER E M, IYER V M. Big 5 auditors' professional and organizational identification: Consistency or conflict? [J]. Auditing: A Journal of Practice, Theory, 2002, 21 (2): 21-38.

[12] BANDURA A. Social cognitive theory: An agentic perspective [J]. Annual Review of Psychology, 2001, 52 (1): 1-26.

[13] BANI M, YASOUREINI M, MESGARPOUR A. A study on relationship between employees' psychological empowerment and organizational commitment [J]. Management Science Letters, 2014, 4 (6): 1197-1200.

[14] BARKEMA H, CHEN X P, GEORGE G, et al. West meets East: New concepts and theories [J]. Academy of Management Journal, 2015, 58 (2): 460-479.

[15] BARNARD C I. The functions of theexecutive [M]. Cambridge, Massachussetts: Harvard University Press, 1938.

[16] BARON R M, KENNY D A. The moderator-mediator variable distinction in social psychological research: Conceptual, strategic, and statistical considerations [J]. Journal of Personality and Social Psychology, 1986, 51 (6): 1173.

[17] BARSKY A. Investigating the effects of moral disengagement and participation on unethical work behavior [J]. Journal of Business Ethics, 2011, 104 (1): 59-75.

[18] BASS B M, WALDMAN D A, AVOLIO B J, et al. Transformational leadership and the falling dominoes effect [J]. Group, Organization Management, 1987, 12 (1): 73-87.

[19] BAUMEISTER R F, BRATSLAVSKY E, FINKENAUER C, et al. Bad is

stronger than good [J]. Review of General Psychology, 2001, 5 (4): 323 - 370.

[20] BAZERMAN M H, GINO F. Behavioral ethics: Toward a deeper understanding of moral judgment and dishonesty [J]. Annual Review of Law and Social Science, 2012, 8: 85 - 104.

[21] BELLE N, CANTARELLI P. What Causes Unethical Behavior? A Meta-Analysis to Set an Agenda for Public Administration Research [J]. Public Administration Review, 2017.

[22] BENNETT R J, ROBINSON S L. Development of a measure of workplace deviance [J]. Journal of Applied Psychology, 2000, 85 (3): 349.

[23] BERGAMI M, BAGOZZI R P. Self-categorization, affective commitment and group self-esteem as distinct aspects of social identity in the organization [J]. British Journal of Social Psychology, 2000, 39 (4): 555 - 577.

[24] BESHAROV M L. The relational ecology of identification: How organizational identification emerges when individuals hold divergent values [J]. Academy of Management Journal, 2014, 57 (5): 1485 - 1512.

[25] BERGAMI M, BAGOZZI R P. Self-categorization, affective commitment and group self-esteem as distinct aspects of social identity in the organization [J]. British Journal of Social Psychology, 2000, 39 (4): 555 - 577.

[26] BESTER J, STANDER M W, VAN ZYL L E. Leadership empowering behaviour, psychological empowerment, organisational citizenship behaviours and turnover intention in a manufacturing division [J]. SA Journal of Industrial Psychology, 2015, 41 (1): 1 - 14.

[27] BLOCK J. A contrarian view of the five-factor approach to personality description [J]. Psychological Bulletin, 1995, 117 (2): 187.

[28] BOIES K, HOWELL J M. Leader-member exchange in teams: An examination of the interaction between relationship differentiation and mean LMX in explaining team-level outcomes [J]. The Leadership Quarterly, 2006, 17 (3): 246 - 257.

[29] BOIVIE S, LANGE D, MCDONALD M L, et al. Me or we: The effects

of CEO organizational identification on agency costs [J]. Academy of Management Journal, 2011, 54 (3): 551 -576.

[30] BOLINO M C, TURNLEY W H. Relative deprivation among employees in lower-quality leader-member exchange relationships [J]. The Leadership Quarterly, 2009, 20 (3): 276 -286.

[31] BORKOWSKI S C, UGRAS Y J. Business students and ethics: A meta-analysis [J]. Journal of Business Ethics, 1998, 17 (11): 1117 -1127.

[32] BOROŞS, CURŞEU P L, MICLEA M. Integrative tests of a multidimensional model of organizational identification [J]. Social Psychology, 2011.

[33] BRASS D J, BUTTERFIELD K D, SKAGGS B C. Relationships and unethical behavior: A social network perspective [J]. Academy of Management Review, 1998, 23 (1): 14 -31.

[34] BREWER M B, BROWN R J. Intergroup relations [M]. Nwe York: McGraw-Hill, 1998.

[35] BROWN M E, TREVIÑO L K, HARRISON D A. Ethical leadership: A social learning perspective for construct development and testing [J]. Organizational Behavior and Human Decision Processes, 2005, 97 (2): 117 -134.

[36] BS CHENG, J FARH, H CHANG. GUANXI, ZHONGCHENG, competence and managerial behavior in Chinese context [J]. Journal of Chinese Psychology, 2002, 44 (2): 151 -166.

[37] BUCCIOL A, LANDINI F, PIOVESAN M. Unethical Minds: Individual characteristics that predict unethical behavior [R]. 2012.

[38] BUCH R. Leader-member exchange as a moderator of the relationship between employee-organization exchange and affective commitment [J]. The International Journal of Human Resource Management, 2015, 26 (1): 59 -79.

[39] BUTTS M M, VANDENBERG R J, DEJOY D M, et al. Individual reac-

tions to high involvement work processes: investigating the role of empowerment and perceived organizational support [J]. Journal of Occupational Health Psychology, 2009, 14 (2): 122.

[40] CAILLIER J G. Transformational leadership and whistle-blowing attitudes: Is this relationship mediated by organizational commitment and public service motivation? [J]. The American Review of Public Administration, 2015, 45 (4): 458-475.

[41] CHANG C H, ROSEN C C, LEVY P E. The relationship between perceptions of organizational politics and employee attitudes, strain, and behavior: A meta-analytic examination [J]. Academy of Management Journal, 2009, 52 (4): 779-801.

[42] CHEN C C, CHEN X P, MEINDL J R. How can cooperation be fostered? The cultural effects of individualism-collectivism [J]. Academy of Management Review, 1998, 23 (2): 285-304.

[43] CHEN C C, ZHANG A Y, WANG H. Enhancing the effects of power sharing on psychological empowerment: The roles of management control and power distance orientation. [J]. Management and Organization Review, 2014, 10 (1): 135-156.

[44] CHEN Y J, TANG T L P. Attitude toward and propensity to engage in unethical behavior: Measurement invariance across major among university students [J]. Journal of Business Ethics, 2006, 69 (1): 77-93.

[45] CHEN Z X, ARYEE S. Delegation and employee work outcomes: An examination of the cultural context of mediating processes in China [J]. Academy of Management Journal, 2007, 50 (1): 226-238.

[46] CHENG B S, JEN C K. The contingent model of paternalistic leadership: Subordinate dependence and leader competence [C]//Annual meeting of academy of management, 2005.

[47] CHENG C Y, JIANG D Y, CHENG B S, et al. When do subordinates commit to their supervisors? Different effects of perceived supervisor integrity and support on Chinese and American employees [J]. The Leader-

ship Quarterly, 2015, 26 (1): 81 – 97.

[48] CHENG G H L, CHAN D K S. Who suffers more from job insecurity? A meta-analytic review [J]. Applied Psychology, 2008, 57 (2): 272 – 303.

[49] CHOY J, MCCORMACK D, DJURKOVIC N. Leader-member exchange and job performance: the mediating roles of delegation and participation [J]. Journal of Management Development, 2016, 35 (1): 104 – 119.

[50] CICOLINI G, COMPARCINI D, SIMONETTI V. Workplace empowerment and nurses' job satisfaction: A systematic literature review [J]. Journal of Nursing Management, 2014, 22 (7): 855 – 871.

[51] COHEN J, COHEN P, WEST S G, et al. Applied multiple regression/correlation analysis for the behavioral sciences [M]. New York: Routledge, 2013.

[52] COLQUITT J A. On the dimensionality of organizational justice: a construct validation of a measure [J]. Journal of Applied Psychology, 2001, 86 (3): 386.

[53] COLQUITT J A, SCOTT B A, LEPINE J A. Trust, trustworthiness, and trust propensity: a meta-analytic test of their unique relationships with risk taking and job performance [J]. Journal of Applied Psychology, 2007, 92 (4): 909.

[54] CONROY S, HENLE C A, SHORE L, et al. Where there is light, there is dark: A review of the detrimental outcomes of high organizational identification [J]. Journal of Organizational Behavior, 2016.

[55] COJUHARENCO I, SHTEYNBERG G, GELFAND M, et al. Self-construal and unethical behavior [J]. Journal of Business Ethics, 2012, 109 (4): 447 – 461.

[56] DAS T K, TENG B S. The risk-based view of trust: A conceptual framework [J]. Journal of Business and Psychology, 2004, 19 (1): 85 – 116.

[57] DE MEULENAER S, DE PELSMACKER P, DENS N. Power Distance, Uncertainty Avoidance, and the effects of source credibility on health risk message compliance [J]. Health Communication, 2017: 1 – 8.

[58] DE CREMER D, VAN KNIPPENBERG D. How do leaders promote cooperation? The effects of charisma and procedural fairness [J]. Journal of Applied Psychology, 2002, 87 (5): 858.

[59] DE CREMER D, VAN KNIPPENBERG D. Cooperation with leaders in social dilemmas: On the effects of procedural fairness and outcome favorability in structural cooperation [J]. Organizational Behavior and Human Decision Processes, 2003, 91 (1): 1–11.

[60] DEMIRTAS O, AKDOGAN A A. The effect of ethical leadership behavior on ethical climate, turnover intention, and affective commitment [J]. Journal of Business Ethics, 2015, 130 (1): 59–67.

[61] DEN HARTOG D N, DE HOOGH A H B. Empowering behaviour and leader fairness and integrity: Studying perceptions of ethical leader behaviour from a levels-of-analysis perspective [J]. European Journal of Work and Organizational Psychology, 2009, 18 (2): 199–230.

[62] DICK R, HIRST G, GROJEAN M W, et al. Relationships between leader and follower organizational identification and implications for follower attitudes and behaviour [J]. Journal of Occupational and Organizational Psychology, 2007, 80 (1): 133–150.

[63] DICK R, WAGNER U, STELLMACHER J, et al. The utility of a broader conceptualization of organizational identification: Which aspects really matter? [J]. Journal of Occupational and Organizational Psychology, 2004, 77 (2): 171–191.

[64] DIENESCH R M, LIDEN R C. Leader-member exchange model of leadership: A critique and further development [J]. Academy of Management Review, 1986, 11 (3): 618–634.

[65] DIETZ J, KLEINLOGEL E P. Wage cuts and managers' empathy: How a positive emotion can contribute to positive organizational ethics in difficult times [J]. Journal of Business Ethics, 2014, 119 (4): 461–472.

[66] DOOSJE B, SPEARS R, ELLEMERS N. Social identity as both cause and effect: The development of group identification in response to anticipa-

ted and actual changes in the intergroup status hierarchy [J]. British Journal of Social Psychology, 2002, 41 (1): 57 – 76.

[67] DUBRIN A J. Leadership: Research findings, practice, and skills [M]. Nelson education, 2015.

[68] DUKERICH J M, GOLDEN B R, SHORTELL S M. Beauty is in the eye of the beholder: The impact of organizational identification, identity, and image on the cooperative behaviors of physicians [J]. Administrative Science Quarterly, 2002, 47 (3): 507 – 533.

[69] DULEBOHN J H, BOMMER W H, LIDEN R C, et al. A meta-analysis of antecedents and consequences of leader-member exchange: Integrating the past with an eye toward the future [J]. Journal of Management, 2012, 38 (6): 1715 – 1759.

[70] DUTTON J E, DUKERICH J M. Keeping an eye on the mirror: Image and identity in organizational adaptation [J]. Academy of Management Journal, 1991, 34 (3): 517 – 554.

[71] DUTTON J E, DUKERICH J M, HARQUAIL C V. Organizational images and member identification [J]. Administrative Science Quarterly, 1994: 239 – 263.

[72] EDWARDS M R. Organizational identification: A conceptual and operational review [J]. International Journal of Management Reviews, 2005, 7 (4): 207 – 230.

[73] ELLEMERS N, DE GILDER D, HASLAM S A. Motivating individuals and groups at work: A social identity perspective on leadership and group performance [J]. Academy of Management Review, 2004, 29 (3): 459 – 478.

[74] ELSTAK M N, BHATT M, VAN RIEL C, et al. Organizational Identification during a Merger: The role of self-enhancement and uncertainty reduction motives during a major organizational change [J]. Journal of Management Studies, 2015, 52 (1): 32 – 62.

[75] FARH J L, HACKETT R D, LIANG J. Individual-level cultural values as

moderators of perceived organizational support-employee outcome relationships in China: Comparing the effects of power distance and traditionality [J]. Academy of Management Journal, 2007, 50 (3): 715 – 729.

[76] FARMER S M, AGUINIS H. Accounting for subordinate perceptions of supervisor power: an identity-dependence model [J]. Journal of Applied Psychology, 2005, 90 (6): 1069.

[77] FERNANDEZ S, MOLDOGAZIEV T. Employee empowerment, employee attitudes, and performance: Testing a causal model [J]. Public Administration Review, 2013, 73 (3): 490 – 506.

[78] FOLMER C P R, DE CREMER D. Bad for me or bad for us? Interpersonal orientations and the impact of losses on unethical behavior [J]. Personality and Social Psychology Bulletin, 2012, 38 (6): 760 – 771.

[79] FOREMAN P, WHETTEN D A. Members' identification with multiple-identity organizations [J]. Organization Science, 2002, 13 (6): 618 – 635.

[80] FORNELL C, LARCKER D F. Evaluating structural equation models with unobservable variables and measurement error [J]. Journal of Marketing Research, 1981, 24 (2): 337 – 346.

[81] FONG K H, SNAPE E. Empowering leadership, psychological empowerment and employee Outcomes: Testing a multi-level mediating model [J]. British Journal of Management, 2015, 26 (1): 126 – 138.

[82] FRANKE G R, CROWN D F, SPAKE D F. Gender differences in ethical perceptions of business practices: a social role theory perspective [J]. Journal of Applied Psychology, 1997, 82 (6): 920 – 934.

[83] FUDGE R S, SCHLACTER J L. Motivating employees to act ethically: An expectancy theory approach [J]. Journal of Business Ethics, 1999, 18 (3): 295 – 304.

[84] GAGNÉ M, SENECAL C B, KOESTNER R. Proximal job characteristics, feelings of empowerment, and intrinsic motivation: A multidimensional model [J]. Journal of Applied Social Psychology, 1997, 27 (14): 1222 – 1240.

[85] GALVIN B M, LANGE D, ASHFORTH B E. Narcissistic organizational identification: Seeing oneself as central to the organization's identity [J]. Academy of Management Review, 2015, 40 (2): 163 – 181.

[86] GEORGE J M, ZHOU J. Dual tuning in a supportive context: Joint contributions of positive mood, negative mood, and supervisory behaviors to employee creativity [J]. Academy of Management Journal, 2007, 50 (3): 605 – 622.

[87] GIACALONE R A, PROMISLO M D. Unethical and unwell: Decrements in well-being and unethical activity at work [J]. Journal of Business Ethics, 2010, 91 (2): 275 – 297.

[88] GINO F. How moral flexibility constrains our moral compass [M]//VAN PROOIJEN J-W, VAN LANGE PAM. Cambridge: Cambridge Vniversity Press, Cheating, Corruption, and Concealment: The roots of dishonesty, 2016: 75.

[89] GINO F, AYAL S, ARIELY D. Self-serving altruism? The lure of unethical actions that benefit others [J]. Journal of Economic Behavior, Organization, 2013, 93: 285 – 292.

[90] GINO F, GALINSKY A D. Vicarious dishonesty: When psychological closeness creates distance from one's moral compass [J]. Organizational Behavior and Human Decision processes, 2012, 119 (1): 15 – 26.

[91] GINO F, KRUPKA E L, WEBER R A. License to cheat: Voluntary regulation and ethical behavior [J]. Management Science, 2013, 59 (10): 2187 – 2203.

[92] GINO F, MOGILNER C. Time, money, and morality [J]. Psychological Science, 2014, 25 (2): 414 – 421.

[93] GINO F, PIERCE L. Lying to level the playing field: Why people may dishonestly help or hurt others to create equity [J]. Journal of Business Ethics, 2010, 95: 89 – 103.

[94] GINO F, SHALVI S. Editorial overview: Morality and ethics: New directions in the study of morality and ethics [J]. Current Opinion in Psy-

chology, 2015, 6: v – viii.

[95] GIOIA D A, SCHULTZ M, CORLEY K G. Organizational identity, image, and adaptive instability [J]. Academy of Management Review, 2000, 25 (1): 63 – 81.

[96] GNEEZY U. Deception: The role of consequences [J]. The American Economic Review, 2005, 95 (1): 384 – 394.

[97] GRAEN G B, UHL-BIEN M. Relationship-based approach to leadership: Development of leader-member exchange (LMX) theory of leadership over 25 years: Applying a multi-level multi-domain perspective [J]. The Leadership Quarterly, 1995, 6 (2): 219 – 247.

[98] GRAHAM C, LITAN R E, SUKHTANKAR S. The bigger they are, the harder they fall: An estimate of the costs of the crisis in corporate governance [M]. Washington, DC: Brookings Institution, 2002.

[99] GRANT R M, VISCONTI M. The strategic background to corporate accounting scandals [J]. Long Range Planning, 2006, 39 (4): 361 – 383.

[100] GREASLEY K, BRYMAN A, DAINTY A, et al. Employee perceptions of empowerment [J]. Employee Relations, 2005, 27 (4): 354 – 368.

[101] GREENE J D, PAXTON J M. Patterns of neural activity associated with honest and dishonest moral decisions [J]. Proceedings of the National Academy of Sciences, 2009, 106 (30): 12506 – 12511.

[102] GRIFFITH D A, HARVEY M G, LUSCH R F. Social exchange in supply chain relationships: The resulting benefits of procedural and distributive justice [J]. Journal of Operations Management, 2006, 24 (2): 85 – 98.

[103] GU Q, TANG T L P, JIANG W. Does moral leadership enhance employee creativity? Employee identification with leader and leader-member exchange (LMX) in the Chinese context [J]. Journal of Business Ethics, 2015, 126 (3): 513 – 529.

[104] GUDYKUNST W B, LEE C M. Assessing the validity of self construal scales [J]. Human Communication 4esearch, 2003, 29 (2): 253 – 274.

[105] GUTHRIE J P. High-involvement work practices, turnover, and productivity: Evidence from New Zealand [J]. Academy of Management Journal, 2001, 44 (1): 180 – 190.

[106] HALL H. Borrowed theory: applying exchange theories in information science research [J]. Library, Information Science Research, 2003, 25 (3): 287 – 306.

[107] HARRIS T B, LI N, KIRKMAN B L. Leader-member exchange (LMX) in context: How LMX differentiation and LMX relational separation attenuate LMX's influence on OCB and turnover intention [J]. The Leadership Quarterly, 2014, 25 (2): 314 – 328.

[108] HASLAM S A, JETTEN J, O'BRIEN A, et al. Social identity, social influence and reactions to potentially stressful tasks: support for the self-categorization model of stress [J]. Stress and Health, 2004, 20 (1): 3 – 9.

[109] HALINEN A, JOKELA P. Exploring Ethics in Business Networks: Propositions for Future Research [M]//THILENIVS P, PAHLBERGC, HAVILA. Extending the Business Network Approach. Palgrave Macmillan UK, 2016: 333 – 356.

[110] HALL D T, SCHNEIDER B, NYGREN H T. Personal factors in organizational identification [J]. Administrative Science Quarterly, 1970: 176 – 190.

[111] HAYES A F. Introduction to mediation, moderation, and conditional process analysis: A regression-based approach [M]. New York: Guilford Press, 2013.

[112] HAYES A F. An index and test of linear moderated mediation [J]. Multivariate Behavioral Research, 2015, 50 (1): 1 – 22.

[113] HE H, BROWN A D. Organizational identity and organizational identifi-

cation: A review of the literature and suggestions for future research [J]. Group, Organization Management, 2013, 38 (1): 3-35.

[114] HENDERSON D J, LIDEN R C, GLIBKOWSKI B C, et al. LMX differentiation: A multilevel review and examination of its antecedents and outcomes [J]. The Leadership Quarterly, 2009, 20 (4): 517-534.

[115] HENDERSON D J, WAYNE S J, SHORE L M, et al. Leader-member exchange, differentiation, and psychological contract fulfillment: a multilevel examination [J]. Journal of Applied Psychology, 2008, 93 (6): 1208-1219.

[116] HERSHFIELD H E, COHEN T R, THOMPSON L. Short horizons and tempting situations: Lack of continuity to our future selves leads to unethical decision making and behavior [J]. Organizational Behavior and Human Decision Processes, 2012, 117 (2): 298-310.

[117] HOFSTEDE G. Motivation, leadership, and organization: do American theories apply abroad? [J]. Organizational Dynamics, 1980, 9 (1): 42-63.

[118] HOFSTEDE G. Cultural constraints in management theories [J]. The Academy of Management Executive, 1993, 7 (1): 81-94.

[119] HOFSTEDE G. Culture's consequences: Comparing values, behaviors, institutions and organizations across nations [M]. Sage, 2001.

[120] HOFSTEDE G, BOND M H. The Confucius connection: From cultural roots to economic growth [J]. Organizational Dynamics, 1988, 16 (4): 5-21.

[121] HOFSTEDE G, MCCRAE R R. Personality and culture revisited: Linking traits and dimensions of culture [J]. Cross-cultural Research, 2004, 38 (1): 52-88.

[122] HOGG M A, TERRY D J. Social identity and self-categorization processes in organizational contexts [J]. Academy of Management Review, 2000, (25): 121-140.

[123] HOLLINGER R C, CLARK J P. Formal and informal social controls of

employee deviance [J]. The Sociological Quarterly, 1982, 23 (3): 333-343.

[124] HOM P W, TSUI A S, WU J B, et al. Explaining employment relationships with social exchange and job embeddedness [J]. Journal of Applied Psychology, 2009, 94 (2): 277-297.

[125] HOMANS G C. Social behavior as exchange [J]. American Journal of Sociology, 1958, 63 (6): 597-606.

[126] HOMBURG C, WIESEKE J, HOYER W D. Social identity and the service-profit chain [J]. Journal of Marketing, 2009, 73 (2): 38-54.

[127] HON A H Y, YANG J, LU L. A cross-level study of procedural justice perceptions [J]. Journal of Managerial Psychology, 2011, 26 (8): 700-715.

[128] HONG K K, KIM Y G. The critical success factors for ERP implementation: an organizational fit perspective [J]. Information, Management, 2002, 40 (1): 25-40.

[129] HOOPER D T, MARTIN R. Beyond personal leader-member exchange (LMX) quality: The effects of perceived LMX variability on employee reactions [J]. The Leadership Quarterly, 2008, 19 (1): 20-30.

[130] HOUSER R, THOMA S, COPPOCK A, et al. Learning Ethics through Virtual Fieldtrips: Teaching Ethical Theories through Virtual Experiences [J]. International Journal of Teaching and Learning in Higher Education, 2011, 23 (2): 260-268.

[131] HU H H, HSU W L, CHENG B S. Reward allocation decisions of Chinese managers: Influence of employee categorization and allocation context [J]. Asian Journal of Social Psychology, 2004, 7 (2): 221-232.

[132] HU L, BENTLER P M. Fit indices in covariance structure modeling: Sensitivity to underparameterized model misspecification [J]. Psychological Methods, 1998, 3 (4): 424.

[133] HU X, HASSINK R. Place leadership with Chinese characteristics? A

case study of the Zaozhuang coal-mining region in transition [J]. Regional Studies, 2016: 1 – 12.

[134] HUANG J, SHI L, XIE J, et al. Leader-member exchange social comparison and employee deviant behavior: Evidence from a Chinese context [J]. Social Behavior and Personality: an International Journal, 2015, 43 (8): 1273 – 1286.

[135] HUANG X, SHI K, ZHANG Z, et al. The impact of participative leadership behavior on psychological empowerment and organizational commitment in Chinese state-owned enterprises: the moderating role of organizational tenure [J]. Asia Pacific Journal of Management, 2006, 23 (3): 345 – 367.

[136] HUI C, LEE C, ROUSSEAU D M. Employment relationships in China: do workers relate to the organization or to people? [J]. Organization Science, 2004, 15 (2): 232 – 240.

[137] HU H H, HSU W L, CHENG B S. Reward allocation decisions of Chinese managers: Influence of employee categorization and allocation context [J]. Asian Journal of Social Psychology, 2004, 7 (2): 221 – 232.

[138] ISLAM T, UR REHMAN KHAN S, NORULKAMAR BT. UNGKU AHMAD U, et al. Organizational learning culture and psychological empowerment as antecedents of employees' job related attitudes: a mediation model [J]. Journal of Asia Business Studies, 2014, 8 (3): 249 – 263.

[139] IVANCEVICH J M, GIBSON J L. Organizations: behavior, structure, processes [M]. Irwin Professional Pub, 2005.

[140] IZRAELI D. Ethical beliefs and behavior among managers: A cross-cultural perspective [J]. Journal of Business Ethics, 1988, 7 (4): 263 – 271.

[141] JACKSON E M, JOHNSON R E. When opposites do (and do not) attract: Interplay of leader and follower self-identities and its consequences for leader-member exchange [J]. The Leadership Quarterly, 2012, 23 (3): 488 – 501.

[142] JAFFE E D, TSIMERMAN A. Business ethics in a transition economy: Will the next Russian generation be any better? [J]. Journal of Business Ethics, 2005, 62 (1): 87 – 97.

[143] JAISWAL A, SINGH A P. Does Team Empowerment predict Organizational Effectiveness? [J]. Asian Journal of Research in Social Sciences and Humanities, 2014, 4 (10): 26.

[144] JENSEN S M, LUTHANS F. Relationship between entrepreneurs' psychological capital and their authentic leadership [J]. Journal of Managerial Issues, 2006: 254 – 273.

[145] JIANG D Y, CHENG M Y, WANG L, et al. Differential leadership: Reconceptualization and measurement development. Paper presented at the meeting of The 29th Annual Conference of the Society for Industrial and Organizational Psychology, Hawaii, USA, 2014.

[146] JOHNSON R E, ROSEN C C, DJURDJEVIC E. Assessing the impact of common method variance on higher order multidimensional constructs [J]. Journal of Applied Psychology, 2011, 96 (4): 744.

[147] JONES T M. Ethical decision making by individuals in organizations: An issue-contingent model [J]. Academy of Management Review, 1991, 16 (2): 366 – 395.

[148] KACMAR K M, CARLSON D S. Further validation of the perceptions of politics scale (POPS): A multiple sample investigation [J]. Journal of Management, 1997, 23 (5): 627 – 658.

[149] KANTER R M. When a thousand flowers bloom: Structural, collective, and social conditions for innovation in organization [J]. Entrepreneurship: the Social Science View, 2000: 167 – 210.

[150] KANTOR J, WEISBERG J. Ethical attitudes and ethical behavior: are managers role models? [J]. International Journal of Manpower, 2002, 23 (8): 687 – 703.

[151] KAPTEIN M. Developing a measure of unethical behavior in the workplace: A stakeholder perspective [J]. Journal of Management, 2008,

34（5）：978－1008.

[152] KARASAWA M. Toward an assessment of social identity：The structure of group identification and its effects on in-group evaluations [J]. British Journal of Social Psychology, 1991, 30（4）：293－307.

[153] KARK R, SHAMIR B, CHEN G. The two faces of transformational leadership：empowerment and dependency [J]. Journal of Applied Psychology, 2003, 88（2）：246.

[154] KELLER T, DANSEREAU F. Leadership and empowerment：A social exchange perspective [J]. Human Relations, 1995, 48（2）：127－146.

[155] KHATRI N. Consequences of power distance orientation in organisations [J]. Vision：The Journal of Business Perspective, 2009, 13（1）：1－9.

[156] KILDUFF G J, GALINSKY A D, GALLO E, et al. Whatever it takes to win：Rivalry increases unethical behavior [J]. Academy of Management Journal, 2016, 59（5）：1508－1534.

[157] KIM B C, LEE G, MURRMANN S K, et al. Motivational effects of empowerment on employees' organizational commitment：a mediating role of management trustworthiness [J]. Cornell Hospitality Quarterly, 2012, 53（1）：10－19.

[158] KIM B P, GEORGE R T. The relationship between leader-member exchange (LMX) and psychological empowerment：A quick casual restaurant employee correlation study [J]. Journal of Hospitality, Tourism Research, 2005, 29（4）：468－483.

[159] KING J E. White-collar reactions to job insecurity and the role of the psychological contract：Implications for human resource management [J]. Human Resource Management, 2000,（39）：79-92.

[160] KIRKMAN B L, CHEN G, FARH J L, et al. Individual power distance orientation and follower reactions to transformational leaders：A cross-level, cross-cultural examination [J]. Academy of Management Journal, 2009, 52（4）：744－764.

[161] KIRKMAN B L, SHAPIRO D L. The impact of cultural values on job satisfaction and organizational commitment in self-managing work teams: The mediating role of employee resistance [J]. Academy of Management Journal, 2001, 44 (3): 557 – 569.

[162] KISH-GEPHART J J, HARRISON D A, TREVIÑO L K. Bad apples, bad cases, and bad barrels: meta-analytic evidence about sources of unethical decisions at work [J]. The Journal of Applied Psychology, 2010, 95 (1): 1 – 31.

[163] KOBERG C S, BOSS R W, SENJEM J C, et al. Antecedents and outcomes of empowerment: Empirical evidence from the health care industry [J]. Group, Organization Management, 1999, 24 (1): 71 – 91.

[164] KONCZAK L J, STELLY D J, TRUSTY M L. Defining and measuring empowering leader behaviors: Development of an upward feedback instrument [J]. Educational and Psychological Measurement, 2000, 60 (2): 301 – 313.

[165] KOUCHAKI M, GINO F. Memories of unethical actions become obfuscated over time [J]. Proceedings of the National Academy of Sciences, 2016, 113 (22): 6166 – 6171.

[166] KNOLL M, LORD R G, PETERSEN L E, et al. Examining the moral grey zone: The role of moral disengagement, authenticity, and situational strength in predicting unethical managerial behavior [J]. Journal of Applied Social Psychology, 2016, 46 (1): 65 – 78.

[167] KWON Y C. Antecedents and consequences of international joint venture partnerships: A social exchange perspective [J]. International Business Review, 2008, 17 (5): 559 – 573.

[168] KWON I W G, SUH T. Factors affecting the level of trust and commitment in supply chain relationships [J]. Journal of Supply Chain Management, 2004, 40 (1): 4 – 14.

[169] KWON I W G, SUH T. Trust, commitment and relationships in supply chain management: a path analysis [J]. Supply Chain Management:

an International Journal,2005,10(1):26-33.

[170] LAWRENCE E R, KACMAR K M. Exploring the Impact of Job Insecurity on Employees' Unethical Behavior [J]. Business Ethics Quarterly, 2017, 27 (1):39-70.

[171] LAWRENCE A, WEBER J, POST J E. Business and society: Stakeholder relations, ethics, public policy (11th ed.) [M]. New York: McGraw-Hill, 2005.

[172] LEE C, PILLUTLA M, LAW K S. Power-distance, gender and organizational justice [J]. Journal of Management, 2000, 26 (4): 685-704.

[173] LEE K, ALLEN N J. Organizational Citizenship Behavior and Workplace Deviance: The Role of Affect and Cognitions [J]. Journal of Applied Psychology, 2002, 87 (1): 131-142.

[174] LEHNERT K, CRAFT J, SINGH N, et al. The human experience of ethics: a review of a decade of qualitative ethical decision-making research [J]. Business Ethics: A European Review, 2016, 25 (4): 498-537.

[175] LEWIS P V. Defining "business ethics": Like nailing jello to a wall [J]. Journal of Business Ethics, 1985, 4 (5): 377-383.

[176] LIAN H, FERRIS D L, BROWN D J. Does power distance exacerbate or mitigate the effects of abusive supervision? It depends on the outcome [J]. Journal of Applied Psychology, 2012, 97 (1): 107-123.

[177] LIAO H, LIU D, LOI R. Looking at both sides of the social exchange coin: A social cognitive perspective on the joint effects of relationship quality and differentiation on creativity [J]. Academy of Management Journal, 2010, 53 (5): 1090-1109.

[178] LIU S, LIAO J, WEI H. Authentic leadership and whistleblowing: Mediating roles of psychological safety and personal identification [J]. Journal of Business Ethics, 2015, 131 (1): 107-119.

[179] LE BLANC P M, GONZÁLEZ-ROMÁ V. A team level investigation of the relationship between Leader-Member Exchange (LMX) differentia-

tion, and commitment and performance [J]. The Leadership Quarterly, 2012, 23 (3): 534-544.

[180] LEAVITT K, SLUSS D M. Lying for who we are: An identity-based model of workplace dishonesty [J]. Academy of Management Review, 2015, 40 (4): 587-610.

[181] LEE S M. An empirical analysis of organizational identification [J]. Academy of Management Journal, 1971, 14 (2): 213-226.

[182] LEE J J, GINO F. Envy and Interpersonal Corruption: Social Comparison Processes and Unethical Behavior in Organizations [J]. Edmond J. Safra Working Papers, 2015 (67).

[183] LEVENTHAL G S. The distribution of rewards and resources in groups and organizations [J]. Advances in Experimental Social Psychology, 1976, 9: 91-131.

[184] LIAO H, LIU D, LOI R. Looking at both sides of the social exchange coin: A social cognitive perspective on the joint effects of relationship quality and differentiation on creativity [J]. Academy of Management Journal, 2010, 53 (5): 1090-1109.

[185] LIDEN R C, WU J, CAO A X, et al. Leader-member exchange measurement [M]//BAVER T N, ERDOGAN B. The Oxford Handbook of Leader-Member Exchange. Oxford, UK: Oxford Univ. Press, 2015.

[186] LIU SONGBO, HU WEI. Followers' Unethical Behavior and Leader-Member Exchange: the Mediating Effect of Job Satisfaction [C]. Proceedings of the 8th International Conference on Innovation, Management, 2013, 609-614.

[187] LOI R, CHAN K W, LAM L W. Leader-member exchange, organizational identification, and job satisfaction: A social identity perspective [J]. Journal of Occupational and Organizational Psychology, 2014, 87 (1): 42-61.

[188] LOI R, LAI J Y M, LAM L W. Working under a committed boss: A test of the relationship between supervisors' and subordinates' affective com-

mitment [J]. The Leadership Quarterly, 2012, 23 (3): 466 – 475.

[189] LUNA-AROCAS R, TANG T L P. The love of money, satisfaction, and the protestant work ethic: Money profiles among university professors in the USA and Spain [J]. Journal of Business Ethics, 2004, 50 (4): 329 – 354.

[190] M SIAS P, JABLIN F M. Differential superior-subordinate relations, perceptions of fairness, and coworker communication [J]. Human Communication Research, 1995, 22 (1): 5 – 38.

[191] MA L, QU Q. Differentiation in leader-member exchange: A hierarchical linear modeling approach [J]. The Leadership Quarterly, 2010, 21 (5): 733 – 744.

[192] MAEL F, ASHFORTH B E. Alumni and their alma mater: A partial test of the reformulated model of organizational identification [J]. Journal of Organizational Behavior, 1992, 13 (2): 103 – 123.

[193] MANGIONE T W, QUINN R P. Job satisfaction, counterproductive behavior, and drug use at work [J]. Journal of Applied Psychology, 1975, 60 (1): 114.

[194] MARTINAITYTE I, SACRAMENTO C A. When creativity enhances sales effectiveness: The moderating role of leader-member exchange [J]. Journal of Organizational Behavior, 2013, 34 (7): 974 – 994.

[195] MASTERSON S S, LEWIS K, GOLDMAN B M, et al. Integrating justice and social exchange: The differing effects of fair procedures and treatment on work relationships [J]. Academy of Management Journal, 2000, 43 (4): 738 – 748.

[196] MATHIEU J E, ZAJAC D M. A review and meta-analysis of the antecedents, correlates, and consequences of organizational commitment [J]. Psychological Bulletin, 1990, 108 (2): 171.

[197] MAWRITZ M B, MAYER D M, HOOBLER J M, et al. A trickle-down model of abusive supervision [J]. Personnel Psychology, 2012, 65 (2): 325 – 357.

[198] MAYER D M, KUENZI M, GREENBAUM R, et al. How low does ethical leadership flow? Test of a trickle-down model [J]. Organizational Behavior and Human Decision Processes, 2009, 108 (1): 1 – 13.

[199] MAZAR N, AMIR O, ARIELY D. The dishonesty of honest people: A theory of self-concept maintenance [J]. Journal of Marketing Research, 2008, 45 (6): 633 – 644.

[200] MCCLANE W E. The interaction of leader and member characteristics in the leader-member exchange (LMX) model of leadership [J]. Small Group Research, 1991, 22 (3): 283 – 300.

[201] MENON S. Employee empowerment: An integrative psychological approach [J]. Applied Psychology, 2001, 50 (1): 153 – 180.

[202] MILLER K I, MONGE P R. Participation, satisfaction, and productivity: A meta-analytic review [J]. Academy of Management Journal, 1986, 29 (4): 727 – 753.

[203] MOORE C, GINO F. Approach, ability, aftermath: a psychological process framework of unethical behavior at work [J]. The Academy of Management Annals, 2015, 9 (1): 235 – 289.

[204] MOORE C, GINO F. Ethically adrift: How others pull our moral compass from true North, and how we can fix it [J]. Research in Organizational Behavior, 2013, 33: 53 – 77.

[205] MORGAN R M, HUNT S D. The commitment-trust theory of relationship marketing [J]. The Journal of Marketing, 1994: 20 – 38.

[206] MORIANO J A, MOLERO F, TOPA G, et al. The influence of transformational leadership and organizational identification on intrapreneurship [J]. International Entrepreneurship and Management Journal, 2014, 10 (1): 103 – 119.

[207] NAHRGANG J D, SEO J J. How and why high leader-member exchange (LMX) relationships develop: Examining the antecedents of LMX [J]. The Oxford Handbook of Leader-Member Exchange, 2015: 87 – 118.

[208] NARASIMHAN R, NAIR A, GRIFFITH D A, et al. Lock-in situations

in supply chains: A social exchange theoretic study of sourcing arrangements in buyer-supplier relationships [J]. Journal of Operations Management, 2009, 27 (5): 374 – 389.

[209] NEILL J D, STOVALL O S, JINKERSON D L. A critical analysis of the accounting industry's voluntary code of conduct [J]. Journal of Business Ethics, 2005, 59 (1 – 2): 101 – 108.

[210] NEWSTROM J W, RUCH W A. Ethics of Management and Management of Ethics [J]. MSU Business Topics, 1975, 23 (1): 29 – 37.

[211] NILL A, SCHIBROWSKY J A. The impact of corporate culture, the reward system, and perceived moral intensity on marketing students' ethical decision making [J]. Journal of Marketing Education, 2005, 27 (1): 68 – 80.

[212] NORTHOUSE P G. Leadership: Theory and practice [M]. Sage publications, 2015.

[213] O'FALLON M J, BUTTERFIELD K D. A review of the empirical ethical decision-making literature: 1996 – 2003 [J]. Journal of Business Ethics, 2005, 59 (4): 375 – 413.

[214] ORLITZKY M, SCHMIDT F L, RYNES S L. Corporate social and financial performance: A meta-analysis [J]. Organization Studies, 2003, 24 (3): 403 – 441.

[215] ORMROD J E. Human learning [M]. Upper Saddle River, NJ: Merrill, 1999.

[216] OUCHI W G, MAGUIRE M A. Organizational control: Two functions [J]. Administrative Science Quarterly, 1975: 559 – 569.

[217] ÖZARALLI N. Effects of transformational leadership on empowerment and team effectiveness [J]. Leadership, Organization Development Journal, 2003, 24 (6): 335 – 344.

[218] PAIVIO A, CSAPO K. Short-term sequential memory for pictures and words [J]. Psychonomic Science, 1971, 24 (2): 50 – 51.

[219] PATCHEN M. Participation, achievement, and involvement on the job

[J]. South African Journal of Economics, 1971, 36 (4): 777.

[220] PENG Y C, CHEN L J, CHANG C C, et al. Workplace bullying and workplace deviance: The mediating effect of emotional exhaustion and the moderating effect of core self-evaluations [J]. Employee Relations, 2016, 38 (5): 755 – 769.

[221] PERERA M H B, MATHEWS M R. The cultural relativity of accounting and international patterns of social accounting [J]. Advances in International Accounting, 1990, 3 (3): 215 – 251.

[222] PETERS K, HASLAM S A, RYAN M K, et al. Working with subgroup identities to build organizational identification and support for organizational strategy: A test of the ASPIRe model [J]. Group, Organization Management, 2013, 38 (1): 128 – 144.

[223] PETERSON D. Perceived leader integrity and ethical intentions of subordinates [J]. Leadership, Organization Development Journal, 2004, 25 (1): 7 – 23.

[224] PETERSON D K. The relationship between unethical behavior and the dimensions of the ethical climate questionnaire [J]. Journal of Business Ethics, 2002, 41 (4): 313 – 326.

[225] PFEFFER J. Power in organizations [M]. Marshfield, MA: Pitman, 1981.

[226] PIFF P K, STANCATO D M, CÔTÉ S, et al. Higher social class predicts increased unethical behavior [J]. Proceedings of the National Academy of Sciences, 2012, 109 (11): 4086 – 4091.

[227] PINTO J, LEANA C R, PIL F K. Corrupt organizations or organizations of corrupt individuals? Two types of organization-level corruption [J]. Academy of Management Review, 2008, 33 (3): 685 – 709.

[228] PODSAKOFF P M, MACKENZIE S B, LEE J Y, et al. Common method biases in behavioral research: a critical review of the literature and recommended remedies [J]. Journal of Applied Psychology, 2003, 88 (5): 879.

[229] POLZER J T. How subgroup interests and reputations moderate the effect of organizational identification on cooperation [J]. Journal of Management, 2004, 30 (1): 71-96.

[230] PULFREY C, BUTERA F. Why Neoliberal Values of Self-Enhancement Lead to Cheating in Higher Education A Motivational Account [J]. Psychological Science, 2013, 5 (8): 128-230.

[231] REDDING G, DREW A. Dealing with the Complexity of Causes of Societal Innovativeness: Social Enabling and Disabling Mechanisms and the Case of China [J]. Journal of Interdisciplinary Economics, 2016, 28 (2): 107-136.

[232] REST J R. Moral development: advances in research and theory [J]. Advances in Solar Energy Technology, 1986, 33: 489-496.

[233] RHEE J, DEDAHANOV A, LEE D. Relationships among power distance, collectivism, punishment, and acquiescent, defensive, or prosocial silence [J]. Social Behavior and Personality: an International Journal, 2014, 42 (5): 705-720.

[234] RIKETTA M. Organizational identification: A meta-analysis [J]. Journal of Vocational Behavior, 2005, 66 (2): 358-384.

[235] RIKETTA M, VAN DICK R. Foci of attachment in organizations: A meta-analytic comparison of the strength and correlates of workgroup versus organizational identification and commitment [J]. Journal of Vocational Behavior, 2005, 67 (3): 490-510.

[236] ROBERT C, PROBST T M, MARTOCCHIO J J, et al. Empowerment and continuous improvement in the United States, Mexico, Poland, and India: Predicting fit on the basis of the dimensions of power distance and individualism [J]. Journal of Applied Psychology, 2000, 85 (5): 643.

[237] ROWLEY C, OH I. Business ethics and the role of context: institutionalism, history and comparisons in the Asia Pacific region [J]. Asia Pacific Business Review, 2016, 22 (3): 353-365.

[238] RUEDY N E, MOORE C, GINO F, et al. The cheater's high: The unexpected affective benefits of unethical behavior [J]. Journal of Personality and Social Psychology, 2013, 105 (4): 531.

[239] SAFARZADEH H, TADAYON A, JALALYAN N, et al. Role of Emotionality and Authoritarianism in Unethical Behaviors and Their Effect on Organizational Citizenship Behavior: The Case of Fars Gas Company, Iran [J]. World Applied Sciences Journal, 2012, 17 (4): 502 – 508.

[240] SCHRIESHEIM C A, pOWERS K J, sCANDURA T A, et al. Improving construct measurement in management research: Comments and a quantitative approach for assessing the theoretical content adequacy of paper-and-pencil survey-type instruments [J]. Journal of Management, 1993, 19 (2): 385 – 417.

[241] SCHRODT P. The relationship between organizational identification and organizational culture: Employee perceptions of culture and identification in a retail sales organization [J]. Communication Studies, 2002, 53 (2): 189 – 202.

[242] SCHWEITZER M E, ORDÓÑEZ L, DOUMA B. Goal setting as a motivator of unethical behavior [J]. Academy of Management Journal, 2004, 47 (3): 422 – 432.

[243] SEIBERT S E, WANG G, COURTRIGHT S H. Antecedents and consequences of psychological and team empowerment in organizations: a meta-analytic review [J]. 2011, 96 (5): 981 – 1003.

[244] SETTOON R P, BENNETT N, LIDEN R C. Social exchange in organizations: Perceived organizational support, leader-member exchange, and employee reciprocity [J]. Journal of Applied Psychology, 1996, 81 (3): 219 – 227.

[245] SHEPHERD D A, SUDDABY R. Theory Building: A Review and Integration [J]. Journal of Management, 2017, 43 (1): 59 – 86.

[246] SHU L L, GINO F. Sweeping dishonesty under the rug: how unethical

actions lead to forgetting of moral rules [J]. Journal of Personality and Social Psychology, 2012, 102 (6): 1164 – 1177.

[247] SILIN R H. Leadership and values: The organization of large-scale Taiwanese enterprises [M]. Cambridge, MA: Harvard Univ. Asia Center, 1976.

[248] SINGH P, TWALO T. Mismanaging unethical behaviour in the workplace [J]. Journal of Applied Business Research, 2015, 31 (2): 515.

[249] SINGHAPAKDI A, LEE D J, SIRGY M J, et al. The impact of incongruity between an organization's CSR orientation and its employees' CSR orientation on employees' quality of work life [J]. Journal of Business Research, 2015, 68 (1): 60 – 66.

[250] SEZER O, GINO F, BAZERMAN M H. Ethical blind spots: Explaining unintentional unethical behavior [J]. Current Opinion in Psychology, 2015, 6: 77 – 81.

[251] SMIDTS A, PRUYN A T H, VAN RIEL C B M. The impact of employee communication and perceived external prestige on organizational identification [J]. Academy of Management Journal, 2001, 44 (5): 1051 – 1062.

[252] SPRECHER S. Social exchange theories and sexuality [J]. Journal of Sex Research, 1998, 35 (1): 32 – 43.

[253] SPREITZER G M. Psychological empowerment in the workplace: Dimensions, measurement, and validation [J]. Academy of Management Journal, 1995, 38 (5): 1442 – 1465.

[254] SPREITZER G M. Taking stock: A review of more than twenty years of research on empowerment at work [J]. Handbook of Organizational Behavior, 2008: 54 – 72.

[255] SUTHERLAND E H. White-collar criminality [J]. American Sociological Review, 1940, 5 (1): 1 – 12.

[256] TAJFEL H. Social identity and intergroup behaviour [J]. Information (International Social Science Council), 1974, 13 (2): 65 – 93.

[257] TAJFEL H. Human groups and social categories: Studies in social psychology [M]. CUP Archive, 1981.

[258] TAJFEL H, TURNER J C. The social identity theory of intergroup behavior [M]//WORCHELS, AUSTIN W G. Psychology of intergroup relations (2nd ed.). Chicago: Nelson-Hall Publishers, 1986: 7 – 24.

[259] TANG T L P, CHEN Y J. Intelligence vs. wisdom: The love of money, Machiavellianism, and unethical behavior across college major and gender [J]. Journal of Business Ethics, 2008, 82 (1): 1 – 26.

[260] TANG T L P, CHIU R K. Income, money ethic, pay satisfaction, commitment, and unethical behavior: Is the love of money the root of evil for Hong Kong employees? [J]. Journal of Business Ethics, 2003, 46 (1): 13 – 30.

[261] TANGIRALA S, RAMANUJAM R. Exploring nonlinearity in employee voice: The effects of personal control and organizational identification [J]. Academy of Management Journal, 2008, 51 (6): 1189 – 1203.

[262] TANGIRALA, RAMANUJAM. In the shadow of the boss's boss: Effects of supervisors' upward exchange relationships on employees [J]. Journal of Applied Psychology, 2007, (92): 309-320.

[263] TAVARES S M, VAN KNIPPENBERG D, VAN DICK R. Organizational identification and "currencies of exchange": integrating social identity and social exchange perspectives [J]. Journal of Applied Social Psychology, 2016, 46 (1): 34 – 45.

[264] TENBRUNSEL A E, DIEKMANN K A, WADE-BENZONI K A, et al. The ethical mirage: A temporal explanation as to why we are not as ethical as we think we are [J]. Research in Organizational Behavior, 2010, 30: 153 – 173.

[265] TENBRUNSEL A E, SMITH-CROWE K. 13 ethical decision making: Where we've been and where we're going [J]. The Academy of Management Annals, 2008, 2 (1): 545 – 607.

[266] TEPPER B J, TAYLOR E C. Relationships among supervisors' and

subordinates' procedural justice perceptions and organizational citizenship behaviors [J]. Academy of Management Journal, 2003, 46 (1): 97 - 105.

[267] THAU S, MITCHELL M S. Self-gain or self-regulation impairment? Tests of competing explanations of the supervisor abuse and employee deviance relationship through perceptions of distributive justice [J]. Journal of Applied Psychology, 2010, 95 (6): 1009 - 1031.

[268] THOMAS K W, VELTHOUSE B A. Cognitive elements of empowerment: An "interpretive" model of intrinsic task motivation [J]. Academy of Management Review, 1990, 15 (4): 666 - 681.

[269] THOMAS K W, TYMON W G. Does empowerment always work: Understanding the role of intrinsic motivation and personal interpretation [J]. Journal of Management Systems, 1994, 6 (2): 1 - 13.

[270] TIAN Q, PETERSON D K. The effects of ethical pressure and power distance orientation on unethical pro-organizational behavior: the case of earnings management [J]. Business Ethics: A European Review, 2016, 25 (2): 159 - 171.

[271] TIERNEY P, FARMER S M, GRAEN G B. An examination of leadership and employee creativity: The relevance of traits and relationships [J]. Personnel Psychology, 1999, 52 (3): 591 - 620.

[272] TOST L P, GINO F, LARRICK R P. When power makes others speechless: The negative impact of leader power on team performance [J]. Academy of Management Journal, 2013, 56 (5): 1465 - 1486.

[273] TRIANDIS H C. Individualism and collectivism: Past, present, and future [J]. The Handbook of Culture and Psychology, 2001: 35 - 50.

[274] TREVINO L K. Ethical decision making in organizations: A person-situation interactionist model [J]. Academy of Management Review, 1986, 11 (3): 601 - 617.

[275] TREVIÑO L K, BUTTERFIELD K D, MCCABE D L. The ethical context in organizations: Influences on employee attitudes and behaviors

[J]. Business Ethics Quarterly, 1998, 8 (03): 447-476.

[276] TREVIÑO L K, WEAVER G R. Organizational Justice and Ethics Program Tollow-Through': Influences on Employees' Harmful and Helpful Behavior [J]. Business Ethics Quarterly, 2001, 11 (4): 651-671.

[277] TREVIÑO L K, WEAVER G R, REYNOLDS S J. Behavioral ethics in organizations: A review [J]. Journal of Management, 2006, 32 (6): 951-990.

[278] TREVIÑO L K, NELSON K A. Managing business ethics [M]. John Wiley, Sons, 2010.

[279] TREVIÑO L K, DEN NIEUWENBOER N A, KISH-GEPHART J J. (Un) ethical behavior in organizations [J]. Annual Review of Psychology, 2014, 65: 635-660.

[280] TURNER J C, HOGG M A, OAKES P J, et al. Rediscovering the social group: A self-categorization theory [M]. Oxford: Basil Blackwell, 1987.

[281] TYLER T R. The psychology of legitimacy: A relational perspective on voluntary deference to authorities [J]. Personality and Social Psychology Review, 1997, 1 (4): 323-345.

[282] TYLER T R, BLADER S L. Can businesses effectively regulate employee conduct? The antecedents of rule following in work settings [J]. Academy of Management Journal, 2005, 48 (6): 1143-1158.

[283] UGWU L I. Unethical behaviour in Nigerian organizational settings: Its evolution, dimensions and impact on national development [J]. Asian Social Science, 2011, 7 (2): 20.

[284] UHL-BIEN M, MASLYN J M. Reciprocity in manager-subordinate relationships: Components, configurations, and outcomes [J]. Journal of Management, 2003, 29 (4): 511-532.

[285] UMPHRESS E E, BINGHAM J B, MITCHELL M S. Unethical behavior in the name of the company: the moderating effect of organizational identification and positive reciprocity beliefs on unethical pro-organizational

behavior [J]. Journal of Applied Psychology, 2010, 95 (4): 769.

[286] VADERA A K, PRATT M G, MISHRA P. Constructive deviance in organizations integrating and moving forward [J]. Journal of Management, 2013, 39 (5): 1221 - 1276.

[287] VADERA A K, PRATT M G. Love, hate, ambivalence, or indifference? A conceptual examination of workplace crimes and organizational identification [J]. Organization Science, 2013, 24 (1): 172 - 188.

[288] VAN DICK R, CHRIST O, STELLMACHER J, et al. Should I stay or should I go? Explaining turnover intentions with organizational identification and job satisfaction [J]. British Journal of Management, 2004, 15 (4): 351 - 360.

[289] VAN DEN OORD E, JIANG Y, RILEY B P, et al. FD-TDI SNP scoring by manual and statistical procedures: a study of error rates and types [J]. Biotechniques, 2003, 34 (3): 610 - 625.

[290] VAN KNIPPENBERG D, DE CREMER D, VAN KNIPPENBERG B. Leadership and fairness: The state of the art [J]. European Journal of Work and Organizational Psychology, 2007, 16 (2): 113 - 140.

[291] VAN KNIPPENBERG D, SLEEBOS E. Organizational identification versus organizational commitment: self-definition, social exchange, and job attitudes [J]. Journal of Organizational Behavior, 2006, 27 (5): 571 - 584.

[292] VAN RIEL C B M, FOMBRUN C J. Essentials of corporate communication: Implementing practices for effective reputation management [M]. Routledge, 2007.

[293] VARDI Y, WEITZ E. Misbehavior in organizations: Theory, research, and management [M]. London: Psychology Press, 2003.

[294] VELASQUEZ M, ANDRE C, SHANKS T, et al. A framework for ethical decision making [J]. Retrieved August, 2005, 14: 2005.

[295] WANG W, MAO J, WU W, et al. Abusive supervision and workplace deviance: The mediating role of interactional justice and the moderating role of power distance [J]. Asia Pacific Journal of Human Resources,

2012, 50 (1): 43-60.

[296] WANG X H F, FANG Y, QURESHI I, et al. Understanding employee innovative behavior: Integrating the social network and leader-member exchange perspectives [J]. Journal of Organizational Behavior, 2015, 36 (3): 403-420.

[297] WAT D, SHAFFER M A. Equity and relationship quality influences on organizational citizenship behaviors: The mediating role of trust in the supervisor and empowerment [J]. Personnel Review, 2005, 34 (4): 406-422.

[298] WEAVER G R, TREVIÑO L K. Compliance and Values Oriented Ethics Programs: Influenceson Employees' Attitudes and Behavior [J]. Business Ethics Quarterly, 1999, 9 (2): 315-335.

[299] WEITZ E, VARDI Y, SETTER O. Spirituality and organizational misbehavior [J]. Journal of Management, Spirituality, Religion, 2012, 9 (3): 255-281.

[300] WESTWOOD R. Harmony and patriarchy: The cultural basis for'paternalistic headship'among the overseas Chinese [J]. Organization Studies, 1997, 18 (3): 445-480.

[301] WIESEKE, AHEARNE. The role of leaders in internal marketing [J]. Journal of Marketing, 2009, (73): 123-145.

[302] WILDER D A. Social categorization: Implications for creation and reduction of intergroup bias [J]. Advances in Experimental Social Psychology, 1986, 19: 291-355.

[303] WILTERMUTH S S, VINCENT L C, GINO F. Creativity in unethical behavior attenuates condemnation and breeds social contagion when transgressions seem to create little harm [J]. Organizational Behavior and Human Decision Processes, 2017, 139: 106-126.

[304] WITT M A, REDDING G. Asian business systems: Institutional comparison, clusters and implications for varieties of capitalism and business systems theory [J]. Socio-Economic Review, 2013, 11 (2): 265-

300.

[305] WONG S C, LI J S. Will hotel employees' perception of unethical managerial behavior affect their job satisfaction? A study of Chinese hotel employees in China [J]. International Journal of Contemporary Hospitality Management, 2015, 27 (5): 853–877.

[306] YANG J, JI H, O'LEARY C. Group Ethical Decision Making Process in Chinese Business: Analysis From Social Decision Scheme and Cultural Perspectives [J]. Ethics, Behavior, 2016: 1–20.

[307] YIP J A, SCHWEITZER M E. Trust promotes unethical behavior: excessive trust, opportunistic exploitation, and strategic exploitation [J]. Current Opinion in Psychology, 2015, 6: 216–220.

[308] YUKL G A. Leadership in organizations [M]. Pearson Education India, 1981.

[309] YUKL G. How leaders influence organizational effectiveness [J]. The Leadership Quarterly, 2008, 19 (6): 708–722.

[310] YUKL G, O'DONNELL M, TABER T. Influence of leader behaviors on the leader-member exchange relationship [J]. Journal of Managerial Psychology, 2009, 24 (4): 289–299.

[311] YUKL G. An evaluation of conceptual weaknesses in transformational and charismatic leadership theories [J]. The Leadership Quarterly, 1999, 10 (2): 285–305.

[312] ZAGENCZYK T J, CRUZ K S, CHEUNG J H, et al. The moderating effect of power distance on employee responses to psychological contract breach [J]. European Journal of Work and Organizational Psychology, 2015, 24 (6): 853–865.

[313] ZAHRA S A, PRIEM R L, RASHEED A A. The antecedents and consequences of top management fraud [J]. Journal of Management, 2005, 31 (6): 803–828.

[314] ZHANG T, GINO F, BAZERMAN M H. Morality rebooted: Exploring simple fixes to our moral bugs [J]. Research in Organizational Behavior,

2014, 34: 63-79.

[315] ZHOU T. Understanding online community user participation: a social influence perspective [J]. Internet Research, 2011, 21 (1): 67-81.

[316] ZIMMERMAN M A. Psychological empowerment: Issues and illustrations [J]. American Journal of Community Psychology, 1995, 23 (5): 581-599.

[317] 卜长莉. "差序格局"的理论诠释及现代内涵 [J]. 社会学研究, 2003 (1): 21-28.

[318] 陈浩. 心理授权与组织认同的关系研究 [J]. 经济纵横, 2010 (7): 119-122.

[319] 陈介玄, 高承恕. 台湾企业运作的社会秩序: 人情关系与法律 [J]. 东海学报, 1991, 32 (10): 219-232.

[320] 陈明璋, 杨国枢, 黄光国. 家族企业与企业管理 [M] //中国式管理研究会论文集. 台北: 台湾大学, 1984.

[321] 陈星宏. 家长式领导、差序式领导与部属反应: 文化价值的调节效果 [D]. 台北: 中正大学, 2011.

[322] 陈晓萍, 徐淑英, 樊景立. 组织与管理研究的实证方法 [J]. 北京: 北京大学出版社, 2008.

[323] 董蕊, 倪士光. 工作场所不道德行为: 自我控制资源有限理论的解释 [J]. 西北师大学报 (社会科学版), 2017 (1): 133-144.

[324] 杜恒波. 组织认同理论研究评述与展望 [J]. 山东工商学院学报, 2012 (3): 66-70.

[325] 樊景立, 郑伯埙. 华人组织的家长式领导: 一项文化观点的分析 [J]. 本土心理学研究, 2000 (13): 126-180.

[326] 方婧. 高低权力距离视角下的中西方文化差异. 河北理工大学学报 (社会科学版), 2010 (6): 93-95.

[327] 费孝通. 乡土中国 [M]. 北京: 北京出版社, 2005.

[328] 高日光, 孙健敏. 破坏性领导对员工工作场所越轨行为的影响 [J]. 理论探讨, 2009 (5): 156-158.

[329] 高申春. 论班杜拉社会学习理论的人本主义倾向 [J]. 心理科学,

2000, 23 (1): 16-19.

[330] 干晨静, 王端旭. 同事非伦理行为对员工离职倾向的影响: 一个有调节的中介模型 [J]. 商业经济与管理, 2016 (5): 57-64.

[331] 郭静静. 企业员工组织认同结构维度及其相关研究 [D]. 广州: 暨南大学, 2007.

[332] 郭晓薇. 权力距离感对公平感与组织公民行为关系的调节作用研究 [J]. 心理科学, 2006, 29 (2): 433-436.

[333] 黄光国. 人情与面子 [J]. 经济社会体制比较, 1985 (3): 55-62.

[334] 黄光国. 人情与面子: 中国人的权力游戏 [M]. 台北: 巨流图书公司, 1988.

[335] 黄希庭. 青年学生自我价值感量表的编制 [J]. 心理科学, 1998, 21 (4): 289-292.

[336] 姜定宇, 张菀真. 华人差序式领导与部属效能 [J]. 本土心理学研究, 2010 (33): 109-177.

[337] 姜定宇, 郑伯壎, 任金刚. 组织忠诚: 本土建构与测量 [J]. 本土心理学研究, 2003 (19): 273-337.

[338] 姜定宇, 郑伯壎. 华人差序式领导的本质与影响历程 [J]. 本土心理学研究, 2014 (42): 285-357.

[339] 江新会, 钟昌标, 张强. 中国心理授权的一个特性: 影响力导致的消极效应及其边界条件 [J]. 管理评论, 2016, 28 (3): 139-153.

[340] 金杨华, 吕福新. 关系取向与企业家伦理决策: 基于"浙商"的实证研究 [J]. 管理世界, 2008 (8): 100-106.

[341] 李超平, 田宝, 时勘. 变革型领导与员工工作态度: 心理授权的中介作用 [J]. 心理学报, 2006 (2): 297-307.

[342] 李燕萍, 徐嘉. 基于组织认同中介作用的集体主义对工作幸福感的多层次影响研究 [J]. 管理学报, 2014 (2): 198-205.

[343] 李宗波, 陈红. 上下属关系对员工知识分享行为的影响: 组织认同和集体主义导向的作用 [J]. 管理工程学报, 2015 (3): 30-38.

[344] 刘景江, 邹慧敏. 变革型领导和心理授权对员工创造力的影响 [J]. 科研管理, 2013 (3): 68-74.

[345] 刘善仕. 企业员工越轨行为的组织控制研究 [J]. 外国经济与管理, 2002, 24 (7): 19-23.

[346] 刘善仕, 刘小浪, 陈放. 差序式人力资源管理实践: 基于广州 Z 公司的扎根研究 [J]. 管理学报, 2015, 12 (1): 11-19.

[347] 刘文彬, 井润田. 组织文化影响员工反生产行为的实证研究: 基于组织伦理气氛的视角 [J]. 中国软科学, 2010 (9): 118-129.

[348] 刘彧彧, 黄小科, 丁国林. 基于上下级关系的沟通开放性对组织承诺的影响研究 [J]. 管理学报, 2011, 8 (3): 417-422.

[349] 刘云. 自我领导与员工创新行为的关系研究: 心理授权的中介效应 [J]. 科学学研究, 2011 (10): 1584-1593.

[350] 陆欣欣, 孙嘉卿. 领导-成员交换与情绪枯竭: 互惠信念和权力距离导向的作用 [J]. 心理学报, 2016 (5): 566-577.

[351] 马璐, 朱双. 组织认同与关系冲突视角下不当督导对员工创新行为的影响 [J]. 科技进步与对策, 2015 (21): 150-155.

[352] 潘静洲, 周晓雪, 周文霞. 领导-成员关系、组织支持感、心理授权与情感承诺的关系研究 [J]. 应用心理学, 2010 (2): 167-172, 179.

[353] 邱敏佳. 差序式领导对部属团队认同之影响: 以团队伦理气候认知为中介变项 [D]. 台中: 逢甲大学, 2012.

[354] 沈毅. 华人本土组织领导研究的基本脉络与再定位 [J]. 管理学报, 2012, 9 (5): 629-636.

[355] 石冠峰, 杨高峰. 变革型领导、心理授权对亲社会性违规行为的影响 [J]. 企业经济, 2015 (8): 114-120.

[356] 石冠峰, 杨高峰. 真实型领导对员工创新行为的影响: 领导-成员交换和心理授权的中介作用 [J]. 领导科学, 2015 (26): 30-32.

[357] 孙春玲, 张华, 李贺, 等. 授权氛围对项目经理主动性行为的影响机理研究: 心理授权的中介作用 [J]. 管理评论, 2014 (7): 196-208.

[358] 孙建敏, 姜铠丰. 中国背景下组织认同的结构: 一项探索性研究 [J]. 社会学研究, 2009 (1): 3-3.

[359] 孙健敏, 宋萌, 王震. 辱虐管理对下属工作绩效和离职意愿的影响: 领导认同和权力距离的作用 [J]. 商业经济与管理, 2013 (3): 45-53.

[360] 孙晓真. 差序式领导三成分与团队效能及团队人际冲突之关联 [D]. 台北：中正大学, 2014.

[361] 孙永磊, 宋晶, 陈劲. 差异化变革型领导、心理授权与组织创造力 [J]. 科学学与科学技术管理, 2016 (4)：137-146.

[362] 孙瑜, 王惊. 变革型领导和员工建言：心理授权的中介作用 [J]. 税务与经济, 2015 (1)：28-33.

[363] 舒晓村. 组织内非伦理行为传染效应研究 [D]. 杭州：浙江大学, 2015.

[364] 汤学俊. 变革型领导、心理授权与组织公民行为 [J]. 南京社会科学, 2014 (7)：13-19.

[365] 谭亚莉, 廖建桥, 李骥. 管理者非伦理行为到组织腐败的衍变过程、机制与干预：基于心理社会微观视角的分析 [J]. 管理世界, 2011 (12)：68-77.

[366] 唐秀丽, 辜应康. 强颜欢笑还是真情实意：组织认同、基于组织的自尊对服务人员情绪劳动的影响 [J]. 旅游学刊, 2016 (1)：68-80.

[367] 陶厚永, 章娟, 李玲. 差序式领导对员工利社会行为的影响 [J]. 中国工业经济, 2016 (3)：114-129.

[368] 田虎伟, 周玉春. 混合方法在管理学研究中的扩散动态述评 [J]. 河南科技大学学报（社会科学版）, 2013 (6)：76-79.

[369] 田在兰, 黄培伦. 差序式领导理论的发展脉络及与其他领导行为的对比研究 [J]. 科学学与科学技术管理, 2013 (4)：150-157.

[370] 王端旭, 潘宇浩, 郑显伟. 伦理型领导对员工非伦理行为的影响：道德明晰与权力距离的作用 [J]. 现代管理科学, 2015 (1)：97-99.

[371] 王国猛, 赵曙明, 郑全全. 团队信任与团队水平组织公民行为：团队心理授权的中介作用研究 [J]. 大连理工大学学报（社会科学版）, 2012 (2)：71-75.

[372] 王国猛, 郑全全, 赵曙明. 团队心理授权的维度结构与测量研究 [J]. 南开管理评论, 2012 (2)：48-58.

[373] 王金良, 张大均. 中小学教师心理授权的测量 [J]. 心理发展与教育, 2011, 27 (1)：105-111.

[374] 王磊. 差序式领导有效性的理论与实证研究 [D]. 大连：东北财经大学, 2013.

[375] 王磊. 中国家族企业成长中差序式领导对员工及团队创造力的影响：一个跨层次跟踪研究 [J]. 心理科学进展, 2015 (10)：1688-1700.

[376] 王垒, 姚翔, 王海妮, 等. 管理者权力距离对员工创造性观点产生与实施关系的调节作用 [J]. 应用心理学, 2008 (3)：203-207.

[377] 王瑞文, 刘金兰. 组织环境、心理授权与组织承诺：基于高校教师个体评价的实证分析 [J]. 大连理工大学学报（社会科学版）, 2014 (3)：126-132.

[378] 王喜彦. 知识型员工的权力距离对组织公平与组织认同关系的调节作用研究 [D]. 长春：吉林大学, 2013.

[379] 王彦斌. 管理中的组织认同：理论建构及对转型期中国国有企业的实证分析 [M]. 北京：人民出版社, 2004.

[380] 王颖, 潘茜. 教师组织沉默的产生机制：组织信任与心理授权的中介作用 [J]. 教育研究, 2014 (4)：106-115.

[381] 王永跃, 祝涛. 伦理型领导, 工具主义伦理气氛与员工不道德行为：内部人身份感知的调节作用 [J]. 心理科学, 2014 (6)：1455-1460.

[382] 王震, 许灏颖, 杜晨朵. 道德型领导如何减少下属非道德行为：领导组织化身和下属道德效能的作用 [J]. 心理科学, 2015 (2)：439-445.

[383] 王林雪, 卓娜. 领导风格, 组织认同对创新型人才创新能力的影响研究 [J]. 科学管理研究, 2014 (5)：102-105.

[384] 王超. 中国情景下心理授权的前因变量和结果变量 [D]. 南京：南京大学, 2013.

[385] 魏蕾, 时勘. 家长式领导与员工工作投入：心理授权的中介作用 [J]. 心理与行为研究, 2010 (2)：88-93.

[386] 文鹏, 史硕. 团队内非伦理行为的社会互动机制 [J]. 心理科学进展, 2012 (6)：805-814.

[387] 文鹏, 夏玲, 陈诚. 责任型领导对员工揭发意愿与非伦理行为的影响 [J]. 经济管理, 2016 (7)：82-93.

[388] 文鹏, 陈诚. 非伦理行为的"近墨者黑"效应：道德推脱的中介过程

与个体特质的作用 [J]. 华中师范大学学报（人文社会科学版），2016（4）：169 – 176.

[389] 温忠麟，侯杰泰，马什. 结构方程模型检验：拟合指数与卡方准则 [J]. 心理学报，2004，36（2）：186 – 194.

[390] 温忠麟，张雷，侯杰泰. 有中介的调节变量和有调节的中介变量 [J]. 心理学报，2006，38（3）：448 – 452.

[391] 温忠麟，张雷，侯杰泰，刘红云. 中介效应检验程序及其应用 [J]. 心理学报，2004（5）：614 – 620.

[392] 吴明证，沈斌，孙晓玲. 组织承诺和亲组织的非伦理行为关系：道德认同的调节作用 [J]. 心理科学，2016（2）：392 – 398.

[393] 吴志明，武欣. 基于社会交换理论的组织公民行为影响因素研究 [J]. 人类工效学，2006（2）：7 – 9.

[394] 奚菁，惠青山. 对中国家族企业员工组织认同内容结构的实证研究 [J]. 科学学与科学技术管理，2010（9）：194 – 199.

[395] 谢俊，储小平，汪林. 效忠主管与员工工作绩效的关系：反馈寻求行为和权力距离的影响 [J]. 南开管理评论，2010（2）：31 – 38，58.

[396] 徐淑英，吕力. 中国本土管理研究的理论与实践问题：对徐淑英的访谈 [J]. 管理学报，2015（3）：313 – 321.

[397] 徐玮伶. 华人企业领导者之差序式管理：海峡两岸企业组织之分析 [D]. 台北：台湾大学心理学研究所，2004.

[398] 徐玮伶，郑伯埙，黄敏萍. 华人企业领导人的员工归类与管理行为 [J]. 本土心理学研究，2002（18）：51 – 94.

[399] 颜爱民，陈丽. 高绩效工作系统对员工行为的影响：以心理授权为中介 [J]. 中南大学学报（社会科学版），2016（3）：107 – 113.

[400] 颜爱民，高莹. 辱虐管理对员工职场偏差行为的影响：组织认同的中介作用 [J]. 首都经济贸易大学学报，2010（6）：55 – 61.

[401] 杨光飞. 关系治理：华人家族企业内部治理的新假设 [J]. 经济问题探索，2009（9）：81 – 85.

[402] 杨国枢. 华人自我的理论分析与实证研究：社会取向与个人取向的观点 [J]. 本土心理学研究，2004（22）：11 – 80.

[403] 杨国枢,文崇一,吴聪贤. 社会及行为科学研究法 [J]. 重庆:重庆大学出版社,2006.

[404] 杨国枢,余安邦. 中国人的社会取向:社会互动的观点 [M]. 中国人的心理与社会行为:理念及方法篇. 台北:巨流图书公司,1993.

[405] 杨继平,王兴超. 德行领导与员工不道德行为,利他行为:道德推脱的中介作用 [J]. 心理科学,2015(3):693-699.

[406] 杨杰,刘玲. 组织认同与身份的质性分析与基模建构 [J]. 社会科学家,2010(2):126-130.

[407] 杨晓,师萍,谭乐. 领导-成员交换社会比较,内部人身份认知与工作绩效:领导-成员交换关系差异的作用 [J]. 南开管理评论,2015,18(4):26-35.

[408] 杨宜音. "自己人":一项有关中国人关系分类的个案研究 [J]. 本土心理学研究,2000(13):277-322.

[409] 尹俊,王辉. 组织内交换关系、心理授权与员工工作结果的研究 [J]. 经济科学,2011(5):116-127.

[410] 游浚,靳强强,李忆. 不安全感对组织承诺的影响:心理授权的中介作用 [J]. 软科学,2014(9):95-98.

[411] 于桂兰,付博. 上下级关系对组织政治知觉与员工离职倾向影响的被中介的调节效应分析 [J]. 管理学报,2015,12(6):830-838.

[412] 于静静,蒋守芬,赵曙明. 冲突管理方式与员工建言行为的关系研究:基于心理安全感和权力距离视角 [J]. 华东经济管理,2015(10):168-174.

[413] 袁靖波. 企业非伦理行为的形成机制研究:一个整合的理论模型 [J]. 外国经济与管理,2016(1):15-28.

[414] 袁凌,李静,李健. 差序式领导对员工创新行为的影响:领导创新期望的调节作用 [J]. 科技进步与对策,2016(10):110-115.

[415] 张华,孙春玲,安珣,等. 授权氛围、心理授权与知识员工主动性的关系研究 [J]. 预测,2014(3):69-74.

[416] 张丽华,朱金强,冯彩玲. 员工创新行为的前因和结果变量研究 [J]. 管理世界,2016(6):182-183.

[417] 张燕, 陈维政. 工作场所偏离行为研究中自我报告法应用探讨 [J]. 科研管理, 2012, 33 (11): 76-83.

[418] 张永军. 伦理型领导对员工反生产行为的影响: 基于社会学习与社会交换双重视角 [J]. 商业经济与管理, 2012 (12): 23-32.

[419] 张永军. 伦理型领导对员工反生产行为的影响: 基于组织的自尊的中介检验 [J]. 中国管理科学, 2015 (S1): 645-649.

[420] 张振刚, 余传鹏, 崔婷婷. 家长式领导、心理授权对企业管理创新的影响 [J]. 科技管理研究, 2015 (3): 203-208.

[421] 张志学. 中国人的分配正义观 [M] // 李原. 中国社会心理学评论. 北京: 社会科学文献出版社, 2006.

[422] 赵慧军, 席燕平, 王宏. 组织政治知觉对员工帮助行为的影响: 组织认同的中介作用 [J]. 现代管理科学, 2016 (1): 12-14.

[423] 郑伯埙. 差序格局与华人组织行为 [J]. 本土心理学研究, 1995, 3 (1): 142-219.

[424] 郑伯埙. 华人文化与组织领导: 由现象描述到理论验证 [J]. 本土心理学研究, 2004 (22): 195-251.

[425] 郑伯埙. 差序格局与华人组织行为 [J]. 本土心理学研究, 1995 (3): 142-219.

[426] 郑伯埙. 华人组织行为研究的方向与策略: 由西化到本土化 [J]. 本土心理学研究, 2005 (12): 191-245.

[427] 郑伯埙. 华人领导: 理论与实际 [M]. 台北: 桂冠图书公司, 2005.

[428] 郑伯埙, 樊景立. 华人组织的家长式领导: 一项文化观点的分析 [J]. 本土心理学研究, 2001 (13): 127-180.

[429] 郑伯埙, 林家五. 差序格局与华人组织行为: 台湾大型民营企业的初步研究 [J]. "中央研究院"民族研究所集刊, 1997 (86): 29-72.

[430] 郑伯埙, 庄仲仁. 基层军事干部有效领导行为之因素分析: 领导绩效, 领导角色与领导行为之关系 [J]. 中华心理学刊, 1981 (4): 2-41.

[431] 郑晓明, 刘鑫. 互动公平对员工幸福感的影响: 心理授权的中介作用与权力距离的调节作用 [J]. 心理学报, 2016 (6): 693-709.

[432] 朱颖俊, 裴宇. 差错管理文化、心理授权对员工创新行为的影响: 创

新效能感的调节效应［J］．中国人力资源开发，2014（17）：23-29．

［433］周浩．管理者权力对采纳建言的影响：管理者自我效能与权力距离的作用［J］．四川大学学报（哲学社会科学版），2016（3）：123-131．

［434］周浩，龙立荣．家长式领导与组织公正感的关系［J］．心理学报，2007（5）：909-917．

［435］周建涛．权力距离导向对员工沉默的作用机制研究［D］．武汉：华中科技大学，2013．

［436］周濂．你永远都无法叫醒一个装睡的人［M］．北京：中国人民大学出版社，2012．

［437］诸承明，谢东荣．组织中亲信关系形成因素研究：以银行业为实证对象［J］．亚太管理评论，1999（4）：79-92．

附录1 调查问卷

组织心理与行为调查问卷

尊敬的女士/先生：

非常感谢您能抽出宝贵的时间参加本次调查。本次调查是华南理工大学工商管理学院主持的纯学术研究调查问卷，旨在了解您对组织领导与员工的心理及行为的一些看法，这些看法没有对错之分，所以请您依照自己的实际感受填答即可。每一部分的开始，都有填答方式的说明，请您阅读说明后再开始填答。

问卷采用无记名方式，在电脑录入问卷数据后所有的问卷将立即销毁，公司的任何人，包括您的领导、同事或者部属都不会看到您所填写的问卷；所有的问卷数据仅用于整体分析，不会专门分析个人的资料，因此报告中不会有任何个人资料和数据，所以请您放心填答。其他许多公司的员工也正在帮忙填写这份问卷，恳请您也能拨冗协助！

再次衷心感谢您的热心参与！

第一部分 问卷正文

一、在工作场合中，每位主管有着风格各异的领导方式，而有些主管会将部属区分为自己人跟外人，下列题项描述主管可能的行为表现，请依照"您与直属主管互动时的实际经验"，从右侧1-5中选出最适合的数字，并在相应的数字处画"√"。

相较于外人部属，您的主管在对待自己人部属时……	非常不同意	有点不同意	不确定	有点同意	非常同意
1 较常嘘寒问暖	1	2	3	4	5
2 花较多时间进行个别指导	1	2	3	4	5
3 接触和互动较为频繁	1	2	3	4	5
4 对于偏爱的部属所遇困难，较会伸出援手	1	2	3	4	5
5 较常委派偏爱的部属传达讯息	1	2	3	4	5
6 给予较大数额的奖赏	1	2	3	4	5
7 不会主动提供、保留可能升职的机会	1	2	3	4	5
8 给予较多可以获得奖励的机会	1	2	3	4	5
9 指派较重要且容易取得绩效的工作	1	2	3	4	5
10 给予较快的升职速度	1	2	3	4	5
11 给予的处罚相对其他人更轻	1	2	3	4	5
12 严厉追究偏爱部属所犯的错误	1	2	3	4	5
13 对偏爱部属所犯错误，较会睁一只眼闭一只眼	1	2	3	4	5
14 较少因为工作上的失误而责备偏爱的部属	1	2	3	4	5

二、下面题项描述的是对您在日常工作中的一些心理感受，请判断这些描述与您自己的实际情况的符合程度，并在右侧相应的数字（表示同意程度）处画"√"。

在工作中，我能感觉到……	非常不同意	有点不同意	不确定	有点同意	非常同意
1 我所做的工作对我来说非常有意义	1	2	3	4	5
2 我的工作对我非常重要	1	2	3	4	5
3 工作上所做的事情对我个人来说非常有意义	1	2	3	4	5
4 我自己可以决定我如何着手做我自己的工作	1	2	3	4	5
5 在如何完成工作上，我有很大的独立性和自主权	1	2	3	4	5
6 在决定我如何工作上，我基本没有什么自主权	1	2	3	4	5
7 我掌握了工作所需要的各种技能	1	2	3	4	5
8 我相信自己有干好工作上的各项事情的能力	1	2	3	4	5

（续上表）

	在工作中，我能感觉到……	非常不同意	有点不同意	不确定	有点同意	非常同意
9	我对我自己完成工作的能力非常有信心	1	2	3	4	5
10	我对发生在本部门的事情影响很大	1	2	3	4	5
11	我对发生在本部门的事情起着很大的控制作用	1	2	3	4	5
12	我对发生在本部门的事情有重大的影响	1	2	3	4	5

三、请根据您自己的实际情况和真实感受，对下列各项陈述与您的符合程度做出评定，并在右侧"非常不符合"至"非常符合"五等级的相应数字处画"√"。

	作为组织中的一员，我能做到……	非常不同意	有点不同意	不确定	有点同意	非常同意
1	我会自觉根据公司目标来调整自己的个人目标	1	2	3	4	5
2	自觉认可所在组织的文化	1	2	3	4	5
3	经常与同事一起为公司发展出谋划策	1	2	3	4	5
4	不自觉地向别人宣传自己的公司和产品	1	2	3	4	5
5	别人诋毁我所在公司，我会难以接受	1	2	3	4	5
6	我经常关注有关公司的各方面信息	1	2	3	4	5
7	对别人针对公司提出的异议会据理力争	1	2	3	4	5
8	自己的付出和努力能够得到公司的认同	1	2	3	4	5
9	我满意公司安排给我的工作	1	2	3	4	5
10	我很不喜欢这里的工作氛围	1	2	3	4	5
11	公司在薪酬待遇方面一视同仁	1	2	3	4	5
12	我会积极地解决工作中遇到的问题	1	2	3	4	5
13	我会自觉的以公司的制度来约束自己	1	2	3	4	5
14	能够主动调整自己对公司的不满情绪	1	2	3	4	5

四、请根据您自己的真实想法判断自己对下列描述的认可程度，并在右侧"非常不同意"至"非常同意"五等级的相应数字处画"√"。

作为组织中的一员，我认为……	非常不同意	有点不同意	不确定	有点同意	非常同意
1　领导做决策时不需要征询我的意见	1	2	3	4	5
2　领导应该拥有一些特权	1	2	3	4	5
3　领导不应该和员工过多交换意见	1	2	3	4	5
4　上司应当避免与部属有工作之外的交往	1	2	3	4	5
5　部属不应该反对上级的决定	1	2	3	4	5
6　上级不应该把重要的事情授权给部属去解决	1	2	3	4	5

五、下面题项是对您身边同事一些工作行为的描述，请根据您自己了解的真实情况，对下列各项陈述的频率程度做出评定，并在右侧"非常不同意"至"非常同意"五等级的相应数字处画"√"。

在工作场所，我观察到身边同事……	非常不同意	有点不同意	不确定	有点同意	非常同意
1　为了私人目的使用办公用品（如纸、笔、复印机等）	1	2	3	4	5
2　在工作中使用公司电话或者其他物品办理私人事务	1	2	3	4	5
3　很少在上班期间玩手机/电脑游戏或进行私人社交活动	1	2	3	4	5
4　滥用公司费用/账户或伪造会计记录	1	2	3	4	5
5　因为职位和权力而接收他人的礼物/金钱/贷款	1	2	3	4	5
6　为节省公司资金或增加自己收入想办法辞退员工	1	2	3	4	5
7　未经批准私自借用公司或者部门经费	1	2	3	4	5
8　带公司产品/货物/现金回家	1	2	3	4	5
9　不会将公司产品/货物赠送给私人朋友	1	2	3	4	5
10　为了增加销售额和获得更多的奖金，向顾客漫天要价	1	2	3	4	5

（续上表）

	在工作场所，我观察到身边同事……	非常不同意	有点不同意	不确定	有点同意	非常同意
11	为了增加销售额和获得更多的奖金，刻意用利益或者好处诱导顾客	1	2	3	4	5
12	为了增加销售额和获得更多的奖金，故意不让顾客了解产品或事实真相	1	2	3	4	5
13	对顾客的偷窃/违法或违规行为熟视无睹	1	2	3	4	5
14	对员工的偷窃/违法或违规行为熟视无睹	1	2	3	4	5
15	对顾客的不满或者提出的投诉熟视无睹	1	2	3	4	5

第二部分　基本资料

请您在相应选项处画"√"，在横线处填写答案，此部分资料仅作为数据的整体分析。

1. 您的性别：□ 男　　　□ 女
2. 您的婚姻状况：□ 已婚　　　□ 未婚
3. 您的教育程度：
   □ 高中（含职高）及以下　　□ 专科　　□ 本科　　□ 研究生
4. 您在目前单位中的职位：
   □ 普通员工　　□ 基层管理者　　□ 中层管理者　　□ 高层管理者
5. 您所在单位的性质：
   □ 国有企业　　□ 民营企业　　□ 其他
6. 您在目前单位服务的工龄：
   □ 1 年或 1 年以下　　□ 1 到 3 年（含 3 年）　　□ 3 到 5 年（含 5 年）
   □ 5 到 10 年（含 10 年）　　□ 10 年以上
7. 您与直属主管认识时间：
   □ 1 年或 1 年以下　　□ 1 到 3 年（含 3 年）　　□ 3 到 5 年（含 5 年）
   □ 5 到 10 年（含 10 年）　　□ 10 年以上

8. 您的年龄：
   □ 25 岁或 25 岁以下　　□ 26–30 岁　　□ 31–35 岁　　□ 36–40 岁
   □ 41–45 岁　　□ 46 岁以上

   问卷到此结束，再次感谢您抽出宝贵的时间向我们提供的大力支持！

附录2 访谈提纲

一、企业基本情况信息
1. 请问贵企业成立的时间？
2. 企业属于哪种类型的企业？
3. 企业员工人数在什么范围？
4. 您对企业的发展战略了解程度如何？
5. 您对企业的企业文化了解程度如何？

二、员工个人基本信息
1. 请问您在公司从事哪方面的工作？担任什么职位？这一年中您的工作重点是什么？
2. 请问您在公司工作多长时间了？工作期间让您印象最深刻的职场事件是什么？为什么？
3. 请问您和现在直属上级认识多长时间了？平时沟通互动程度如何？

三、直属领导差序式领导风格与员工行为
1. 请问您直属领导在日常工作中会因人而异？区别对待吗？如果有，让您印象最深刻的事情是什么？
2. 您能够接受上级领导对不同员工区别对待吗？为什么？
3. 您觉得上级领导对不同员工区别对待会给您造成什么影响？
4. 如果上级领导存在偏私对待情况，您一般会采取什么样的行为加以应对？